ES läuft

Sei stark, Schweinehund!

Für die Zirbeldrüse.
Für wen sonst.

Marvin Running

ES LÄUFT

SEI STARK, SCHWEINEHUND!

Sportwelt
Verlag

Druck und Bindung:	GGP Media GmbH, Pößneck
Satz:	Medienservice Feiß, Burgwitz
Covergestaltung:	Oliver Linke, Augsburg

1. Auflage 2010

Inh. Nicole Luzar
Am Wasserstein 3
D-91282 Betzenstein
mail@sportwelt-verlag.de
www.sportwelt-verlag.de

Bestellungen bitte an:
Herold Auslieferung & Service GmbH
Raiffeisenallee 10
D-82041 Oberhaching
Tel.: 0049–(0)89-613871–0
Fax.: 0049–(0)89-613871–20
herold@herold-va.de

ISBN 978-3-941297-06-7

Weitere Titel im Internet unter www.sportwelt-verlag.de

Dies ist die ursprüngliche „Black Edition“
des Blogs *„ES“ läuft.*
Sie ist ungefiltert, authentisch und wahr.

Personen, Produkte und Plätze wurden in
Ausnahmefällen verschleiert und sind ansonsten
mitten aus dem Leben gegriffen.

Marvin
http://marvinrunning.blogspot.com

Inhalt

1. Grand Canyon: Augen blau und durch

Ich bin ein Schweinehund. Und das ist gut so. Jedenfalls war es das bis vor einiger Zeit. Aber jetzt ist alles anders. Jetzt liege ich auf der Couch. ‚Narrative Therapie' nennt es der Doc. Das beste Mittel gegen eine posttraumatische Belastungsstörung.

„Wieso posttraumatisch?", habe ich gefragt. „Ich stecke doch noch mitten drin."

„Aha", meinte er nur. „Fang' trotzdem an."

Ich weiß sehr genau, wo ich anfangen muss. Aber zuerst werde ich mich wohl oder übel vorstellen müssen. Das tue ich ebenso selten wie ungern, denn wem bin ich schon willkommen? Außerdem ist ‚innerer Schweinehund' eine wirklich widerliche Wortschöpfung. ‚Dirigent' hieße ich gern, ‚Bonvivant' oder meinetwegen auch ‚Dr. Feelgood'. Ganz notfalls auch einfach ‚Es', so wie von Doc Freud geprägt.

Mein Herrchen und Auslöser dieser ganzen Misere nennt mich ‚Marvin', in Anlehnung an den depressiven, kleinen Roboter aus der Romanserie von Douglas Adams.

Also gut, dann: Ich bin Marvin. ‚Es', Schweinehund, innerer, gefangener, getretener, mit Füßen, die in Laufschuhen stecken. Nun ist es raus. Und ich kann anfangen.

***

Es trifft mich hinterrücks und völlig überraschend. Auslöser für närrische Torheiten sind meist Angst, falsche Freunde, Gier und dergleichen. Bei ihm, meinem Herrchen, reichte ein Krabbenbrötchen. Und wenn jemand schon beim Anblick eines Krabbenbrötchens auf so unsinnige Gedanken kommt, ahnt man, wie es im Übrigen um seinen Geisteszustand bestellt ist.

Mir jedenfalls ist schleierhaft, wie ein so schlichtes Schnittchen jemanden zu einer dermaßen dramatischen Dummheit verleiten kann. Irgendwann wird er es mir vielleicht erklären, fürs Erste ruft er nur: „Das ist es!“ und rennt zum Bücherregal in seinem Arbeitszimmer, dorthin, wo die Karten und Reiseführer stehen. Schlägt den Straßenatlas der American Automobile Association auf der Seite des Bundesstaates Arizona auf.

„Es geht, schau mal, Marvin!“, gluckst er wie ein Huhn, das gerade sein erstes Ei gelegt hat.

„Warum?“, maule ich.

„Ich muss dir etwas zeigen. Und werd’ nicht gleich bleich, das hier wird dir gefallen!“

„Bestimmt nicht“, hauche ich.

Meine Stimmungslage ist ihm wie immer völlig egal. Er fährt fort: „Hier, der Südrand des Grand Canyons. So weit kommt man mit dem Auto heran. Wenn man von hier aus den Nordrand auf der anderen Seite erreichen will, muss man diesen riesigen Umweg fahren.“ Sein Zeigefinger fährt auf der Karte den riesigen Umweg nach. „Aber hier!“ Sein Zeigefinger stoppt am Nordrand und fährt dann einmal kurz direkt nach Süden. „Mitten hindurch ist es ein Zehntel der Strecke, nur dreißig, höchstens vierzig Kilometer.“

„Sensationell“, gebe ich zurück. „Dass vor dir noch niemand darauf gekommen ist! Klar, wir fahren einfach mitten durch. Hoffentlich kriegen wir keinen Ärger, wenn wir mit Fallgeschwindigkeit von oben in den Abgrund stürzen. In den USA darf man bestimmt nur mit maximal 60 Meilen pro Stunde den Möllemann machen.“

„Marvin“, schilt er. „Das ist nicht politisch korrekt.“ Als ob mich das interessieren würde. „Und wer redet von fahren?“

„Ich dachte...“ Ich stocke, während das Entsetzen von mir Besitz ergreift. „Du willst da durch gehen?“, hauche ich schließlich.

Jetzt fangen seine Augen an zu funkeln. „Nicht gehen, Marvin. Wir laufen hindurch. Vom Südrand zum Nordrand, in einem Rutsch. Ist das nicht toll?“

Ich schweige wie vom Donner gerührt.

„Um das zu schaffen, werden wir das Training ein wenig intensivieren müssen, Marvin.“

Es ist der 24. November. Ein ganz normaler Tag. Aber ab heute wird nichts mehr, wie es mal war. Sechs Monate sind es, bis uns der nächste Familienurlaub am Grand Canyon vorbeiführen wird. Sechs Monate, in denen er Wege beschreitet, die ihn weitab der Grenzen von Normalität und Alltag führen. Sechs Monate, in denen ich erfolglos versuche, ihm dieses vernunftbereinigte Vorhaben auszureden.

Viel zu aufwändig wäre es, den Horror dieser Zeit in allen Facetten wiederzugeben. Drei Fallbeispiele reichen völlig aus, um meine Verzweiflung zu verstehen.

Fallbeispiel Eins: Training.

Weil wir in Hamburg wohnen, laufen wir viel an der Alster, häufig nach Feierabend vom Büro aus, wo wir uns duschen und umziehen können. Und irgendwann laufen wir dort unsere erste fünfte Alsterrunde. Selbstverständlich, nachdem wir bereits vier davon intus haben. Mit Rucksack, weil wir den im Grand Canyon auch tragen werden. Eine Alsterrunde entspricht 7,4 Kilometern. Nach der ersten habe ich gebettelt, nach der zweiten gefleht, nach der dritten geflennt und in der vierten laut nach Mama geschrieen, aber er ist weitergelaufen, obwohl seine Geschwindigkeit (und auch sein Laufstil) mittlerweile so heruntergekommen ist, als schlurfe er durch ein Becken voller Bowlingkugeln.

Es ist ein sonniger Abend, und viele Leute sind an der Alster unterwegs. Wir treffen zum wiederholten Male ein Pärchen, das an der Uferwiese gegrillt hat. Wir haben bereits gesehen, wie sie den Hinweg schlenderten, den Grill aufbauten und anheizten, picknickten, den Rotwein austranken, den Sonnenuntergang anschauten – und jetzt treffen wir sie auf dem Rückweg. „Oh Gott, die wievielte Runde ist das denn jetzt eigentlich?“, fragen sie ihn. Er keucht: „Fünfte“ und denkt, dass er sie dabei anlächelt. Aber er verzieht nur die wenigen Gesichtsmuskeln, die nicht verkrampft sind, in willkürliche Richtungen; das Ergebnis ist furchteinflößend.

„Ahh...“, macht sie. „Ähh...“, macht er. Wie sehr ich sie um ihren abendlichen Alsterausflug beneide! Und wie sehr ich unseren Alsterausflug verabscheue!

Dass er es mit diesem Trainingslauf übertrieben hat, ahnt er schon unterwegs, merkt es aber mit voller Härte erst am Ende der fünften Runde, als wir an einer roten Fußgängerampel anhalten müssen. Sofort verebbt der Strom der Endorphine, und bislang eingelullte Schmerzen erwachen mit einem Aufschrei. Er kann nicht mehr weiterlaufen. Er kann kaum weitergehen. Etwa 800 Meter haben wir noch bis zum Büro, wo Umkleide und Dusche warten. Davon schafft er 770. Wir können das Gebäude schon sehen, aber die Beine können es nicht erreichen, der Schmerz ist zu groß. Er muss sich auf eine Stufe setzen.

In unseren Oberschenkeln feiern die freien Radikale gerade Walpurgisnacht. Ein Griff in die Steckdose würde die Muskeln jetzt wahrscheinlich merklich entspannen. Nach zehn Minuten kann er sich aufraffen. Aber schon in der Dusche tragen die Beine erneut nicht mehr, und er muss sich im Sitzen abseifen. „Und wenn jetzt jemand reinkommt?“, zische ich.

Das wäre ihm egal, meint er. Aufstehen könne er jedenfalls noch nicht. Aber gleich würde es bestimmt besser werden.

Schließlich schaffen wir es bis nach Hause. Die Kinder sind schon lange im Bett, Kirsten macht eine eher spöttische Bemerkung über sein Erscheinungsbild. Das ist ihm wurscht, er trinkt erst einmal flaschenweise Wasser, frisst alle Reste des Abendbrotes vom Tisch, dazu den Kühlschrank leer und alle Süßigkeitsvorräte auf und will sich gerade noch eine Familienpizza mit extra Käse bestellen, als eine bleierne Müdigkeit ihn übermannt.

Beim Einschlafen merkt er, dass unser Herz schneller und lauter schlägt als sonst.

„Heute haben wir eine Grenze erreicht, Marvin“, flüstert er andächtig.

„An diese Grenze will ich nie, nie wieder.“

„Musst du auch nicht, denn wir werden sie verschieben. Wir erobern das Territorium dahinter und machen es uns untertan.“

Hilfe. „Iss bitte nie wieder Krabbenbrötchen“, krächze ich.

Fallbeispiel Zwei: Ausrüstung.

Er ist in der Küche und beugt sich über eine kleine Waage. Darin liegt ein schwarzer Haufen Undefinierbares. Ich denke: ‚Mein Gott, er will mir eine Überdosis chinesischer Wunderpilze einflößen!‘

„135 Gramm!“, ruft er entzückt.

Ich denke, das ist eine ernstzunehmende Dosis.

„Nano PY-10 Lite von Rono.“

Die Bezeichnung des Pilzes lässt mich schaudern. Und wer ist dieser Rono, etwa sein Dealer?

Er hebt den schwarzen Haufen in die Höhe und schüttelt ihn aus. Eine Hose baumelt in der Luft. Er girrt: „Winddicht und federleicht!“

Die Erleichterung darüber, dass er wohl keinen Anschlag mit psychedelischen Naturdrogen auf mich verüben will, hält sich in Grenzen. Stattdessen will er mich offensichtlich mit dieser Vorstellung ins Jenseits langweilen.

„Das, Marvin, ist genau das, was wir brauchen!“

Kirsten hat den Vorgang mit Interesse verfolgt. Ganz offensichtlich legt sie diesen Vorgang gerade in die Kartei ‚Munition für tiefgehende Frauengespräche‘ ab.

Er lässt sich davon nicht entmutigen. Jeder einzige Ausrüstungsgegenstand, den er auf die Canyontour mitnimmt, muss akribische Auswahlprozesse, Referenzprüfungen und

Tests über sich ergehen lassen. Die schlimmste in einer komplexen Verkettung schlimmer Erfahrungen erlebte ich dabei auf dem Slickrock-Trail in Moab, Utah. Dort lief er bei ziemlicher Hitze in einem Kompressions-T-Shirt, also einer Art Thrombosestrumpf für den männlichen Oberkörper, der Marke Under Armor. Auch dieses soll kühlen, zudem verspricht das eng, sehr eng anliegende Material eine deutliche Leistungssteigerung. Und es soll die muskulären Konturen so nachzeichnen, dass man quasi mit der stählernen Brust eines römischen Feldherrenpanzers unterwegs ist. Allerdings gilt dies nur bei einem Körperfettanteil von fünf Prozent und weniger, sonst zeichnen sich nämlich Konturen ab, die man gnädig mit einer Toga verhüllen sollte. Neben der Tatsache, dass das Hemd aus modischer Sicht irgendwo zwischen peinlich und katastrophal rangiert, läuft es sich bei Hitze darin so luftig wie in einer verschlossenen Tupperschüssel.

Vielleicht sollte er sich einmal eine Kompressions-Kapuze zulegen. Das könnte Hirndurchblutung und Intelligenz steigern, und er würde diesen ganzen Blödsinn sofort sein lassen.

Was mich ja am allermeisten auf die Palme bringt, ist, dass er jeden einzelnen Gegenstand, ob Hose oder Kompass, selbst auf der Küchenwaage nachwiegt. Und damit kommen wir zu:

Fallbeispiel Drei: Leichtgewichtigkeit.

„Sind Sie in letzter Zeit häufig müde?", fragt ihn seine Hausärztin.

„Nein", antwortet er irritiert. Eigentlich wollte er sich nur durchchecken lassen, wie man es eben vor einer größeren Ausdauerleistung tun sollte.

„Blass?"

„Nein!"

„Haben Sie Blut im Stuhl?"

„Nein!! Wieso fragen Sie?"

Die Ärztin meint besorgt, dass eine solche Gewichtsabnahme wie in seinem Fall eher selten wäre.

„Sie meinen diese sinnlosen Schwabbelkilos? Die sind dann mal weg."

Die Ärztin meint, es könne ja auch noch andere Gründe geben. Diplomatisch fügt sie hinzu: „Fortgeschrittenen Darmkrebs, zum Beispiel."

Ich stichele: „Erstaunlich, was dir das Laufen für eine vitale Aura verleiht!"

Jedenfalls zeigt unsere Waage mittlerweile eine deutliche Rückentwicklung in Richtung unserer späten Teenagertage an, zumindest, was das Gewicht angeht. Könnte die Waage auch den Geisteszustand messen, würde sie ebenfalls entsprechende Rückschritte feststellen.

Die Hausärztin, meine letzte Hoffnung, hatte jedenfalls aus gesundheitlicher Sicht keine Bedenken gegen die Lauftour durch den Grand Canyon.

Und so ist es dann soweit. Wir sitzen im Auto und sind nur noch eine halbe Stunde vom South Kaibab Trailhead am Südrand des Grand Canyons, dem Auftakt dieses Duetts für Machismo und Laufschuhe, entfernt. Sechs lange Monate lang habe ich versucht, ihm diesen pubertären Egotrip auszureden. Selbst jetzt noch. „Du weißt doch gar nicht, auf was du dich einlässt", dränge ich.

„Wir haben doch viel darüber gelesen."

„Dich hat doch schon das Training völlig fertig gemacht!"

„Das stimmt wohl. Weißt du noch, wie ich nach den langen Läufen anfangs kaum Stufen hochkam und mich in der Dusche hinsetzen musste, weil ich einfach nicht mehr aufrecht stehen konnte?" Warum lächelt er dabei so beseelt?

„Und das war im Flachland. Vor uns liegen aber gewaltige Höhenunterschiede!"

„So ganz flach ist es an der Alster ja nun auch nicht. Immerhin geht es vor ein, zwei Brücken manchmal etwas bergauf. Etwa drei Meter. Können sogar fünf sein."

„Wie kommst du darauf, dass du diesen Lauf überhaupt überleben, geschweige denn schaffen wirst?"

„Jetzt übertreib mal nicht. Das Training war doch erfolgreich. Heute schaffe ich nach den langen Läufen schon vier Stufen. Und in der Dusche kann ich immerhin hocken."

Ach, was war das doch für eine gute, alte Zeit, als Gewicht und Körperfettanteil noch nicht funktionelle Parameter waren, eingestellt und optimiert wie die Schneidköpfe einer CNC-Fräse. Jetzt, als wir an der Abzweigung zum South Kaibab Trailhead anhalten, ist sie weiter weg denn je.

Hier oben, auf 2.200 Höhenmetern, ist es für Ende Mai noch ziemlich kalt, nur knapp über null Grad Celsius. Meine Stimmung ist ebenfalls nahe dem Nullpunkt. Bisher bewegten wir uns nur durch die Landschaften der Theorie, durch die Resultate unzähliger Recherchen über mögliche Laufgeschwindigkeiten, Wegverläufe, Streckenpunkte, Wasserstellen und Notfalltelefone, die er alle auf einer kleinen Marschtabelle zusammengefasst hat. Aber nun droht die Praxis.

Und dabei kann man den Canyon von hier aus noch nicht einmal sehen. Diese denkwürdige Stelle bietet nicht viel mehr als zwei Teerstraßen, ein Durchfahrt-Verboten-Schild und ein paar Kiefern.

Irgendwo hinter diesen alltäglichen Dingen ist sie, die Schlucht, unvermeidlich und jenseits aller Komfortzonen.

Er macht einige Dehnübungen, winkt seinen drei Kindern Thilo, Julian und Linea auf dem Rücksitz zu, die das alles wenig interessiert, und gibt Kirsten einen kleinen Abschiedskuss. Über diesen harmlosen Verrichtungen steht die große Frage, ob sie sich heute am Nordrand des Canyons tatsächlich wiedersehen werden. Oder ob seine Fingerabdrücke an der staubigen Heckscheibe des gemieteten Ford Explorers, wo er sich beim Dehnen abgestützt hat, das Letzte sind, was K.u.K. (Kirsten und die Kinder) von ihm sehen werden.

Dann dreht er sich um und läuft los. Über das Rauschen des Windes hinweg hören wir, wie Kirsten den Motor anlässt und Richtung North Rim davonfährt. Wir drehen uns nicht noch einmal um.

„Und", fragt er, „wie fühlst du dich, jetzt wo es endlich losgeht?"

„Ich finde das entsetzlich. Dämlich. Ich will zurück. Ich habe Angst. Davor, dass wir scheitern. Davor, dass du mich ignorierst."

Er ignoriert mich und sabbelt los: „Ich finde es erstaunlich: Noch gestern Nacht war mein Kopf so voll mit diesem Lauf wie eine neapolitanische Mülltonne. Und jetzt, mit diesen ersten Schritten hier, ist dieser Müll auf einmal wie weggefegt!"

„Klasse. Wir haben uns noch nicht mal warmgelaufen, und du halluzinierst schon."

„Es ist wie beim Tauchen, wenn man den Schritt vom Boot ins Wasser getan hat und ganz plötzlich von Stille und Schwerelosigkeit umgeben ist."

„Ich fühle mich eher von Irrsinn und Irrglaube umgeben. Und wir sind noch nicht einmal eine Minute unterwegs..."

„Dieser Lauf wird nicht in Minuten oder Sekunden gemessen, sondern in Momenten. Dies ist der erste!"

Gäbe es ein Intellekt-Radar, so zeigte es in Momenten wie diesem bei ihm einen gähnend leeren Bildschirm. Gut, sonst eigentlich auch.

Natürlich hat der Gedanke an mögliche Gefahren bei dieser geistigen Agilität einer Miesmuschel keinen Platz. Das liegt zum einen an der Tatsache, dass ihn seine Familie nicht direkt am Beginn des South Kaibab Wanderwegs aussetzen konnte, weil die letzten, wenigen hundert Meter Straße dorthin den

Nationalpark-Bussen vorbehalten sind. Er läuft also gerade komfortabel auf Asphalt. Zum anderen glaubt er selbstverständlich, er wäre physisch und psychisch in Bestform und führe genügend Ausrüstung mit sich. Bis jetzt, wo er etwa 50 Meter von 34.200 und 0 Höhenmeter von 1.500 (nach unten) bzw. 1.800 (wieder nach oben) zurückgelegt hat, läuft alles nach Plan.

Der US-Kartographierer Delorme hat auf einem 2006 herausgegebenen Höhenprofil der von Herrchen gewählten Strecke den Gesamtaufstieg (also nicht nur den Höhenunterschied vom tiefsten zum höchsten Punkt, sondern die Summe aller Passagen, in denen es bergauf geht) mit 3.500 Metern, den Gesamtabstieg mit 3.100 Metern angegeben. Herrchen meint, das kann nicht sein und wäre absolut übertrieben und verdrängt diese Information.

„Das ist doch jetzt alles völlig unwichtig“, meint er.

„Klar. Bis wir vor Anstrengung, Hitze und Kreislaufkollaps zusammenbrechen.“

„Marvin, du musst auch mal die Angst loslassen. Und einfach nur sehen, hören, riechen. Die Mischung aus Brise, Luftfeuchtigkeit, Kiefernharz, Windrauschen und Weite spüren. Es gibt so viel wahrzunehmen – Staub, Lichtstrahlen, Reflexionen, Lungen voller Morgenluft, Himmelblau, Horizont, Canyon. Bis sich alles reduziert auf die Euphorie der Bewegung durch eine grandiose Szenerie!“

Hat er vielleicht von den Pilzen am Wegrand genascht, frage ich mich und würde mich gerne meinerseits auf ein Häuflein vernachlässigtes Elend reduzieren, wenn ich es nicht bereits wäre.

Die Kälte ist für Ende Mai ungewöhnlich. Als äußere Schicht trägt er einen bequemen Pulli (Fjällräven Vergio, 220 Gramm) und seine Küchenwaagenhose. Schlimmer ist da schon der GoLite Ultra Lite Poncho/Tarp (300 Gramm auf der Küchenwaage), den er als Regenschutz im Rucksack trägt. Inständig hoffe ich, dass es nicht regnen möge. Das ist mein heutiges Horrorszenario: erst gezwungen zu sein, diese modische Blamage anzulegen und dann damit in die Schlucht zu stürzen. Unser Nachruf in der Presse trüge die Schlagzeile: ‚Katastrophe im Grand Canyon: Abgestürzter Tourist war als Rübezahl verkleidet!'.

Ein Shuttlebus – wie gesagt, nur sie dürfen auf diesem letzten Straßenabschnitt bis zum Canyon fahren – überholt uns und bringt eine Ladung Wanderer zum Beginn des Wanderwegs. Wenige von ihnen werden heute den Nordrand des Canyons als Ziel haben. Mit Broschüren und auf Tafeln am Wegrand warnt die Nationalparkverwaltung eindringlich davor, an einem Tag den Canyon vollständig hinab und wieder hinauf zu laufen. Sie empfiehlt, sich für eine Canyondurchquerung drei Tage Zeit zu nehmen und zwei Mal mit kostenpflichtiger Erlaubnis auf den Campingplätzen am Weg zu übernachten.

Bestimmt alles Umsatzschinderei, meint er und beruft sich auf dubiose Internetseiten, nach denen der Rekord für eine Durchquerung des Canyons bei drei Stunden liegt. Die an gleicher Stelle eigenveröffentlichten Zeiten verschiedener Ultraläufer, die sich an der Strecke versucht haben, liegen zwischen fünf und sieben Stunden. Er selbst hat sich, oh heilige Einfalt, ein Zeitlimit von sechs Stunden gesetzt.

Kurze Zeit später sind wir am ‚Trailhead'. Von hier haben wir, oh heilige Helene, den ungebremsten Blick in den Canyon. Er bleibt stehen und fotografiert. „Phänomenal. Phantastisch", murmelt er. „Wäre ich ein Vogel, würde ich jetzt meine Schwingen ausbreiten."

Ich bin geschockt. Die Schönheit der Szenerie ist mir völlig zweitrangig. Dieser verdammte Graben sieht einfach phänomenal tief und phantastisch breit aus. Wie soll man da jemals zu Fuß hindurchkommen? Und geschweige denn in wenigen Stunden? Der Ausblick von dieser Stelle offenbart das ganze, verrückte Ausmaß seines Vorhabens. Ich zittere und leuchte in allen Primärfarben der Angst: Todesangst. Angst vorm Fallen. Angst vor Schmerz. Und Angst vor der Angst. „Noch können wir umkehren", krächze ich.

Seine Gefühlslage dagegen ist für seine Verhältnisse normal, also nah ihres einfältigen Grundzustands. „Nein. Das können wir nicht", glaubt er, als hätte ihn Priesterin Erde vor ihrem felsigen Altar grad frisch konfirmiert. Selig sind die geistig Armen, denn ihnen ist das Himmelreich. Was sie zumindest so lange glauben, bis sie von der Realität eingeholt werden.

„Du hast ja keine Ahnung", bibbere ich. „Keine Ahnung, was uns da unten erwarten wird."

Er sagt nichts. Stattdessen tut er es einfach: den ersten Schritt hinunter. Und ist selbst ein wenig erstaunt darüber, als wären ihm seine Beine geistig einen Schritt voraus. Keine ganz unwahrscheinliche Theorie, wie ich finde. Wir laufen. In Serpentinen geht es auf einem schmalen Pfad bergab.

Wir sind nicht die Einzigen hier, aber die Einzigen, die laufen. Voraus wandert ein Pärchen, das wir überholen müssen. Er ruft: „Excuse me!" und quetscht sich vorbei. Viele solcher Manöver folgen auf den nächsten Kilometern. Was seine Weggefährten und er voneinander halten, während er auf dem schmalen Pfad eine linke Spur einführt, könnte man wahrscheinlich mit ‚Slalomstange trifft Geistesgestörten' überschreiben. Bemerkenswert sind die verschiedenartigen Reaktionen auf sein „Excuse me!" Einige erschrecken (häufig Asiaten) und springen förmlich zur Seite, einige bleiben artig talseits stehen, grüßen und lassen ihn passieren (häufig Amerikaner), andere reagieren kaum und weichen, ohne ihn zu beachten, geschätzte fünf Millimeter bergseits aus (Nationalität nicht erkennbar, gefühlt Deutsch).

Sein Blick richtet sich abwechselnd auf den Weg vor uns und auf die Südwand des Canyons. Gezackt windet sich der Weg so steil und winkelig an der Felswand hinab, als hätte ein sagenhafter Blitz ins Erdinnere seine Bahn gebrochen. Es wird höchste Zeit für ein erstes Video mit seiner Kleinbildkamera (Samsung i7, 250 Gramm einschließlich Akku und Speicherkarte).

An steilen Stellen, und damit sehr häufig, besteht der Weg aus Stufen. Wobei das Wort Stufen eher falsche Vorstellungen weckt, eigentlich sind es maximal handbreite Steinplatten, die rohbelassen senkrecht in den Weg gerammt wurden. Dazwischen ist viel Platz für ein Sammelsurium aus Steinen, Schlamm, Wasser und Wurzeln. Man könnte diese Stellen vielleicht laufen, es wäre jedoch ziemlich riskant. Ich halte ihm zugute, dass er dieses Risiko nicht eingeht.

So findet er seinen Rhythmus zwischen Stufen, Wanderern, Ausblicken und Videos. Mal geht er, und falls es geht, läuft er.

„Warum läufst du überhaupt?“, habe ich ihn einmal gefragt, ohne viel Hoffnung auf eine sinnvolle Antwort oder gar darauf, ihn vom Laufen abzuhalten.

Es blubberte aus ihm heraus, dass diese gleichzeitig fließende und federnde Fortbewegung gewissermaßen den sinnlichen Horizont öffne. „Man erfährt eine Strecke, ein Gebiet viel intensiver. Meine Theorie für diesen Effekt ist, dass beim Laufen die Menge der Eindrücke pro Moment so groß wird, dass man sie unterbewusst verarbeiten muss. Laufen legt gewissermaßen ein Glasfaser-Breitbandkabel von der Außenwelt direkt ins vegetative Nervensystem, das die Sinnesflut runtermümmelt wie Krümelmonster Kekse-Kekse-Kekse.“

Aus welchen darmgleichen Hirnwindungen sickert bloß eine derartige mentale Inkontinenz? Und wie soll man mit so jemandem einen motivierenden Dialog über Müßiggang, Mattigkeit und Missmut führen?

Er ergeht sich weiter in schöngeistigen Schwärmereien. Ich führe das darauf zurück, dass nach dem Passieren von Cedar Ridge, etwa 2,4 Kilometer vom Südrand entfernt, zwei Dinge passiert sind: Das uns umgebende Panorama ist, wenn man denn einen Sinn dafür hat, obszön phantastisch geworden. Und weiter und weiter laufen wir hinein, bis es das Blickfeld füllt, wie es nachts der Sternenhimmel tut. Gleichzeitig hat die Dichte von Wanderern auf dem Weg stark abgenommen. Auf langen Passagen laufen wir allein. Das ist ein starker Kontrast zu gestern, als wir noch mit dem Auto am Südrand unterwegs waren. Dabei wirkte der Canyon entfernt und abstrakt. Zudem war Memorial Day Wochenende, und die Aussichtspunkte, Straßen, Parkplätze und Besucherzentren quollen über vor Naturliebhabern und ihren dröhnenden SUVs. Hier nun ist es vergleichsweise ruhig und einsam. Er denkt, jetzt wäre er ein Teil des Panoramas geworden. Jetzt hätte er Himmel und Erde für sich allein und könne sich daran satt sehen.

Das ist natürlich ein Trugschluss; näher kommender Hufschlag beweist es. Die erste Maultierkarawane kommt uns entgegen.

Sitte und Nationalparkaufsicht gebieten in dieser Situation dem Wanderer: bergseits ausweichen, stehen bleiben und passieren lassen. Maultiere haben hier Vorfahrt, genau wie links fahrende und links blinkende Firmenwagen auf der A7. Sie tragen sogar den gleichen Gesichtsausdruck zur Schau wie deren Fahrer: stur, starr, stressig.

Schnell sind die Maultiere allerdings nicht gerade. Auf ihnen trottet eine Schar von vielleicht fünfzehn Outdoor-Don-Quixotes dicht an uns vorbei. Weil das etwas dauert, haben wir ausreichend Zeit, uns die Reiter anzuschauen. Mir kommt ihre Stimmung etwas gedrückt vor, einige erwecken den Eindruck, als hätten sie gerade eine Zwölf-Stunden-Schicht in der telefonischen Beschwerdenannahme der Deutschen Telekom hinter sich. Merkwürdig, eigentlich machen sie doch alles richtig, wenn sie sich hier hoch tragen lassen.

„Nicht gerade die ‚Frei und mit wehender Mähne dahingaloppieren‘-Atmosphäre hier, oder?“, findet auch Herrchen. Trotzdem begrüßt er den ersten Reiter mit einem freundlichen „Hi!“ Mit versteinerter Miene erwidert der wohlgenährte Mann einen unverständlichen Gruß, wobei nicht ganz klar ist, ob vielleicht einfach nur das Maultier gefurzt hat.

Auch an den anderen Reitern perlt sein Begrüßungslächeln ab wie an einem frisch gestriegelten Maultierhintern. „Schau sie dir an“, sage ich. „So sehen die gescheiterten Leser von Laufbüchern aus. Ex-Jünger solcher Selbstfindungsschnitzeljagden wie *Forever Young* von Dr. Strunz. Dabei ist das Einzige, das sie irgendwann ‚forever‘ sein werden, ‚dead‘. Und wenn man bis dahin noch etwas vom Leben haben will, sollte man sich bloß nicht von Laufbüchern leiten lassen.“

Er knurrt etwas, das alles Mögliche bedeuten kann und ist froh, als er endlich wieder loslaufen kann. Das Terrain wird vor der Inner Gorge, der eigentlichen Schlucht des Colorado, etwas flacher. Seine Laufgeschwindigkeit steigt. Lange Hose und Pulli verschwinden im Rucksack, und von nun an läuft er in Shorts und einem dünnen, langärmeligen ‚Techfit‘ Hemd. Es soll vor Sonne schützen und den Körper kühlen. Er meint, genau das tue es auch.

Hier ist der Pfad hinab zur Inner Gorge seitlich mit kantigen Steinbrocken eingefasst. Dazwischen liegt Staub, meist rot, manchmal auch graubraun oder sogar grünlich braun. Einige Passagen sind nahezu waagerecht, man sieht den Wegverlauf für die nächsten 100 Meter, bevor der Pfad wie eine schwungholende Achterbahn abknickt und sich wieder steil in Richtung Colorado hinunterarbeitet. Dahinter erstrecken sich Milliarden von Jahren felsiger Geologie wie eine Konditorauslage aus Feuer, Wasser, Erde und Luft. „Das sind Bilder, oder?“, murmelt er und dreht wieder ein Video. „Als spiele Mutter Natur Jimi Hendrix und überböte sich selbst mit immer neuen, virtuosen Farbspielsoli.“ Das Bemerkenswerteste an den Videos, die er auf dieser Tour dreht, sind übrigens nicht die Bilder, sondern der schwärmerische Tonfall seiner Kommentare dazu. Klosterschüler könnten kaum andächtiger von Amsterdamer Kifferlokalen sprechen, als er es auf diesen Videos bei der Beschreibung seiner Laufstrecke tut.

Noch über eine Ebene hinweg, und wir stehen am Rand der Inner Gorge. Dort unten fließt er. Grünlich schäumend wie mein Neid auf Kollegen, deren Herrchen Sport für körperlichen Liebesentzug halten. Machtvoll, wie ich es nie sein werde. Und mächtig voll mit Touristen in Whitewater-Rafts: der Colorado. In einem weiten Bogen schwingt sich der Weg hinab. Daher ist es fürs Erste mit weitschweifenden Ausblicken vorbei; jetzt laufen wir in eine enge Schlucht hinein.

Nur noch drei bis vier Kilometer sind es bis zum Ende unseres Abenteuers, so wie ich es mir vorstelle: nämlich bis zum einzigen Notfalltelefon an der Strecke. Es befindet sich auf der Phantom Ranch, dem geografischen Tiefpunkt dieser Tour und bietet uns die letzte Chance, hier lebend rauszukommen. Nämlich per Helikopter. So weit, wie wir jetzt schon hinter seinem Zeitplan liegen, wäre das gleichzeitig der einzige Weg, tatsächlich sechs Stunden nach dem Start auf der anderen Seite zu stehen.

Davon unbeeindruckt hält er an. Zeit für eine Stärkung. Er hat sechs ‚Powerbars‘ dabei. Der Powerbar ist gewissermaßen der Las Vegas Strip unter den Snacks. Alles drin, was das Herz begehrt, aber all das ist künstlich, nachkonstruiert, und man hat es bei übermäßigem Genuss schnell über, was bei ihm nach etwa einem halben Riegel der Fall ist.

Kurz darauf machen wir schon wieder eine Pause. Der Speicherchip in seiner Kamera ist voll und muss gewechselt werden. Er hält an und kramt Ersatz aus seinem Rucksack. „Von jetzt an machen wir lieber Fotos“, meint er. „Sonst sind irgendwann die Akkus leer.“

„Meiner ist schon leer“, maule ich und werde ignoriert. Zügig läuft er weiter, angezogen vom Anblick der Brücke über den Colorado. Wir sind nicht die Einzigen, die von diesem Platz angezogen werden: Es treiben sich eine ganze Menge Wanderer, Camper und Raft-Fahrer aus aller Herren Länder hier herum. Übrigens: Keiner von ihnen läuft.

Wir haben die Brücke erreicht. Er findet es bis hierher wenig anstrengend. Allein seine Oberschenkel „merken das Bergablaufen etwas“. Wir haben uns jetzt 1.500 Höhenmeter hinuntergearbeitet. Die 1.800 Höhenmeter bis zum Nordrand liegen noch vor uns. Das sind lächerliche 500 Stockwerke oder sechseinhalb Mal vom Boden auf die höchste Aussichtsplattform des Eiffelturms, 22 Mal auf die Aussichtsplattform des Hamburger Michels, 67 Mal den gefürchteten Heartbreak Hill am Ende des Boston Marathons oder geschätzte 600 Mal die Höhenunterschiede auf seiner Trainingsrunde an der Alster. Glaubt man Delorme (was er ja nicht tut), müsste man die Vergleichszahlen nahezu verdoppeln. Dazu noch verbleibende 25 Kilometer Distanz. Würde ich unseren Powerbars damit nicht zu viel Ehre erweisen, bräche ich jetzt ins Essen. Ich will den Helikopter. Sofort. Er freut sich auf das nächste Teilstück zum Cottonwood Campground. Das ist so dermaßen naiv, dass mein Nihilismus nicht ausreicht, dem gegenüber emotional unbeteiligt zu bleiben. In einem für mich ungewöhnlichen Anfall von Eifrigkeit denke ich zaghaft über politische Allianzen mit strategisch wichtigen Körperstellen nach. Wer sich dort günstig positioniert, kann in diesem Spiel nachhaltige Wettbewerbsvorteile herausarbeiten.

Am anderen Ende der Brücke geht er mit seinem hautengen Outfit und Oakley Half-Jacket Augenspoilern auf eine Gruppe

Osteuropäer zu. Was kommt nun? Will er sich als Witzfigur westlicher Wohlstandsneurosen präsentieren? Er fragt in die Gruppe von drei Männern und einer Frau, ob sie wohl ein Foto von ihm am Fuße der Brücke machen würden. Die Frau würde. Und lichtet ihn erst in selbstgewählter Pose ab, bevor sie ihm eigene Vorschläge unterbreitet, wie er sich drapieren müsse, um besser zur Geltung zu kommen. Bevor ihre Kreativität außer Kontrolle gerät und sie womöglich noch riefenstahl'sche Ambitionen entwickelt, dankt er, und wir laufen weiter.

Hinter der Brücke wird der Untergrund sandig und vergleichsweise eben. Statt über rote Felsen laufen wir hier unten durch grüne Vegetation. Die besteht in erster Linie aus Mesquite-Bäumen und Weiden, die das Sonnenlicht sieben und Schatten spenden, die wie Tarnnetze aussehen. Darunter verstecken sich Stolperfallen, Unebenheiten auf dem Weg. Gut. Das erhöht meine Chance auf den Helikopter. Die Temperaturen sind wärmer, aber weiterhin erträglich. Viele Menschen wuseln hier unten herum.

Vorbei am Bright Angel Campground erreichen wir schließlich die Phantom Ranch, ein Häuflein dunkler Holzhütten verstreut zwischen Bäumen und Sträuchern, die hier vom Wasser des Bright Angel Creeks genährt werden. Der Wanderweg geht mitten hindurch. Die ‚Einwohner' geben sich größtenteils dem Müßiggang hin, sitzen im Schatten und bewegen sich auffallend wenig. Alle sehen etwas erschöpft aus. Nur wir rennen hier rum und suchen die erste der vier Wasserstationen entlang des Wegs. Die Zwei-Liter-Trinkblase in seinem Deuter TransAlpin (zusammen auf der Küchenwaage nachgeprüfte 1.160 Gramm) ist fast leer. Gar nicht so leicht zu finden, das Trinkwasser, inmitten dieser verstreuten Hütten. Wir irren etwas umher und machen schließlich einen einzeln stehenden Wasserhahn aus. Daneben steht auf einer kleinen Holzplanke in weißer Schrift: Trinkwasser.

So eine Rucksack-Trinkblase befindet sich, wenig überraschend, im Rucksack. Den Wasserhahn da hineinzuhalten wäre unpraktisch. Daher hat er eine leere PET-Flasche dabei. Noch so ein Tipp aus dem Internet. Damit lässt sich die Trinkblase einfach und sicher befüllen; allerdings fällt so auch die leicht bräunlich-grüne Färbung des Wassers in der Flasche auf.

Die Leute um uns herum – vielleicht zehn an der Zahl, alle sitzen irgendwo, auf Stufen, auf Steinen, auf Baumstümpfen – sehen teilnahmslos zu, wie er die Trinkblase befüllt, sich satt trinkt und dann eine Flaschenladung Wasser über Kopf und Oberkörper (einschließlich Laufhemd) ausleert. So werden unsere Zuschauer unfreiwillig Zeugen einer Wet-T-Shirt-Darbietung, deren Peinlichkeitsniveau ohne weiteres mit dem von Stadion-Flitzern mithalten kann.

Solchermaßen erfrischt ist es Zeit für eine Bestandsaufnahme. Er liegt mehr als anderthalb Stunden über seinem aus der Luft gegriffenen Zeitplan. Damit hat er fast die Hälfte der vorgesehenen Zeit auf dem ersten Drittel des Weges, noch dazu bergab, verbummelt. Langsam wird er also mit der Realität dieser Montagskonstruktion von Laufhirngespinst konfrontiert. Sehr gut. Der Helikopter kann schon mal den Motor anwerfen.

„Lass' uns gleich den Helikopter anrufen", schlage ich vor. „Das ist unsere einzige Chance, jemals wieder heil nach oben zu kommen."

Er ignoriert mich, führt einige Kopfrechnungen durch, hält den Zeitplan unter neuen Prämissen für ambitioniert, aber immer noch machbar, und rennt los.

Ich erwische mich dabei, wie ich vor lauter Frust dem Blinddarm vorflunkere, Herrchen hätte gerade ein Knäuel Laufsocken mit einem Powerbar verwechselt und heruntergewürgt. Jeden Moment könnten die vorbeikommen. Der Gute kann ja nichts sehen und hat immer eine Wahnsinnsangst vor Entzündung. Das hebt meine Stimmung etwas. Allerdings nicht viel.

Am Ausgang der Phantom Ranch sitzt vor einer Hütte ein Amerikaner auf einer einfachen Holzbank und ruft uns zu: „Joghurt!“

Damit wirft er viele Fragen auf, von denen ‚Warum Joghurt?‘, ‚Warum hier?‘, ‚Warum von uns?‘ und ‚Kommen wir jetzt ins Land der zweibeinigen Laktofetischisten?‘ nur einige sind.

Dann reckt er zwei Daumen in die Höhe, schüttelt sie ein wenig vor und zurück und wiederholt: „You're good!“ Ach so. Die Amerikaner. Immer so höflich. Sagen ‚good‘ wenn sie ‚lunatic‘ meinen. „Bilde dir nichts darauf ein“, rate ich meiner laufsüchtigen Gegenpartei, gewissermaßen dem auswärtigen Schweinepriester, „das hätte der auch gesagt, wenn du hier im rosa Tüllröckchen im Kreis gehüpft wärst.“

„Willst du's herausfinden?“

„Wo nehmen wir das Röckchen her?“

„Wir tauschen dich dafür ein. Ihr verkörpert in etwa den gleichen Inbegriff von Männlichkeit.“

„Hallo Mädels“, wende ich mich den Oberschenkelmuskeln zu, um Koalitionsverhandlungen aufzunehmen, „alles klar bei euch?“

Die nächsten 11,1 Kilometer bis zum Cottonwood Campground sind vergleichsweise eben, mit einem Anstieg von lediglich 470 Höhenmetern. Man läuft größtenteils entlang des Bright Angel Creeks und befindet sich nicht mehr im eigentlichen Grand Canyon, sondern in einem Seitenarm, dem Bright Angel Canyon. Die Temperatur beträgt um die 30 Grad Celsius im Schatten, was für Ende Mai um die 11.00 Uhr herum eher kühl ist. Er hat Glück. Dieses zum großen Teil schattenlose Teilstück der Wegstrecke kann zu dieser Jahreszeit auch gerne 40 Grad Celsius heiß werden. Eigentlich sollte man sich diese Passage nicht gerade auf die Mittagszeit legen, aber das scheint ihm ja egal gewesen zu sein.

Wir befinden uns nun gefühlt und auch tatsächlich im Hinterland des Nationalparks. Mal rechts, mal links führt der Weg durch die Uferregion des Bright Angel Creeks. Blüten blühen, die Vegetation vegetiert, Kriechtiere kriechen, und der Harndrang drängt. Zum Glück ist es nur die Blase, die sich meldet. Sonst kann so ein Lauf ja auch schnell einmal zum Triathlon werden, wobei Laufen die eine Disziplin ist. Die anderen beiden wären Ringmuskulatur zusammenkneifen und Froschgang durch Katzenklauenakazien. Die heißen so, weil… Nun, wenn man einmal hineingekrochen ist, dann weiß man, warum sie so heißen. Infrastruktur für menschliche Bedürfnisse ist auf den Kilometern nach der Phantom Ranch rar gesät. Genauer gesagt ergeben sich eigentlich auch kaum Gelegenheiten, kurz vom Weg abzuweichen, da der Canyon hier ziemlich eng ist. Zu eng auch für einen Helikopter, stelle ich zerknirscht fest.

Also muss man eine andere Lösung finden. Seine sieht so aus: eine möglichst lange, gerade Wegstrecke suchen, in deren Mitte anhalten, Körper nach links einem Gebüsch zuwenden, Kontrollblick nach rechts, ob Wanderer aus der Gegenrichtung kommen, Kontrollblick nach links, obwohl es natürlich kaum sein kann, dass aus unserer Richtung jemand käme, der schneller wäre als wir, und los. In der Bewegung zu dem erneuten Kontrollblick nach rechts bleibt sein Blick auf einer Anglerin haften, die bis eben vielleicht fünf Meter entfernt von uns am Fluss hinter just diesem brusthohen Gebüsch verborgen war, auf das wir gerade zielen. Sie lächelt und hat eine Rute in der Hand. Von diesen beiden Dingen abgesehen hat sie mit Herrchen nicht viel gemeinsam: Sie wirkt gelöst, sein entspannter Ausdruck verformt sich gerade zu einem verkrampften Begrüßungslächeln, sie scheint viel Zeit zu haben, er zeigt Anzeichen von Unruhe, und sie ist offensichtlich fertig mit ihren Verrichtungen. Glücklicherweise erspart der Blickwinkel ihr genauere Einblicke.

„Irgendwas gefangen?“, fragt er.

„Ja“, strahlt sie zurück. „Das Abendbrot. Nette Aussicht hier, oder?“

„Ja“, nickt er und starrt auf den grauen Felsklotz am gegenüberliegenden Flussufer, der inmitten aller Sehenswürdigkeiten hier wirkt wie Helmut Kohl umgeben von Bikini-Models.

Nach einem kurzen Informationsaustausch über Forellenbesatz in den Flüssen des Grand Canyon National Parks können wir die Dinge zurechtrücken und uns weitgehend unbeschadet aus der Situation retten.

„Nicht schlecht“, meine ich, als wir wieder unterwegs sind, „hier unten campieren und ein paar frische Forellen zum Abendbrot aus dem Fluss ziehen.“

„Stimmt.“ Weiter geht er nicht darauf ein. Er läuft. Ich drehe eine weitere Runde durch seinen Körper auf der Suche nach neuen Verbündeten.

Es ist mittlerweile spürbar warm. Sein Hemd ist schon lange wieder getrocknet. Da sieht er vor sich auf dem Weg ein etwa topfgroßes Wasserloch. Kurz entschlossen hält er an, streift Rucksack und Langarmshirt ab und weicht letzteres in dem laufwarmen Nass ein. Dann erst fällt ihm ein: ‚Das ist doch hoffentlich ein Wasserloch, oder?‘ Nun, sonst hätte er eben den Rest des Weges in Maultierpisse getränkt zurückgelegt. Das hätte gegenüber dem aktuellen Zustand seines Funktionsshirts keine wesentliche Geruchsverschlimmerung bedeutet.

Bei Ribbon Falls, etwa 2,5 Kilometer vor Cottonwood, meldet sich das erste Krampfzucken. Wade rechts. Er läuft weiter. Mein neuer Freund zuckt wieder. Diesmal hält Herrchen an und kramt aus seinem Rucksack ein Röhrchen mit Salz, streut es auf die Hand, leckt, und spült mit Wasser aus der Trinkblase nach. Er läuft weiter. Aber während es auf dem Weg nach Cottonwood nun beständig bergauf geht, geht es in den Beinen rapide bergab. Das hohe Tempo fordert seinen Tribut. Seine vordere Oberschenkelmuskulatur hat durch anaerobe Glykolyse vermehrt Laktat gebildet und damit eine akute metabolische Gewebeazidose ausgelöst, prägnanter formuliert: Seine Quads sind Toast. Bis zu den ersten Krämpfen dort ist es nicht mehr weit, bis zum Nordrand ist es noch seeehr weit. Nehnene-nehneh! He-helikopter!

An dieser Stelle muss ich von seinem missglückten Notfallplan erzählen. Im Canyon gibt es sehr wenige Möglichkeiten zu telefonieren. Münzfernsprecher sind außer auf dem Gelände der Phantom Ranch nicht vorhanden. Mobiltelefone funktionieren so gut wie nicht (um es genau zu sagen: Einzig der Mobilfunkanbieter Alltel unterhält einen Sendemast im Grand Canyon Village am Südrand, der nach dem exotischen CDMA-Standard auf 800 MHz funkt, und der sich durch ein Höchstmaß an Inkompatibilität mit unseren europäischen Mobiltelefonen auszeichnet). Es verbleiben also nur noch Funkgeräte und Satellitentelefone für Notfallnachrichten, wenn man mal von den gerne in Survivalbüchern beschriebenen Medien wie Trillerpfeife, zu Boden-Luft-Signalen ausgelegter Kleidung und Körpersignalen absieht. Ich meine, wer möchte schon nackt mit heilandsähnlich ausgebreiteten Armen neben seiner verstreuten Kleidung aufgefunden werden, während er in eine Trillerpfeife tutet? Satellitentelefone sind bereits in der Anschaffung teuer, im Unterhalt jedoch unberechenbar aufgrund komplexer Tarifstrukturen, gegen die sich herkömmliche Mobilfunktarife (die wiederum ‚nur' von Tageszeit, Minutentaktung, Sender, Empfänger, Aufenthaltsort, Datennutzung, SMS-Tarif, Anzahl der Freiminuten, Vertragslänge, Körpergröße, Name der Hauskatze, Datum der letzten

Intimrasur etc. abhängig sind) verhalten wie Liberalismus zu Exhibitionismus. Bleibt nur das Funkgerät. Er entschied sich für ein in Deutschland verbotenes Modell der Marke Midland mit angeblichen 26 Meilen Reichweite. Gekauft bei Ankunft in den USA, getestet in Cameron, achtzig Kilometer vom Grand Canyon Village entfernt. Kirsten blieb mit einem der Geräte im Zimmer des Cameron Trading Posts zurück, er fuhr mit dem Mietwagen exakt eine Meile weit weg hinter einen kleinen Hügel aus rotem Sandstein. „Hallo?“ Funkstille. „Hallo?“ Das Midland-Gerät verhielt sich so mitteilsam wie eine besprochene Gürtelrose. Bestimmt störten Erdstrahlen oder gar Energiefelder die Verbindung. Also etwas näher herangefahren. „Hallo?“ Die Prozedur wiederholte sich mehrere Male, bis er auf dem Parkplatz des Cameron Trading Posts stand, ohne dass ein Signalaustausch vonstatten ging. Etwa zehn Meter von der Tür des Hotelzimmers im Trading Post entfernt hörte Kirsten ihn dann zum ersten Mal, wobei nicht ganz klar war, ob durch die Tür oder durch das Funkgerät. Mit Schnur verbundene Joghurtbecher bieten befriedigendere Telekommunikationslösungen. Das Funkgerät blieb wie der Notfallplan auf der Strecke.

Seine Wade zuckt immer noch, aber: „Ich scheine sie unter Kontrolle bringen zu können“, denkt er. Das geht etwas zulasten der Laufästhetik und -ökonomie, aber er kommt weiter voran. Bald wird Cottonwood Campground in Sicht sein. Die Wade kann sich für keinen Koalitionspartner entscheiden und hält sich auf leicht besorgniserregendem Niveau stabil. Wir laufen durch ein breites Tal voller Blüten und Büsche. Menschen begegnen uns selten. Die Ausnahme bildet eine Gruppe von drei Wanderern, die sich unter einen Busch am Wegrand zu einer schattigen Siesta zusammengekauert hat. Wir sehen sie erst, als wir direkt vor ihnen sind. Zum Glück war gerade keine Zeit für eine Pinkelpause; wenn wir da unabsichtlich reingehalten hätten, wäre die Situation wohl nicht mit Smalltalk über Fischhege zu retten gewesen

Rumms, da ist er. Unvermittelt. Hart. Erbarmungslos. Schöner, als ich ihn mir je erträumt hätte: der Oberschenkelkrampf. Erst rechts, dann sofort beim nächsten Schritt links. Oberschenkelkrämpfe sind ihm neu, die gab es zuhause an der Alster nicht. Er stoppt und geht einige Schritte. Der Krampf lässt nach. Er läuft. Rumms, da ist er wieder. Im Gegensatz zum Wadenkrampf entsteht er nicht allmählich, sondern jäh, unvermittelt und gänzlich unpassend, wie ein Knoblauchrülpser beim Staatsbankett.

Er experimentiert ein wenig mit diesem neuen Körpergefühl herum. Variiert Schrittlänge, -frequenz, Fußaufsatzpunkt und hoppelt durch den Grand Canyon wie Rumpelstilzchen nach einer Party bei Pete Doherty. Der Krampf bleibt. Trotzdem läuft er weiter. Testet. Nichts hilft. Er bleibt stehen. In diesem Moment scheint es, als rollten sich seine Beine unter ihm auf. Die Muskeln werden hart wie warmer Marmor und entwickeln ein ermutigendes Eigenleben. „Weiter so, Jungs!", rufe ich ihnen zu, „Das könnt ihr ja super!" Es fehlt nicht mehr viel, und wir können als retardierendes Moment in *Lord of the Dance* eingesetzt werden. Gegen dieses Gewitter von fehlgeleiteten elektrischen Impulsen im Körper ist jeder Wille machtlos. Fast jeder, stelle ich entnervt fest, als er wieder zu laufen anfängt. Er hat viel gelesen über Meditation, Atemübungen, mentale Techniken. Bisher hat ihm nichts davon jemals geholfen. Jetzt auch nicht. Die Achtsamkeitsübung aus der Lektion ‚Mit den Körperempfindungen arbeiten' von Jack Kornfield ist so wirkungslos, als versuche in Barteln gefangenes Krill, den hungrigen Blauwal mit Filterhärchen K.O. zu schlagen. Irgendwie kämpft er sich weiter. Aber der Kampf gegen den Krampf kostet, da bin ich mir sicher. Es liegen noch über elf Kilometer und 1.300 Höhenmeter vor uns. Das schafft er nie.

Solchermaßen ermutigt erreichen wir später und gezeichneter als vorhergesehen den Cottonwood Campground.

Wenig los hier. Die Zeltplätze liegen wie kleine Höhlen im Gebüsch rechts und links des Weges verstreut. Auf wenigen stehen Zelte. Aber es gibt Trinkwasser, wieder aus einem Hahn. Diesmal haben wir beim Befüllen der Trinkblase – sie ist schon wieder leer – und dem Wet-T-Shirt-Ritual keine Zuschauer. An einer Infotafel hängt ein Thermometer: 85 Grad Fahrenheit oder etwa 30 Grad Celsius. Zeitlich liegt er noch auf der Höhe seines ambitionierten, aber machbaren Plans. Nun, der dürfte jetzt Makulatur sein. „Komm, wir suchen jetzt den Ranger und ordern den Helikopter", meine ich kameradschaftlich. „Hat doch alles keinen Sinn mehr."

Er schultert den Rucksack mit der gefüllten Trinkblase, schüttelt kurz die Beine aus und läuft los.

Ich versuche mich aufzubauen, indem ich mit dem Blinddarm eine Runde Blinde Kuh spiele. Das ist sonst immer nett, weil er nie mitspielen will, sich aber nicht wehren kann. Aber es hilft mir gerade auch nicht viel.

Der Weg wird steiler. Auf der nächsten Strecke bis Roaring Springs sind nur 3,3 Kilometer, dafür aber 340 Höhenmeter zu bewältigen. Er bewältigt sie halb gehend, halb laufend. Stehen bleiben kann er nicht, dann spielen seine Oberschenkel wieder Bullenreiten ohne Bulle mit ihm. Auf einer Brücke über den Bright Angel Creek kommt uns ein Wanderer entgegen. „Hey, machst du einen R2R?", fragt der. Das steht für Rim-to-Rim, also eine Canyondurchquerung in einem Stück. Wie hat er ihm das nur angemerkt? Bestimmt an seinem Laufstil, der insofern zur Landschaft passt, als wir gerade durch die Erdschichten des Devon-Zeitalters laufen, wo die primitive Tierwelt erste plumpe Gehversuche an Land unternommen hatte.

„Ja", strahlt er zurück.

Wie meinte er vorhin noch so vollmundig, es gäbe so viel wahrzunehmen? Eigentlich müsste er jetzt seinen Muskelschmerz wahrnehmen, stattdessen beflügelt ihn schon wieder Mutter Natur, die sich hier „mit türmenden, roten Felsklippen aus ihrer wilden Teenagerzeit, garniert mit viriler Vegetation, maßlos schön präsentiert", wie er findet. Nicht, dass er sich mit seinem Körper arrangiert hätte, er nimmt ihn schlichtweg nicht wahr, wie ein spielendes Kind im Regen. Sein Puls ist mittlerweile über 160 Schläge pro Minute angestiegen. Das kann er unter günstigen Bedingungen vielleicht 90 Minuten aushalten, Maximum. Ich weise ihn darauf hin. Er läuft. Ich kläre ihn darüber auf, dass dieser Raubbau an der Muskulatur zu akutem Nierenversagen führen kann. Durch Schädigungen des Muskelgewebes kommt es zur Freisetzung des Proteins Myoglobin ins Blutplasma. Myoglobin wird von den Nieren aus dem Blut gefiltert und sieht im Urin bräunlich aus. Zu viel davon verstopft den Nierenfilter und bewirkt Nierenversagen. Er läuft.

Hinter Roaring Springs wird der Anstieg noch steiler. Nun sind es 4,4 Kilometer und 500 Höhenmeter bis zur nächsten Wasserstelle am Supai Tunnel. Nur knapp zwei Eiffeltürme. Die Aussicht darauf fast so schlimm wie auf einen weiteren Powerbar.

„Schau dir mal die Wand da vorne an. Ist das nicht phantastisch?" Er zeigt auf eine mächtig hohe und mächtig senkrechte Sandsteinklippe, die über uns einen guten Teil unseres Gesichtsfeldes ausfüllt.

„Da müssen wir doch nicht etwa hoch, oder?", frage ich.

Natürlich müssen wir da hoch.

Der Anblick von unten ist grandios, entsetzlich, furchtbar schön. Außerdem treffen wir hier den Vermummten.

Irgendwo auf dem Weg, windend, schlängelnd, rankend die Wand empor, irgendwann zwischen Seitenblicken in ein mephistophelisch tiefes Tal voller Erdzeitalter-Mythen, überholen wir einen Wanderer. Und wenig später überholt er uns. Läuft an uns vorbei. Das erste und einzige Mal, dass uns solches hier widerfährt. Mittlerweile gibt es auch wieder Stufen auf dem Weg, wie schon beim Abstieg auf der Südseite. An der nächsten längeren Treppe fällt der Wanderer vom Laufschritt in einen strammen Gang. Wir schließen zu ihm auf. Er trägt trotz der Hitze eine lange, wallende Hose, eine leichte Jacke mit langen Ärmeln, dünne Handschuhe, einen breitkrempigen Hut und darunter ein Tuch, das ihm auf Nacken und Schultern fällt.

„Hey", sagen wir.

„Hi", sagt er, ohne sich umzudrehen. „Willst du vorbei?"

„Nein danke." Das kam ernst gemeint.

„So wie deine Beine aussehen, denke ich, du bist Radfahrer", bahnt sich der Vermummte den Weg in die Konversation, so direkt wie ein Traceur beim Parkour. Noch immer kann man sein Gesicht nicht erkennen; selbst in einer Serpentinenkurve wird es seitlich von seinem Nackentuch verdeckt.

Verdammt, wer ist dieser Typ? Wie seine Beine aussehen, ist er wahrscheinlich Beduine. „Eigentlich laufe ich hauptsächlich", erklärt er.

„Machst du einen R2R?"

„Ja." Er erzählt, dass ihn Frau und Kinder am Südrand ausgesetzt hätten und jetzt hoffentlich am Nordrand auf ihn warten würden. Dass sie sich nach sechs Stunden dort treffen wollten.

„Das ist ziemlich ambitioniert", meint der Vermummte und verfällt wieder in einen tippelnden Laufschritt, der bei den Steigungen hier ein etwas schnelleres Vorwärtskommen als Gehen ermöglicht. Wir bleiben dran.

„Ja", stimmt Herrchen zu, „ich bin mir auch nicht sicher, dass meine Frau es in der Zeit schaffen wird. Sind immerhin über 200 Meilen mit dem Auto und mehrere Abzweigungen."

Der Vermummte erzählt, dass er aus Kalifornien komme. Dass er Probleme mit der Haut habe, die er deswegen bedecken müsse. Dann meint er, dass er auch eine ganze Menge laufen würde, obwohl er vergleichsweise alt sei. Familie habe er nicht. Er sei bis Roaring Springs hinuntergelaufen und jetzt wieder auf dem Rückweg.

Während sie sich die Felswand emporarbeiten, plaudern sie – mit Gesten, die so typisch sind für lausende Gorillas und Männer, die über ihren Lieblingssport sprechen – weiter. Das Thema Laufen scheint für Herrchen unerschöpflich, mich ermüdet es zumeist so sehr, dass ich innerhalb kürzester Zeit nicht mehr folgen kann und möchte. Erst langsam dämmert es mir: Er und der Vermummte schmieden gerade einen spontanen Bund aus Kameradschaft und Konkurrenz. Das ist vielleicht einer der widerstandsfähigsten, die es gibt. Womöglich werden sie sich gegenseitig anstacheln und gemeinsam bis an den Nordrand laufen. Flagellation der nach wie vor krampfenden Beine hin oder her.

„Dieser Typ ist mir unheimlich", stelle ich fest. „Ich mag ihn nicht."

„Nicht ganz von dieser Welt, oder? Aber er weiß eine Menge vom Laufen."

„Lass' ihn doch einfach ziehen, wir brauchen sowieso eine Pause."

„Lieber lasse ich mich von ihm noch ein wenig ziehen."

Oben auf der Felswand ist eine kleine Aussichtsplattform, auf der auch einige Wanderer stehen. Der Vermummte und er nutzen die Plattform für eine komfortable Pause von etwa fünfzehn Sekunden.

Nach einem Blick auf seinen Suunto Metron Wrist Top Computer (was nichts anderes als eine auffallend dicke Digitaluhr mit Höhenmesser und anderen Spielereien ist) meint er: „Wir sind schon bald wieder auf 2.000 Höhenmetern. Berückend, dieser Blick ins Tal, oder? Als schaue man hinab in den Schoß der Erde, dem man gerade entstiegen ist."

Ich finde es hier eher bedrückend angesichts weiterer 700 Höhenmeter bis zum Nordrand.

Der Vermummte und er laufen weiter. Einer der Wanderer, die sie hier getroffen haben, ist der achtzehnjährige Josh, der sich ihnen anschließt. Der ist am Morgen sogar bis Ribbon Falls hinuntergewandert und nun auf dem Rückweg. Josh erzählt, er sei mit dem Leichtathletikteam seiner Schule aus Flagstaff hier. Die drei plauschen über Sport, den Film *Into the Wild* und schulische Wanderausflüge in Nationalparks, wozu wir einen wenig überzeugenden Beitrag über eine Klassenreise nach Barsinghausen im Vorharz liefern. Der Vermummte meint, er sei in seiner Jugend sehr viel am Pazifik gesurft. Sport scheint an US-amerikanischen Schulen einen etwas ernsthafteren Stellenwert einzunehmen als in Hamburg.

„Krampfen deine Beine immer noch?", fragt der Vermummte.

„Irgendwie schon", meint Herrchen.

„Sobald wir oben sind, musst du auslaufen, sonst tun deine Beine noch tagelang weh."

Schöne Aussichten sind das. Mir gefällt das ‚sobald' gar nicht. Hier findet gerade eine besorgniserregende Rochade der Figuren ‚Versagen' und ‚Gelingen' auf den Feldern ‚Konjunktiv' und ‚Indikativ' statt. Man könnte auch sagen: Meine Chancen, hier per Trage hochzukommen, schwinden zusehends. Gleichzeitig ächze ich unter der gefühlten Last, in Zukunft weitere Abenteuer wie dieses hier bestehen zu müssen, nur weil er durch eine unwahrscheinliche Kombination glücklicher Umstände es geschafft haben könnte, den Canyon zu bezwingen.

Bei ihm setzt gerade ein nahezu perverser Gewöhnungseffekt ein, in dem körperliche Strapazen zwar nicht erträglich, aber messbar, kalkulierbar werden. Bis zum Supai Tunnel, der letzten Wasserstelle am Weg, kämpfen sich die drei den Nordrand hinauf. Keiner weiß, welche Reserven die anderen noch haben. Himmel, Herrchen weiß nicht einmal, welche Reserven er noch selber hat. Trotzdem finden die drei scheinbar einen gemeinsamen Rhythmus. Und ich werde wieder achtlos hinterher geschleift wie ein in seiner Schleppleine verhedderter Wasserskifahrer, der vergessen und machtlos am dahinbrausenden Sportboot hängt und laut gegen allerlei Hindernisse im Wasser schlägt, was aber niemanden interessiert oder gar bremst.

Hinter dem Supai Tunnel halten die drei an. Hier gibt es wieder Wasser. Außerdem gibt es einen Stau. Eine Maultierkarawane kommt nicht weiter, weil sich eines der Tiere auf dem Weg quergestellt hat. Niemand kann es dort wegbewegen. Respekt. Diese Tiere steigen in meiner Achtung.

Nicht weniger stur und geistig wahrscheinlich auf einem noch einfältigeren Niveau balancieren sich der Vermummte und Herrchen abseits des Weges an dem Maultier vorbei und laufen weiter. Josh bleibt zurück, er will eine Pause. Nun sind es noch 3,2 Kilometer und 440 Höhenmeter, und damit haben wir das steilste Stück des Weges vor uns. Passt ja hervorragend, dass Herrchens Oberschenkel mittlerweile zu einem knotigen Endlager für Stoffwechselabfallprodukte angeschwollen sind. Er kann es einfach nicht schaffen, mit dieser meuternden Masse Muskelfasern noch fünfeinhalb Mal den Hamburger Michel hinaufzulaufen. Ich kenne mich da aus. Notgedrungen kenne ich mittlerweile den Unterschied zwischen einmal um die Alster laufen, zweimal um die Alster laufen und fünfmal um die Alster laufen. Das sind völlig verschiedene Dinge. Was kommt wohl als Erstes: Ermüdungsbruch, Muskelfaserriss oder Herzversagen?

Und er arbeitet sich weiter bergauf. Hinter dem Vermummten her. Die Gespräche verstummen. Es ist die letzte Etappe.

Die Landschaft gerät in den Hintergrund; die Augen sind auf den Weg gerichtet, der Blick nach innen. Was er dort sieht, ist eine tiefe geistige Leere, gegen die der Canyon geradezu flach ist wie das Wattenmeer. Er phantasiert und bildet sich ein, so tief wie noch nie in diesen schwarzen Abgrund hinabzutauchen. So tief, dass er ein glänzendes Etwas am Grunde erkennen kann. Nicht aus Gold, sondern aus nicht minder unvergänglicher Wahrheit.

Als wäre das nicht schon abgefahren genug, scheint ihm, der Vermummte würde langsamer, und er könnte ihn locker überholen. Aber er bleibt hinter ihm. Er lässt ihm den Vortritt.

„Warum?", frage ich.

„Warum fragst du das?"

„Um eine Antwort zu erhalten, du Depp."

„Ich kann es nicht sagen. Es ist so, wie es ist."

Wir erreichen den Cococino Overlook, einen Katzensprung vom Nordrand entfernt. Wenn jetzt nicht ein Wunder passiert, wird er es schaffen.

„Nein", murmele ich angesichts dieser Götterdämmerung eines neuen, entsetzlichen Zeitvertreibs. Nämlich dort zu laufen, wo andere Urlaub machen. Er hört mich nicht. Was könnte ihn jetzt noch stoppen? Ich setze meine Hoffnung auf Naturkatastrophen. Faustgroß mutierte Killerzecken, die uns vom Wegrand aus anspringen. Meteore, die aus dem All stürzen und den Weg vor uns vernichten. Deutsche Urlauber, die das Wegerecht für sich beanspruchen, weil sie hier heute Morgen ein Handtuch hingelegt haben. Er läuft.

Ich wünsche mir, dass er eine Pinkelpause macht. Dass er gegen einen Zaun pinkelt, ohne zu merken, dass es ein Elektrozaun um eine Bullenwiese ist. „Halt an", sage ich.

Er läuft. Etwas Merkwürdiges türmt sich hinter ihm auf.

„Och nein!" Mir selbst graut vor meinem flehenden Tonfall. Ich flüchte mich in die Vorstellung, dass er am Bullenzaun stehen und grinsen möge, so wie unten an dem Gebüsch mit der Anglerin. Bis er natürlich dieses verräterische Knacken hört, das mit dem Stromstoß einhergeht.

Das Ding hinter ihm formt sich zu einer mächtigen Welle, einer Welle aus Euphorie.

„Oh nein", hauche ich. Möge sein Unterbewusstsein das Knacken registrieren und die Erkenntnis des Kommenden im Ansatz eines urängstlichen Aufschreis ausdrücken. Möge es nicht dazu kommen, weil in diesem Moment, frei nach Shakespeares ‚Was ihr Volt', ein bullenvergatternder Stromstoß das ‚Reset' seiner Erbinformationen besiegelt und sein Gemächt in etwas verwandelt, das aussieht wie zwei vakuumverpackte Erdnüsse mit Jimi-Hendrix-Frisur.

Die Welle, eine perfekte, schaumgekrönte Welle erfasst ihn, und er beginnt, die letzten Meter des Weges zu surfen.

„Nein!" Ich fürchte, dass ich keife. Mögen seine Spermatozoen auf ewig ihren Schwanz als Dauerwelle tragen. „Nicht doch!"

„Thilo! Julian!", ruft er. Seine Söhne sind das erste, das er oben am North Kaibab Trailhead sieht. Und dieser Moment setzt sich auf einen Schlag oben auf seine Hitliste von Laufmomenten dieser Tour, vor den Blick auf den Canyon auf der Südseite, vor den Blick in den Canyon zurück von der Nordseite und den Blick in sich selbst auf der letzten Etappe.

Ich verabschiede mich emotional und lasse mich von einer Welle aus Misserfolg, Versagen und Depression davontragen.

„Marvin", meint er. „Wir haben es geschafft. Sogar halbwegs im Zeitplan."

Na und? Ich bin K.O. Gäbe es hier einen Ringrichter, würde er jetzt dort, wo ich am Boden liege, zählen und nicht mehr damit aufhören. Aus der Bodenperspektive sehe ich, wie er Frau und Kinder umarmt. Wie Kirsten mit Linea auf dem Arm Fotos macht. Sie haben sich wieder.

Der Vermummte ist verschwunden wie vom Erdboden verschluckt. Er hat nie seinen Namen gesagt.

Herrchen sitzt auf einer kniehohen Mauer am Nordrand und schaut zurück auf die Landschaft, „auf die er seinen Schweiß vergossen und deren Nektar er gesaugt hat". Bildet sich ein, sie gehöre deswegen ihm. Unter sein Luftschloss hat er das Fundament der Realität gelegt und damit einen Herrensitz errichtet, auf dem Kollege Erinnerung residiert wie Graf Koks.

Dieser Moment markiert den Tiefpunkt meiner erbarmungswürdigen Existenz. Schlimmer kann es einfach nicht mehr kommen.

Wie falsch ich da doch liege.

2. Thy: Der letzte Schrei

Er hat noch nicht einmal einen Namen für sein neues Hobby (ich hätte dagegen viele, von denen ‚Trimm-Trab-Terror' und ‚Extrem-Ego-Ertüchtigen' noch die harmloseren sind), aber wie vorhergesehen macht er damit weiter.

Viele Ausgangspunkte, viele Touren hätten sich als würdige Nachfolger des Grand Canyons angeboten: Regenwälder, Gebirgszüge, Wüsten oder Vulkane. Und hier stehen wir, Ecke Tunvej / Nordsøvej in Nørre Vorupør, einer dänischen Gemeinde, die nur Eingeweihten auszusprechen möglich und auch bekannt ist.

Immerhin ist diese Gegend, der Küstenteil der dänischen Landesregion Thy, seit kurzem Nationalpark. Aber statt Old Faithful gibt es hier Det Gamle Fabrik Rhabarbermarmelade, statt auf Großwildsafari zu gehen, kauft man beim Bäcker Marzipanröllchen, die Going-to-the-Sun-Road heißt hier Hawblink und der Zabriskie Point Bøgsted Rende.

Um 5.30 Uhr klingelte der Wecker heute ungewohnt früh. Wir haben gerade die Morgentoilette und ein rudimentäres Frühstück hinter uns.

„Schau mal, Marvin", flötet er wie Sterntaler im Nachthemd.

„Warum?", gähne ich. Welch hirnloses Unterfangen, im Urlaub um diese Zeit aufzustehen.

„Ich muss dir etwas zeigen. Und guck nicht so gequält, das hier wird dir gefallen!" Er steht in der Küche unseres dänischen Ferienhauses und schaut nach Süden aus dem Fenster. K.u.K. schlafen noch in ihren gemütlichen Ferienhausbetten. Wie gerne würde ich mich dazu legen. Auf das weiche Kopfkissen. Unter die warme Daunendecke. „Das sind Wolken, oder?", flüstert er andächtig.

Damit meint er grotesk aufgetürmte Cumulus-Bollwerke, die wie die schwarzen Reiter der Apokalypse über den Himmel fegen. Ihre Bedrohlichkeit wird dadurch verstärkt, dass die Morgendämmerung gerade erst einsetzt und die Wolkenarmee aussehen lässt wie eine finstere Drohkulisse vor nachtgrauem Himmel.

Dann fangen seine Augen an zu funkeln: „Genau das brauchen wir. Denn heute testen wir, wie lange wir laufen können."

„Oh nein…" Ich muss feststellen, dass meine Stimmung tatsächlich noch tiefer sinken kann. „Das ist jetzt wahrscheinlich dein Ernst, oder?"

„Beziehungsweise wollen."

„Wollen. Was wollen wir?"

„Wir laufen so lange, bis wir nicht mehr können. Oder wollen."

„Aber ich will doch gar nicht!", sage ich müde.

Er ignoriert mich und tritt vor die Tür. Und schon stehen wir am Anfang eines sinnbefreiten und zudem gefährlich unpräzise geplanten Vorhabens. Das ist mehr als deprimierend, das ist schlichtweg beängstigend.

„Woran willst du denn überhaupt erkennen, wann es so genug sein wird mit dem Laufen?", frage ich zaghaft.

„Wir werden es schon merken, wenn wir soweit sind."

„Ich wäre dann eigentlich jetzt schon soweit. Ich fühle mich gar nicht wohl. Schon wegen der Kälte." Er trägt ein schwarzes Puma USP Ultralight T-Shirt (78 Gramm), seine Küchenwaagenhose und in seinem Deuter Rucksack Wasser, Pulli, Poncho und Wegzehrung. Das ist bei den Septembertemperaturen von knapp über zehn Grad nicht sehr viel. Ich fühle mich so mollig wie eine Scholle, die beim Fischhändler hier im Ort auf Eis liegt. Die wenigen Schritte vor der Haustür haben mir schon gereicht.

„Ja, das Wetter verspricht, interessant zu werden. Aber gleich wird uns warm."

Das vermag mich nicht wirklich zu beruhigen.

An das ‚Tunvej'-Schild gelehnt macht er einige Dehnübungen. Seit einer Woche verspürt er ein leichtes Ziehen in der Leiste, das durch das Laufen zu einem etwas deutlicheren Ziehen wird. Ausführliches Dehnen soll da Abhilfe schaffen.

„Oh, das fühlt sich gar nicht gut an in der Leiste! Wir sollten abbrechen", rate ich. „Wozu eine ernsthafte Verletzung riskieren? Kurieren wir uns lieber aus. Bei frischem Kaffee, Brötchen, süßen Jødekager und Melba-Joghurt. Diese Scheibe trockenes Brot mit Salz eben war doch kein richtiges Frühstück."

„Ah, Marvin, findest du die Luft heute Morgen nicht auch besonders klar?" Ihm bläst der Südwestwind ins Gesicht. „*Das* genehmigen wir uns jetzt. Keine Jødekager. Auf in die ungebändigte Natur!"

Mit solchen Bemerkungen macht er mir wirklich ein wenig Angst. Insbesondere, weil er sie ernst zu meinen scheint. Er ist tatsächlich freudig erregt darüber, in diesen wettergepeitschten Septembermorgen hineinlaufen zu dürfen. Ich ziehe das erste Mal Bilanz. Auf der Passivseite stehen Kälte, Wind, herannahende Schauer, Schlafdefizit und orthopädische Probleme in der Leiste. Auf der Aktivseite steht nichts bis auf seine esoterischen Naturschwärmereien. Unterm Strich heißt das: Ich habe genug. Wir sollten abbrechen und umkehren.

Eine Windbö zerzaust seine Haare. „Und los!", ruft er. Und läuft los. Und ich – ach, egal.

Durch die Morgendämmerung führen unsere ersten Laufschritte in Richtung des Ortskerns von Nørre Vorupør. Der besteht aus kleinen, eingeschossigen Steinhäusern in Kajütegröße mit überwiegend weiß getünchten Mauern. Über den Haustüren künden Jahreszahlen davon, dass sich hier bereits seit Anfang 1900 die ortsansässigen Fischer eine Zuflucht vor Sturm und Kälte eingerichtet haben. Noch immer leben einige der Einwohner vom Fischfang, aber viele von ihnen versuchen mittlerweile, sich mit Touristen zu arrangieren. Dafür, dass ihre Dienstleistung seit vielen Generationen aus Ködern, Zupacken, lebendig Ausweiden und in Tonnen Werfen bestand, machen sie ihre Sache gar nicht so schlecht. Die lokalen touristischen Attraktionen haben viele Facetten. Zwar kann man hier keinen Wet-T-Shirt-Contest erleben, aber seine eigenen Kerzen ziehen. Und statt mit Caipirinha im Beach-Club prostet man sich mit Tuborg Pilsener an Picknicktischen beim Strandimbiss zu. Keine wummernden Diskothekenbässe, sondern Nordseewellen dröhnen in der Nacht.

Um den Ortskern herum entstanden Ferienhäuser entlang geschotterter Straßen, die überwiegend nach Fischgattungen benannt und auch grätengleich angelegt sind. Eine Kirche, zwei Supermärkte und eine Automatentankstelle bilden die Schwerpunkte der urbanen Infrastruktur. Mal abgesehen vom ‚Hafen', der eigentlichen Attraktion des Ortes. Er ist nichts weiter als eine Sandbucht, in der pastellblaue, holzgefertigte Fischerboote, von Traktoren und einer Winde auf den Strand gezogen, im Sand sitzen. So idyllisch wirkt es, als brüteten sie dort pastellblaue Holzeier aus. Wie die Schiffe zieht es auch viele Besucher regelmäßig hierher, um dem Kultcharakter Vorupørs zu huldigen.

Für Herrchen ist in erster Linie reizvoll, dass es hier raue See, endlose Strände, eine weite Prärie aus Dünengras und süße Marzipanröllchen gibt.

Wir laufen an Ferienhütten vorbei, deren Fenster noch dunkel und beschlagen sind, lediglich hinter einem Toilettenfenster brennt Licht. Nur dringende Bedürfnisse treiben Menschen hier um diese Uhrzeit aus dem Bett, soviel ist klar. Auf den Straßen ist es ruhig. Noch ruhiger als tagsüber. Also sehr ruhig.

„Wie kommt man eigentlich auf eine so sinnfreie Idee, auszutesten, wie lange man laufen kann?", frage ich.

„Oder möchte", ergänzt er.

„Noch dämlicher", seufze ich. „Warum probieren wir zum Beispiel nicht einfach mal, wie lange wir ausschlafen können?"

„Hm", macht er nur und läuft. Vorhin war er noch etwas unausgeschlafen. Jetzt nicht mehr.

„Es gibt mindestens zehntausend Dinge, die schöner sind als das hier", sage ich.

Er schätzt, aus seiner Sicht wären es sogar dreißig- bis vierzigtausend.

„Sag nicht, du kommst jetzt zur Einsicht. Dann sollten wir uns jetzt vielleicht um diese dreißig- bis vierzigtausend Dinge kümmern."

„Genau das tun wir jetzt. Denn mit jedem weiteren Schritt wird es schöner. Und so viele haben wir vielleicht noch vor uns."

Für mein zartes Pflänzchen Hoffnung hat er wirklich keinen grünen Daumen. Ich verkrieche mich in Richtung Gallenblase und bestelle einen doppelten Magenbitter. ‚Wir laufen, so lange wir wollen', grummele ich in mich hinein. ‚Von wegen!'

Indessen wehen die Regenwolken durch das dämmerige Dunkel, so tief, dass man sie fast greifen kann. Keine Erhebung, kein Wald kann hier Sturm oder Regen bremsen. Selbst die Ferienhütten kauern sich flach in die Landschaft, um Schutz vor dem Wetter zu suchen.

Im Zentrum des Ortes, zwischen Kirche und Kaufmannsladen, steht ein Däne neben einem Lieferwagen und wirft uns einen langen Blick zu. Das Schöne an Körpersprache ist, dass man sie überall ohne Übersetzung verstehen kann. Er hält uns ganz offensichtlich für komplett bescheuert.

Nørre Vorupør hat einen südlichen Ortsteil. Der heißt Sønder Vorupør und besteht aus einer Handvoll Wohnhäusern, einigen kleinwüchsigen Ferienhütten, die sich schüchtern zwischen niedrigen Latschenkiefern verstecken, einem Gerümpelhaufen mit eigener Hausnummer sowie dem regionalen Einkaufszentrum, nämlich einem offenen und unbemannten Holzkasten am Pfahl, in dem je nach Saison Honig, Heidelbeeren oder Wattwürmer feilgeboten werden.

Die Straße ist teilweise noch nass von den Schauern der Nacht. Kein Auto, kein Fußgänger, nicht mal ein nachtaktiver Freizeitalkoholiker ist hier unterwegs. Das einzige Geräusch sind seine Schritte auf dem Asphalt. Er kommt langsam auf Betriebstemperatur und findet seinen Rhythmus. „Ist das nicht herrlich?", sagt er. „Diese Luft, diese Weite? Laufen sollte ein menschliches Grundrecht sein."

„Wenn man die Verfassung dafür hat", murmele ich.

„Hey, das war ja fast geistreich."

„Was genau willst du eigentlich?", frage ich.

„Nun…", sagt er. „In erster Linie laufen."

„Schon klar. Aber was noch? Willst du damit trainieren?"

„Darauf kommt es jetzt nicht wirklich an", sagt er.

„Willst du dich damit auf einen Laufwettkampf vorbereiten?"

„Bestimmt nicht!", sagt er.

„Willst du Fett verbrennen?"

„Nicht mehr", sagt er.

Rechts von uns liegt der Friedhof von Vorupør hinter einer weißen Mauer. „Willst du deinen inneren Schweinehund erledigen?", hauche ich.

„Niemals", sagt er mit Nachdruck. „Ich brauche dich, weil ich dich…"

„Was!? Willst!? Du!? Denn!?", rufe ich entnervt dazwischen.

„Bist du gar nicht neugierig, wie lange wir durchhalten werden?", fragt er mit Kulleraugen.

„Nein. Das bin ich wirklich ganz und gar nicht! Und schon gar nicht, wenn wir es hier bis zum Äußersten treiben. Ich kann nicht verstehen, wie man sich so etwas im Namen der Neugier antun kann. Oder ist da etwa noch etwas anderes?"

Er schweigt. Die Frage bleibt im Raum stehen. Schließlich sagt er: „Vielleicht. Vielleicht ist es etwas irgendwo in uns. Wenn wir in uns gehen, werden wir es finden."

Was für ein Allerweltsgelaber. „Ich bin schon in dir", antworte ich. „Und alles, was ich hier sehe, sind die ausgetretenen Pfade, auf denen ich versucht habe, dich zur Räson zu bringen. Also, was nur ist es, was du willst?"

Wir laufen auf einer Teerstraße an der Grenze zum Dünengebiet, wo Wellen von Sandhafer im Wind wogen. Die Grashalme stecken ihr Leben lang im kargen Sand fest, können nicht weg und werden von dem, was da kommt, hin und her geweht. Ich weiß wie ihr euch fühlt, Jungs. Ich bin wie ihr. Ich sehe mich in euch.

Hinter Sønder Vorupør biegen wir auf die Straße in den nächsten Ort Stenbjerg ein. Die ist schon sehr viel schmaler und älter. Er schwärmt: „Asphalt, Dünen, Himmel, alles ist so weichgezeichnet und pastellig, als wäre dies der Ort, zu dem Lichtstrahlen kommen, wenn sie träumen."

Erwähnte ich bereits, dass sich Läufer häufig damit beweihräuchern, zu glauben, dass ihnen beim Laufen die besten Gedanken kämen? Wer hat schon einmal davon gehört, dass bei oder nach einem Marathon bahnbrechende intellektuelle Leistungen vollbracht worden wären? Wo hätten solche Gedanken zwischen tiefgreifenden Fragen wie ‚noch weit?', ‚da schon wieder Aua?' und ‚Toilette wo?' überhaupt Platz? Im Hirn einer dösenden Seegurke finden sich respektierlichere Impulse als im gesamten Gedankenmüll eines durchschnittlichen Stadtmarathons.

Er atmet ein paar Mal tief ein und aus und wiederholt, dass die Lunge kaum jemals mit einer derart klaren und belebenden Luft verwöhnt worden wäre.

Ich entgegne, dass ich auch gerne verwöhnt würde.

Er schlägt vor, ich könne ja mal ein Wohlsein-Wochenende auf den Langerhans-Inselzellen beantragen und mich vom Zwölffingerdarm massieren lassen.

Im nächsten Ort, Stenbjerg, treffen wir keine Menschenseele. Wir passieren nacheinander Ferienhütten, ein Restaurant,

Wohnhäuser und einen Campingplatz. Nichts bewegt sich hier. Es ist, als hätte man die Zeit angehalten. Dem Innendekor des Restaurants nach zu urteilen muss das so gegen 1972 passiert sein. Nach wenigen Minuten haben wir den Ort durchquert.

An seinem Südende biegen wir auf einen Wanderpfad ein, der Redningsvej heißt und heute Bestandteil eines Wanderwegs namens Vestkyststien durch den Nationalpark ist. Früher haben die Küstenbewohner diesen Weg genutzt, um die Besatzung gestrandeter Schiffe zu retten. Heute läuft hier nur noch, wer selber der Rettung bedarf. Der Weg ist mit kniehohen, roten Pfählen markiert, auf die das Piktogramm eines Rettungsbootes geschraubt ist. Er verläuft zwischen Dünengürtel und der Stenbjerg Klitplantage, einer Dünenpflanzung aus Bergfichten, die um das Jahr 1900 aus den Alpen importiert wurden, um Sandverwehungen zu stoppen. Eine Art Echthaartransplantation für Landglatzen, wenn man so will.

Nun haben wir auch das letzte Haus, die letzte Straßenlaterne und das letzte Stückchen Asphalt hinter uns gelassen. Der Pfad ist eine sandige Spur durch Gras und Heide. Die Frage, warum es ihn überhaupt gibt, ist so müßig und rätselhaft wie die Frage, warum wir hier laufen.

„Es gibt ihn, damit Menschen von A nach B gehen können."

„Aber warum von A nach B? Warum nicht von B nach C? Oder gleich in A bleiben?"

„Du hast es erfasst. Besser hätte ich es auch nicht sagen können."

„Dass wir hätten zuhause bleiben sollen?"

Ein Windstoß fegt durch die Kiefern links und lässt sie rascheln. Die Farbe des Himmels verändert sich. In wenigen Minuten wird die Sonne aufgehen.

„Nein. Wir haben hier die grenzenlose Freiheit zu laufen, wohin und wie lange wir wollen."

„Ich will nach Hause, und das sofort.“

„Das ist die Mindermeinung.“

„Mit Kollege Leiste zusammen sind wir schon zwei Mindermeinungen gegen eine Mehrheitsmeinung.“

„Stellt euch nicht so an.“

Das Störgefühl in der Leiste ist zwar weitgehend unterdrückt, bei seitlichen Ausweichmanövern, zum Beispiel zur Umgehung zahlreicher Pfützen (in dieser Gegend ist sogar das Wasser in den Pfützen so klar wie Trinkwasser), macht es sich jedoch deutlich bemerkbar und zieht bis in die Innenseite der Schenkel.

Bald haben wir die Pflanzung links hinter uns gelassen; nun laufen wir durch eine blühende Dünenheidelandschaft, die so weit und wellig ist wie das Meer bei Windstärke drei. In diesem Moment geht links von uns die Sonne über dem Heidehorizont auf. Sie taucht Dünen und Wolken in ein Orchester aus Farbtönen, ein bombastisches Szenario.

Er bleibt stehen und nimmt sich die Freiheit, Richtung Sonnenaufgang zu pinkeln.

Jetzt, wo wir uns nicht mehr vorwärts bewegen und es – fast – still um uns ist, werden die Geräusche der Natur deutlicher. Leise raschelt der Wind, ganz entfernt rauschen die Nordseewellen. So unaufdringlich und ruhig ist es, dass man unwillkürlich die Ohren spitzt, ob der Nacktschnecke da an der Regenpfütze vielleicht nach einem Schluck Wasser ein Rülpser entfährt.

„Warum bleiben wir nicht einfach stehen und genießen die Ruhe?“, frage ich und werde nicht beachtet.

Er läuft weiter. Atem und Fahrtwind übertönen wieder die friedliche Akustik der Dünenheide.

Einen Vorteil hat es, in einer Gegend zu laufen, die so weitläufig und flach ist. Man sieht die Regenschauer herannahen, bevor sie eine Minute später mit voller Wucht loslegen. Eine

Grundregel dabei scheint zu sein: Je schräger die Regenschlieren zwischen Wolke und Boden, desto erbarmungsloser der Angriff. In diesem Fall sind die Schlieren mächtig schräg und erwischen uns frontal von vorne. Mit dem plötzlichen Geprassel fallen Windböen über uns her. Es wird gefühlte zehn Grad kälter.

Ich bin erleichtert. Unter diesen Wetterbedingungen ist das Weiterlaufen sinnlos. „Brrr, ist das kalt", rufe ich. „Das ist ja schrecklich! Lass' uns sofort umkehren, bevor wir uns hier den Tod holen!"

Was macht er? Murmelt: „Zeit für das beste Funktionsshirt der Welt", hält kurz an, setzt den Rucksack ab und zieht uns sein Puma-Shirt aus. Was kommt nun?

Nichts. Er setzt den Rucksack wieder auf und läuft mit freiem Oberkörper weiter.

„Du…!", schlottere ich sprachlos in der kalten Dusche. Nicht einmal ich hätte gedacht, dass er so entsetzliche Neigungen verspürt.

„Herrlich, nicht? Wie das prickelt."

Es prickelt so sehr, dass sogar seine gemäß Herstellerangaben wasserabweisende Rono-Hose in Sekunden durchweicht ist. Er grunzt wohlig wie eine beschmuste Seekuh.

„Das gefällt dir also?", frage ich.

„Ja!", ruft er.

Nach wenigen Minuten ist der Schauer vorbei. Schon wieder scheint die Sonne. „Wow, das war elementar", meint er und glaubt, dass in unseren Adern gerade Champagner fließt.

„Du bist ja völlig high", meine ich.

„Stimmt", kichert er unbedarft.

„Dann können wir ja umkehren."

„Wir machen weiter. Ist doch herrlich!"

Die Sonne scheint wieder. Unser Pfad führt durch die Dünenheide über zusammengedrückte Pflanzenfasern, die unter den Sohlen federn. Dadurch hat er das Gefühl, als würde er mehr fliegen als laufen. Als schwebe er auf einer Wolkendecke aus Heide, Sandhafer und Sand.

Geologisch betrachtet bewegen wir uns durch ein von Meer und Wind geformtes Eiszeit-Geschiebe, das weit mehr von Naturgewalten geprägt ist als vom Menschen. Hier präsentieren sich die vier Elemente als viel Luft und Wasser sowie zu Sand zerriebene Erde. Es fehlt das Feuer, vielleicht wirkt diese Landschaft deswegen so entspannend. „Hier wirkt menschliches Streben unzivilisiert", findet er. „Deplaziert. Als würde es sich darauf beschränken, kuschelige Komfortzonen einzurichten, in die man sich zurückziehen kann. Nur wir sind hier draußen. Im Freien."

„Du rebellischer Revoluzzer, du."

„Ja, ein schöner Gedanke, nicht?"

„Sehe ich das richtig? Sind wir gerade wieder in der Pubertät angekommen?"

Er schwärmt von Licht und Farben und von der Freude, leichten Schrittes dahinzutraben.

Was kann ich nur tun, um ihn zur Räson zu bringen? Mir fällt nichts ein. Stattdessen zähle ich Schritte. Wie lange dauert es bis vierzigtausend zu zählen? Bei drei Schritten pro Sekunde über dreieinhalb Stunden. Deprimiert gebe ich auf. Wann endlich ist das hier vorbei?

Indes erreichen wir etwas, das ich in Ermangelung einer geeigneteren Bezeichnung Dorf nennen muss, und das Lyngby heißt. Wörtlich übersetzt bedeutet Lyngby soviel wie ‚Erikadorf', wobei mit ‚Erika' die botanische Bezeichnung der Gattung Heidekraut gemeint ist. Sinnbildlich bedeutet der Lyngby eher ‚Heideruh', und selbst das wäre noch eine Untertreibung. Lyngby kommt konsequent ohne Lautstärkequellen wie Geschäfte, öffentlicher Nahverkehr, Kirchtürme oder Schulen aus. Und sogar ohne Selbstlaute. Mit einer Nord-Süd-Ausrichtung von etwa vier Kilometern ist Lyngby flächenmäßig gesehen ausgedehnter als die meisten anderen Siedlungsstrukturen an der dänischen Nordseeküste. Auf den ersten zwei Kilometern entdecken wir allerdings nur ganz wenige Ferienhäuser, aus der Ferne zu erkennen an Rauchwolken aus dem Schornstein. Insgesamt gibt es hier kaum mehr Behausungen als Sextouristen im Vatikan. Hm. Oder jedenfalls Bikini. Sextouristen auf dem Bikini-Atoll, meine ich. Nicht Bikinis im Vatikan. Hach, diese Gegend macht mich völlig kirre. Wir waren bei Bikini. Äh, Lyngby. Also Erikas Dorf. Wo Erika in den Ferien haust und bei der Gattung Kraut… Rauchwolken… Im Bikini… Kraut raucht. Aus dem Vatikan. Mit konsequent botanischen Sextouristen.

„Wahrscheinlich ein reizvoller Ort für Partys", meint er, während wir auf einem Feldweg laufen, der mit einer Schicht loser Kieselsteine in zwei Reifenspuren PKW-Tauglichkeit vortäuscht. Auf ihm erreicht man auch diese abgeschiedenen Ferienhäuser.

Partys? In dieser Rentnergegend, in der die wesentlichen Attraktionen Wind, Wolken, Sonne, Licht und im Herbst der ein oder andere Speisepilz sind? „Ich sehe sie vor mir", antworte ich. „Nämlich Tupperpartys für Inkontinenzhosen. Die verkauft man hier wahrscheinlich als ‚String-Tangas', damit die Einwohner mal was richtig Aufregendes erleben."

Er antwortet nicht und freut sich stattdessen über seine leicht dahinfedernden Schritte.

Im Ortskern (zur Einordnung: Gemäß der aktuellen Volkszählung hat Lyngby zehn permanente Einwohner, davon waren sechs über 60 Jahre alt und die anderen vier wahrscheinlich zu gebrechlich, um zur Volkszählung zu gehen) treffen wir immerhin den zweiten Menschen auf dieser Tour, einen unbescholtenen Handwerker auf dem Weg von einem Auto zu einem Haus. Sein ratloser Gesichtsausdruck, als wir nass und halbnackt in sein Blickfeld geraten, spricht von innerer

Zerrissenheit: Soll ich das jetzt grüßen oder lieber davor weglaufen? Er bleibt einfach angewurzelt stehen und macht gar nichts, nicht einmal den Mund zu.

Wir müssen uns hier entscheiden: Entweder rechts die Teerstraße zum Strand hinunter und dort entlang zurück Richtung Vorupør, oder weiter nach Süden Richtung Lodbjerg. „Diese Entscheidung ist ganz einfach", meine ich weise. „Rechts herum erwarten uns ein kuscheliges Ferienhaus, eine warme Dusche, Kaffee und ein richtiges Frühstück. Richtung Lodbjerg drohen fünfzehn weitere Kilometer, Kälte, Regenschauer sowie Schmerzen in Leiste und Adduktoren."

„Sag nicht, du hast gerade keinen Spaß."

„Warum habe ich das Gefühl, dass ich hier kein gleichberechtigter Diskussionspartner bin?"

„Weil du es nicht bist. Wenn du für uns entscheiden würdest, bekämen wir ja heute noch die Nuckelflasche."

„Was ist so schlimm an der Nuckelflasche?"

„Marvin, du trauerst immer noch der Nuckelflasche nach? Auf diesem Niveau bist du also stecken geblieben?"

„Mummelmummelmummel", mummele ich. „Seitdem ging es ja auch ständig bergab." Dann komme ich wieder zum Thema: „Alles was ich will, ist Sicherheit, Komfort, Genuss. Also rechts herum."

„Netter Versuch. Was du dort bekommst, ist Unzufriedenheit, Faulheit, Passivität. Geradeaus geht es zu Wohlsein, Balance, Fitness."

„Wohlsein? Was hat dieses Zuschandenreiten von Sehnen und Muskeln denn mit Wohlsein zu tun? Wenn überhaupt ist das der Weg zu Schmerz, Intoleranz, Zerstörung!"

„Jetzt mach hier nicht auf Suffragette, die Leiste fühlt sich nicht ganz okay an, aber noch geht es doch."

„Wenn ich dich zur Vernunft bringen will, warum habe ich dann immer das Gefühl, als voltigiere ich auf einem Nashorn?"

Ehe ich mich versehe, sind wir jenseits von Lyngby City und auf dem Weg nach Lodbjerg. Ich könnte protestieren, aber wen würde das schon interessieren? Und außerdem bricht gerade wieder ein neuer Schauer über uns herein, der ihm Empfindungen beschert, als würde er mit dem Regen gleichzeitig verschmelzen und für ihn unerreichbar sein, so als stülpte sich seine Sinneswelt nach außen und hülle das Wetter ein. In dieser Verfassung ist er vernünftigen Argumenten gegenüber so aufgeschlossen wie Zeus beim Anblick Europas. Momenten wie diesem, in denen er sich komplett lebendig fühlt, gehen selten vernunftbetonte Reflexionen voraus. Deswegen sagt man wohl auch am Leben *fühlen* und nicht am Leben *schlussfolgern*.

Der südliche Teil von Lyngby besteht aus vier schwarzen, komplett baugleichen Holzhütten, die mit Thy 1 bis Thy 4 adressiert, aber über eine Strecke von mehr als einem Kilometer Länge verteilt sind. Ich meine, er besteht nur daraus. Ist das vielleicht die hiesige Interpretation von Plattenbausiedlungen? Wo man seinen direkten Nachbarn nur an klaren Tagen sehen kann? Ich meine, man stelle sich hier mal ein Stadtteilfest vor. Vier Familien namens Jensen 1 bis Jensen 4 kommen in komplett baugleichen, schwarzen Trachten zusammen und trinken Schwarzbier 1 bis Schwarzbier 4. Ihre Kinder sind baugleich und spielen Vier Gewinnt. Mit schwarzen Holzchips.

Meine Contenance schwindet zusehends.

Vorbei ist der Schauer, und die Luft ist so klar und reingewaschen, dass verschwitzte Funktionsfasern hier tatsächlich deplaziert wirken. Selbst die Kapillaren unter Herrchens nackter Haut prickeln. Er gleitet hinüber in ein beseeltes Läuferhoch. So mühelos empfindet er seine Schritte, als reite er mit dem Wind.

Das Gefühl wird abrupt unterbrochen, als er aus dem tiefen Sand des Weges auf eine kniehohe Stufe aus Sandhafer springt. Die Leiste sticht bis in den Adduktor hinunter. Er versucht, es zu ignorieren, aber eine Restirritation bleibt.

„Zeit, mit dem Laufen aufzuhören", meine ich. „Und schleunigst zum TÜV zu gehen."

„Quatsch kein Blech."

„Ich rede Kolbenfresser. Da braut sich etwas zusammen, das sich gar nicht gut anfühlt. Wir sollten umkehren."

„Sind das nicht phantastische Farbenspiele da hinten, wo die Sonnenstrahlen durch das Wolkenloch scheinen?"

„Ich bin es ja gewohnt, dass du mich verdrängst. Aber jetzt auch noch Leben und Gesundheit? Wie lange willst du dieses höllische Experiment denn noch fortführen?"

„Bis ich nicht mehr will. Und ich will noch."

„Eben waren wir noch in der Pubertät, jetzt klingst du schon wie ein Trotzkind."

„Da ist was dran", sagt er unerwarteterweise. „Kinder spielen. Sie werfen, laufen, rutschen, schaukeln ohne einen konkreten Anlass, nur um sich auszuprobieren."

„Der wesentliche Unterschied zu dir ist, dass hier keine Erziehungsberechtigten in der Nähe sind, um dir Grenzen aufzuzeigen."

„Klasse, oder?", freut er sich. Und ergänzt: „Außerdem probieren sich auch Erwachsene aus. Denk nur an Sport, Fernsehshows, Wettbewerbe und so weiter."

„Warum bloß?", frage ich. „Könnte eine Art Balzverhalten sein. Jedenfalls ist es nicht nur Neugier. Sonst würden einige Menschen, dich eingerechnet, dieses sinnlose Spiel nicht wiederholt und bis ins Extrem treiben. Da steckt etwas anderes hinter dieser fehlgeleiteten Motivation. Aber was?"

Er antwortet nicht und läuft weiter. Weil die Irritation wieder abklingt, macht er sich erst mal keine weiteren Sorgen. Endlos und still ist die Landschaft, als döse sie unter der Wolkendecke, während wir ihr wie eine Laus durch den Dünengraspelz krabbeln. Wir sind die einzigen Lebewesen, die hier Fußspuren im Sand hinterlassen. Sein Raumgefühl löst sich auf, und er meint, dass Atem und Wind eins würden. Ihm ist nicht mehr ganz klar, wo er aufhört und wo die Landschaft anfängt. Als löse er sich in ihr wie Brausepulver. Kurz: Sein kleines bisschen Restverstand gibt langsam den Geist auf. Und ich bekomme allmählich Hunger.

„Unser Verhalten ist überhaupt nicht sinnfrei", meldet er sich plötzlich. „Es ist sinn*lich.*"

„Sinnlich, ja…?", entgegne ich vorsichtig, während sich seine Hirnzellen offenbar gerade vollends in Molekulargrütze verwandeln. „Du meinst, so wie Auspeitschen, Würgen oder, schlimmer noch, stundenlange Telefonkonferenzen mit mehr als zehn Teilnehmern, von denen mindestens zwei in der Abflughalle sitzen?"

„Nein, anders. Aber seit wann stehst du auf Auspeitschen oder Telefonkonferenzen?"

„Jetzt verstehe ich", umgehe ich seine letzte Frage. „Du bist überhaupt nicht neugierig. Du bist bloß süchtig!"

„Ein bisschen vielleicht. Aber es steckt im Grunde etwas anderes dahinter."

„Und das hat etwas mit Neugier zu tun?"

„Und mit Entdecken."

„Entdecken auch noch, ja? Noch was?"

Es dauert etwas, bis er antwortet. Schließlich meint er: „Im Grand Canyon war es die Frage, ob wir es schaffen können. Es gab ein klares Ziel: den Nordrand. Und nur einen Weg dorthin. Aber hier ist es anders, hier bestimmen wir selbst, wann wir am Ziel sind, wann wir es geschafft haben."

„Das klingt jetzt irgendwie beunruhigend."

„Weißt du noch, wie wir früher dachten, wenn wir ein tolles Auto mit viel PS hätten, hätten wir ‚es geschafft'?"

„Da warst du noch vernünftig", sage ich.

„Dann kam die These, wenn man einen tollen Körper mit viel PS hätte, hätte man es geschafft."

„Und?", frage ich sarkastisch.

„Hm", macht er. „Aber mit einem tollen Auto hat man es noch eindeutiger nicht geschafft als mit physischer Fitness. Lieber ein fitter Körper als ein dickes Auto."

Pause.

„Jedenfalls", meint er dann, „die Frage bleibt: Was ist da noch? Hinter all dem, was wir schon kennen? Was kommt dann?"

Schon mehrmals hat er diese Gegend mit der Weite des Meeres verglichen. Und nun sehen wir etwas, das auf den ersten Blick unwirklich scheint, aber keine Fata Morgana ist: Voraus steht ein Leuchtturm. Inmitten der Dünen. Der Leuchtturm von Lodbjerg.

In diesem Moment wird mir mit voller Wucht klar, dass das hier weitergehen wird bis zum Exzess.

„‚Der Weg des Exzesses führt zum Palast der Weisheit. Denn wir werden nie wissen, was genug ist, bis wir wissen, was mehr als genug ist.' William Blake", zitiert Herrchen fröhlich.

„Und ‚der Weg des Laufens führt in die Abstellkammer der körperlichen Zerstörung. Denn du wirst nie aufhören, es zu übertreiben, selbst wenn du es längst übertrieben hast.' Marvin", gebe ich zurück. „Du wirst sehen, dass ich Recht habe."

Natürlich ignoriert er mich. „Ich habe schon mehr als genug", bohre ich weiter. „Jetzt bin ich weise, du aber nicht."

„Wir machen weiter, bis *ich* genug habe. Dann bin ich weiser als du."

Eigentlich wäre jetzt eine gute Zeit, den Kollegen Blinddarm zu schikanieren. Stattdessen entgegne ich kraftlos: „Du setzt dich hier völlig unnötig unter Druck. Das ist es. Du hast eine Erwartungshaltung an dich selber. Du siehst in dir etwas, das du sein könntest, aber nicht bist. Und diesem Bild rennst du jetzt hinterher."

„Und wenn das Gegenteil der Fall wäre? Wenn ich einfach nur klarer sehen, etwas über mich herausfinden möchte?"

„Ich…" Ich bin tatsächlich sprachlos. Dazu fällt mir einfach nichts mehr ein.

Es dauert noch eine Weile, bis wir den Leuchtturm, dieses i-Tüpfelchen der Verlassenheit, erreichen. Aber schließlich laufen wir direkt daran vorbei. Gebaut aus schwedischem Granit steht er da und kegelt, wenn es dunkel ist, sein Licht in die weiten Horizonte. Als wäre er nicht von Menschenhand erschaffen, sondern aus Dünen geboren, um verirrte Seelen aus der Einsamkeit des Nordmeeres in die Einsamkeit dieses Landstriches, der vor wenigen Tausend Jahren noch Meeresgrund war, zu locken.

„Er ist schön und gruselig zugleich, oder?", fragt er.

„Da hat er dir etwas voraus. Du bist einfach nur gruselig."

Nach Lodbjerg laufen wir noch wenige Kilometer durch die Dünen. Der Weg wird sandiger. Näher und näher kommen wir ans Meer. Und weiter und weiter entfernen wir uns von Vorupør.

Wieder ziehe ich Bilanz. Die Passivseite bläht sich geradezu auf angesichts der Anstrengung, die es kosten wird, den Weg von hier aus wieder zurückzulaufen. Denn zurück soll es nicht durch die Dünen gehen, sondern am Strand entlang durch den tiefen Sand. Und die Aktivseite erodiert durch zunehmende Schmerzen in Leiste und Adduktoren sowie schrumpfende Kraftreserven. Das kann nicht aufgehen.

Die nächste Ortschaft heißt Agger. Man erreicht sie über einen schmalen, sandigen Damm zwischen der Nordsee und einem Binnengewässer namens Flade Sø. Kurz vor Agger führt ein sandiger Pfad nach rechts an den Strand.

„Viel weiter nach Süden kommen wir nicht", sagt er. „Da vorne ist Thy zu Ende, und der Limfjord fängt an. Jetzt geht es an den Strand und zurück." Erleichtert wäre ich, wenn ich nicht wüsste, was jetzt noch vor uns liegt: Gut zwanzig Kilometer sind es bis Vorupør. Das kann nichts anderes sein als eine Tortur durch Sand und Wind.

Wir biegen auf den Pfad ein und erreichen die Anhöhe des letzten Dünenkamms. Die See hat die Dünen hier zu einer sandigen Steilküste ausgewaschen. Ein endloser Strand breitet sich unter uns aus. Halb springend, halb rutschend laufen wir hinunter in Richtung der hoch hereinrollenden Wellen. Hier sehen wir zum ersten Mal Fußspuren. Von einem Fuchs, der sich hier wohl mangels Igel selbst gute Nacht gesagt hat.

Hier ist keine Menschenseele.

Als hätte Neptun eine Tür aufgestoßen, ist der Wind am Strand noch stärker, lauter, wilder und rauer. Zum Greifen nah sind die Wellen, der Himmel offener und weiter. Gleichzeitig scheint die Luft aufgeladen mit Licht. Dazu passt, dass die Wolkendecke sich öffnet und der Sonne viel Spielraum lässt. „Wäre der Vergleich nicht so unpassend, würde ich sagen, das Licht wechselt zu High Definition und kitzelt den letzten Kontrast, die letzte Farbnuance aus jedem Sandkorn und jedem schäumenden Wassertröpfchen heraus", meint er.

Die ersten Meter auf dem Strand heben seine Stimmung. „Füße sind ein bisschen wie Fühler, oder? Unsere direkte Verbindung zum Boden. Auf Asphalt spürten sie gar nichts. Das war, als schaue man ins Teleskop, hat aber vergessen, die Kuppel der Sternwarte zu öffnen. In der Heide war es besser, zwar ein angelegter Weg, aber natürlicher Untergrund. Und hier, an der Grenze von Land und Wasser ist kein Weg mehr, alles ist naturbelassen."

„Was willst du mir sagen?"

„Weißt du noch, als wir einmal als Kind im Garten Fangen gespielt haben? Wir sind barfuß über den Rasen gelaufen. Vor uns war ein Streifen Beet. Mit roten und gelben Tulpen darauf. Wir wussten nicht, ob wir es schaffen würden hinüber zu springen. Unsere nackten Sohlen trommelten im vollen Lauf über das Gras. Dann sind wir gesprungen. In diesem Moment dachten wir, wir könnten fliegen."

„Du meinst, bevor wir die Tulpen wegrasiert haben?"

„Wir sind nicht in den Tulpen gelandet. Wir haben den Sprung geschafft."

„Ich habe Hunger", beende ich sein Gefasel.

„Okay." Ohne mit dem Laufen innezuhalten, kramt er hinter seinem Kopf in der oberen Außentasche seines Rucksacks blind nach einem Joghurtriegel. Zwei davon hat er heute Morgen eingepackt. Zuerst stößt er auf sein Mobiltelefon, nimmt es heraus und verstaut es in einer Netztasche am Hüftgurt. „So ist es leichter zu erreichen."

„Und schneller zur Hand, falls ein Notfall eintritt und wir uns abholen lassen müssen?"

Er antwortet nicht, stöbert weiter und findet einen Riegel, der sich aus unerfindlichen Gründen selbst ausgewickelt hat. Er meint, dass dieser Snack ihn auch nicht weiter bringe als die ominösen Powerbars, aber immerhin etwas besser schmecke. Er spült mit einigen Schlucken aus der Trinkblase nach. Auch bei Getränken hat er etwas experimentiert. Der empirische Tiefpunkt dabei war ein Gemisch aus Wasser, Salz, Zucker, Orangensaft und Speisestärke, das schmeckte wie durch Laufsocke gefiltert und die Kondition förderte wie Popeln die Libido. Nein, klares Wasser findet er wesentlich belebender. Dann sucht er nach dem zweiten Riegel. Findet ihn. Und gleich darauf noch einen. Beide noch sauber verpackt. Es sind die beiden von heute Morgen.

„Was habe ich eigentlich gerade gegessen?", murmelt er mit einer für ihn typischen Mischung aus Verwunderung und Unbedarftheit. „Egal." Er vernascht beide Riegel und wendet sich wichtigeren Fragen zu. Zum Beispiel: „Wozu brauchen die einen Rettungsweg im Landesinneren, wenn man auch am Strand laufen kann?"

Die Antwort findet sich hier im tiefen Sand. Vielleicht hätte er sich mal nach den Gezeiten erkundigen sollen. Das Wasser steht gerade sehr nah an der Steilküste, dazwischen liegt nur ein schmaler Streifen mit tiefem Sand oder Kies. Auf beiden ist das Laufen extrem anstrengend.

„So ein Strand ist keine Tartanbahn", stellt er naiv fest.

„Ich nehme mal an, wie Fliegen fühlt sich das gerade nicht an… Den Sprung über das Tulpenbeet würdest du hier wohl nicht schaffen", sage ich.

Seine Laufgeschwindigkeit ist dramatisch gesunken. Gleichzeitig sind die Anforderungen an die Konzentration dramatisch gestiegen: Zwischen Wasser, Sand, Steinen und Treibgut ist jeder Schritt ein russisches Roulette für Gelenke, Muskeln und Sehnen. So gut es geht, versucht er, im vermeintlich etwas festeren Sand nah der Wellen zu laufen. Manchmal unterschätzt er die Geschwindigkeit der herannahenden Wellen und muss schnell strandseits ausweichen. Oft reagiert er zu spät, und die Welle erreicht seine Laufschuhe. Nach einigen hundert Metern sind sie saftig, salzig und paniert wie eine orthopädische Hommage an das Wiener Schnitzel. Erschwerend kommt der kniehoch ausgewaschene Spülsaum hinzu, den wir auf der Suche nach festem Untergrund häufig hinauf- und wieder hinunterspringen müssen. Dann wiederum ist der vermeintlich feste Sand nah der Wellen manchmal gar nicht so fest, und sandiger Schlamm schluckt Fuß, Knöchel und Vortrieb.

„Geht schon ein bisschen auf die Muskeln", keucht er. „Aber immerhin scheint die Sonne."

Wo ist da jetzt der Zusammenhang, frage ich mich. Zwar scheint die Sonne gerade freundlich, doch in seinem Inneren herrscht mittlerweile ein deutlich rauerer Ton. Die Kohlenhydrate werden langsam knapp, und der Körper muss die letzten Reserven mobilisieren. Das tut er wie üblich nur unter Protest. Marathonläufer sprechen in dieser Situation von dem

‚Mann mit dem Hammer'. Dieser unwillkommene Handwerker taucht viel zu früh auf, scheinbar fordert die Kraftanstrengung im Sand ihren Tribut.

„Hast du mal darüber nachgedacht, wie ich das hier empfinde?", frage ich ihn.

„Nicht wirklich", keucht er. „Marvin, wir sind auf dem Weg in eine Zone, die man auf eine andere Art kaum erreichen kann, einen Raum, der uns sonst verschlossen ist."

„Wenn du ihn erreicht hast, wirst du feststellen, dass er von innen mit Gummi gepolstert ist und sofort wieder hinter dir verrammelt wird."

„Wir gehen uns selber auf den Grund, tief unter die Oberfläche. Dort unten liegt ein Schatz, Marvin. Im Grand Canyon konnten wir ihn bereits sehen, aber noch nicht deutlich genug."

„Aber..."

„Da!", ruft er überrascht. „Sieh mal!" In einiger Entfernung vom Strand sind zwei oder drei Rückenflossen aus dem Wasser aufgetaucht. Schnell sind sie wieder verschwunden, um wenige Sekunden später erneut zu erscheinen. Parallel zu uns bewegen sie sich in die gleiche Richtung wie wir – nur schneller. „Das sind Schweinswale!", ruft er begeistert. „Ist das nicht toll? Man denkt, das ist einfach nur eine blaugraue Wasserfläche da draußen, und dann das!" Er ergänzt, dass ich ja eigentlich eine besondere Nähe zu Tieren mit diesem Namen empfinden müsste, aber das ignoriere ich.

Stattdessen frage ich: „Das ist es also? Du möchtest vom Grunde einer Traumwelt etwas an die Oberfläche holen?"

Er antwortet nicht und starrt fasziniert auf das Wasser, bis dort die Wale wieder auftauchen.

Ich seufze: „Wenn man schon laufen muss, um sich selbst auf den Grund gehen, kann man dabei doch nur auf Grund laufen."

Nach einigen Minuten sind die Wale verschwunden. Bei ihm haben sie einen kleinen Adrenalinschub ausgelöst, der ihm kurzfristig Auftrieb verschafft.

Er steuert sein Empfinden auf die nackte Haut seines Oberkörpers, den die Sonne wärmt und die salzige, klare Luft kitzelt. Ich wünschte, wenigstens der Rucksack würde ihn durch Scheuern irritieren, aber der trägt sich auch nach drei Stunden noch so komfortabel wie eine Maßweste.

Rechts von uns sehen wir den Ausläufer eines Priels, der uns für eine Weile rechts begleitet, so dass wir auf zwei Seiten von Wasser eingeschlossen sind. Die dunkle Ahnung einer Gefahr beschleicht mich, aber ich kann sie nicht konkret fassen.

„Oh", sagt er da. Und sieht, dass der Priel einen Abfluss ins Meer hat. Genau vor uns. Geschätzte vier Meter breit (zu weit, um ihn zu überspringen) und geschätzt knietief (zu tief, um komfortabel hindurch zu laufen).

„Durch oder umkehren?", fragt er.

„Pest oder Cholera?", röchele ich.

„Pest", meint er und läuft, ohne zu bremsen auf das Wasser zu. „Viel nasser können unsere Schuhe auch nicht mehr werden."

Es war eine dämliche Idee, wie sich in einer halben Sekunde herausstellt. Das rechte Bein versinkt viel weiter als gedacht – erst im kalten Wasser, dann im nachgiebigen Sand. Das linke stolpert hinterher. Einen kurzen Moment flackert Panik in mir auf: Werden wir haltlos im Treibsand versinken? Irgendwann, aber viel zu spät, finden die Füße Halt. Schnell will er weiter, schnell aus dieser Schlammfalle hinaus. Mit einem Ruck reißt er das rechte Bein nach vorne. Durch die Leiste flammt ein Schmerz. Er beißt die Zähne zusammen. Die Arme rudern, um die Balance zu halten. Wieder versinkt das rechte Bein im Boden. Er zieht. Er beißt. Er versinkt. Er zieht. Und krabbelt aus dem Priel heraus. Für einen Sprung reicht es nicht mehr.

„Okay", keucht er beim Aufstehen. „Okay." Die Leiste pocht, und irgendetwas stimmt nicht mit der rechten Pobacke.

Das war's, denke ich und sage: „Das war's."

Ohne innezuhalten läuft er weiter und horcht vorsichtig in sich hinein. Dort flehe ich: „Haaallooo! Das waahaar's! Buhuhuuuu!"

„Der Schmerz klingt schon wieder ab", keucht er.

„Nein!" Ich gebe zu, ich schreie. „Das sind nur die körpereigenen Morphine, die dich täuschen. Du machst alles nur noch schlimmer!"

„Mal sehen", sagt er und bildet sich ein, dass das langsame Laufen wohltuend wirkt.

„Wir können nicht mehr!", rufe ich.

„Aber ich will noch!", schnauft er.

Und da wird mir klar, dass ich einen folgenschweren Gedankenfehler begangen habe. Wie sagte er noch vorhin? ‚Bis wir nicht mehr können. Oder wollen.' Und ich dachte, das Nicht-Mehr-Wollen käme vor dem Nicht-Mehr-Können, wie man es von einem normal denkenden und handelnden Schweinepriester erwarten kann. Oder zumindest gleichzeitig. Nun stellt sich heraus, dass für ihn das Nicht-Mehr-Können überhaupt kein Hinderungsgrund ist. Das ist erschreckend.

„Da ist noch mehr drin", keucht er. „Da kommt noch was."

Die Muskelstränge der Abdruckphase bilden ein biomechanisch äußerst sensibles System vom unteren Rücken über Gesäß und hinteren Oberschenkel bis zur Wade. Dauerreizungen, Überanstrengungen oder Fehlbelastungen können zu empfindlichen Störungen führen. Es gibt in diesem Zusammenhang die unbewiesene Theorie der Triggerpunkte, kleiner, lokaler Verkrampfungen in der Muskulatur, die dem Körper nicht mehr gehorchen und sich nicht mehr um seine reibungslose Funktion scheren. Sind sie erst einmal entstanden, bleiben sie hartnäckig und umgeben sich gerne mit ihresgleichen. Ganze Muskelstränge können so dauerhaft von Verhärtungen bevölkert werden. Und Schmerzen erzeugen.

Ich glaube, in unseren Muskelsträngen der Abdruckphase rotten sich die Triggerpunkte gerade wie revolutionäre Zellen zusammen. Immer den Finger am Abzug, um Schmerzen durch unsere Extremitäten zu schießen. Unglücklich ist nur, dass wir in diesem tiefen Sand sehr auf diese Muskeln angewiesen sind.

Ich frage ihn: „Macht das jetzt Spaß?"

„Spaß ist etwas anderes."

„Dann hör' doch auf!"

„Noch nicht, ich bin noch nicht da, wo ich sein will."

„In Vorupør?"

„Nein, am Ende."

Diese Antwort wirft tausend Fragen auf, von denen ‚Ist sein Gehirn jetzt auch zum Triggerpunkt geworden?', ‚Wie sehr am Ende ist eigentlich am Ende?' und ‚Auf welche anderen Spielarten des Masochismus muss ich mich demnächst einstellen?' noch die harmloseren sind.

Ich denke mal, er wird schlichtweg irre. Aussehen tut er jedenfalls so: Klatschnass klebt die Hose an den Waden, die Schuhe machen bei jedem Schritt glucksende Geräusche, und seine Haare stehen in alle Himmelsrichtungen vom Kopf ab. Am schlimmsten jedoch ist, dass er dazu das Engelslächeln eines Neugeborenen trägt.

Rechts von uns ist die Küste weiterhin steil ausgewaschen. Manchmal durchziehen schwarze Flöze den Dünensand. Falls irgendwann einmal Menschen hier waren, so haben sich Meer und Wind längst alle Spuren davon zurückgeholt.

Gute zehn Kilometer sind es von Agger bis zum Strand von Lyngby, den man an den halb versunkenen Bunkeranlagen erkennt, die dort die Landschaft verschandeln. Doch wann endlich geraten sie in unser Blickfeld? An diesem Strand gibt es keine Zeichen des Vorwärtskommens. Die Zeit zieht und zieht sich, und es scheint, als kämen wir überhaupt nicht vom Fleck. Als würden wir feststecken. Die Füße nur im Zeitlupentempo bewegen können wie in einem Albtraum. Das Gefühl des lockeren Dahinschwebens ist schon lange nicht mehr da.

„Etwas ist hier nicht in Ordnung", sage ich ernst. „Nicht, wie sonst, auf der geistigen Ebene, sondern körperlich. Und das meine ich ernst."

Er läuft weiter.

Ich kann nicht mehr. Und fliehe vor der Wirklichkeit in die Erinnerung an den an den Pink Sand Beach auf Harbour Island, Bahamas. Wie seine flache, makellose Fläche aus hellrosa Korallensand unter der Karibiksonne zum Dösen – und nur zum Dösen – einlud. Wo das Wasser genauso klar und warm war wie die Luft. Genau so sollte ein Strand sein. Wo Mutter Natur dir ein Schlaflied singt. Und nicht so wie hier auf Rock-Röhre macht.

„Pink Sand Beach?", japst er. „Ganz hübsch. Aber viel zu warm zum Laufen. Und mit der Zeit etwas eintönig."

„Ich kann mich nicht erinnern, dass es mir dort eintönig vorgekommen wäre. Hier dagegen geht es ganz schnell."

„Du bist einfach nicht in der Lage, den Moment zu genießen." Er ist augenscheinlich noch in der Lage, ein Gespräch zu führen. Wenn auch mit fragwürdigen Inhalten.

„Diesen hier jedenfalls nicht."

„Aber das ist doch einfach großartig." Was bitte findet er hier großartig? „Jeder Moment ist anders, die Natur ist so launisch – Pink Sand Beach kann nur eine Stimmung ausdrücken, wie ein schlechter Schauspieler. Und wer steht auf der Hitliste der Länder mit den glücklichsten Einwohnern ganz oben? Dänemark."

„Ist dir schon mal aufgefallen, wie viele glückliche Dänen gerade hier sind und wie viele gerade zuhause glücklich die

Füße hochlegen? Die Bahamas waren in der Hitliste übrigens auf Platz 5, kaum schlechter als Dänemark."

„Hier geht es nicht um Glücklichsein. Noch nicht. Im Grunde geht es erst mal um Freiheit."

Neugier, Entdecken, Freiheit, was will er denn noch alles? Langsam reicht's. „Was soll jetzt dieses Freiheits-Gelaber?", knurre ich. „Was reitet ihr Schweinehundtyrannen bloß ständig darauf herum? Warum zum Beispiel steht in so vielen Staatsverfassungen immer etwas von Freiheit, aber niemals von Glücklichsein? Ich sage dir warum: Weil ein Staat dich glauben lassen kann, es lohne sich, für Freiheit zu sterben. Aber für das Glücklichsein geht das nicht. Da würden die Leute merken, dass an dieser Argumentation irgendwo ein Haken ist. Und du bist genauso. Du fügst uns hier unverhältnismäßig viel Leiden im Namen irgendwelcher abstrakten Selbstverwirklichungsworthülsen zu!"

Er antwortet irgendetwas, aber das ist mir schlichtweg zu blöd. Ich verabschiede mich aus der Konversation und phantasiere ein wenig vor mich hin. Dänen und Bahamaer. Glückliche Völker voller glücklicher Menschen. Und sie könnten sich sogar noch kulturell austauschen und voneinander lernen. Dann gibt es fürs Glücklichsein kein Halten mehr! Die Bahamaer färben sich die Rastalocken rot-weiß, stopfen statt Pølser Gras in den Hotdog, paffen, bis die Wanderdüne sprintet und geben sich Namen wie Smøke Jonesing. Und die Dänen grüßen sich forthin mit „Yø Møn", stopfen ihre Nørding-Pfeife mit Mary Jane II. aus der køniglichen Døpemanufaktur und paffen sich Grønland pink.

„Und das Erstaunliche ist, dass wir immer noch laufen können, Marvin", sagt er. „Irgendwie."

„Vielleicht geht es nicht nur um das Können und Wollen, sondern auch um das Sollen. Egal, ob wir jetzt laufen können oder wollen, wir sollten es einfach nicht tun."

„Sagt wer?“

„Es gibt so etwas wie Vernunft.“ Ich bereue diesen Satz in der Sekunde, als ich ihn sage. Mit Vernunft kann man ihm jetzt sicher nicht mehr kommen.

„Das stimmt. Und es gibt so etwas wie Nordseewellen, die links von uns donnernd in Strudeln weißer Gischt brechen. Und den salzigen Wind auf unserer Haut und tief, tief in unseren Lungen.“

Sag ich ja, mit Vernunft kann man ihm nicht mehr kommen. Vielleicht mit Troponin? Kardiales Troponin entsteht durch Schädigung des Herzmuskels. Nach langer, viele würden behaupten zu langer Ausdauerbelastung findet man im Blut von Sportlern kardiales Troponin in einer Menge, wie es sonst nur nach einem Herzinfarkt gemessen wird. Einen besseren Beweis für die zerstörerische Kraft seines Tuns gibt es doch gar nicht.

„A propos zerstörerische Kraft: Da vorne sieht man die ersten Bunker.“

In einigen hundert Metern Entfernung zeichnen sich die Silhouetten von Bunkern aus dem Zweiten Weltkrieg ab, die dort, am Strand von Lyngby, in Wellen und Sand versinken. Die grauen, garagengroßen Betonquader gehörten einst zum atlantischen Verteidigungswall. In Lyngby war die dritte Batterie des deutschen Heeres-Küstenartillerie-Regiments 180 mit vier Geschützen Kaliber 10,5 cm sowie drei Geschützen Kaliber 2,5 cm stationiert. Heute ist der Leitstand ‚in Betonausführung‘ mangels tragfähigen Untergrundes vornüber gekippt und halb vom Sand der Steilküste begraben. Niemals hat man von hier aus einen feindgerichteten Schuss abgegeben. Die Einwohner haben diese abominablen Bauten nicht vernichtet und überlassen sie ihrem Schicksal.

„Schau sie dir an“, meine ich ernst. „Sie sind ein Symbol für die Sinnlosigkeit fehlgeleiteten Strebens. Sie sind wider die Natur. Morgen wirst du an sie denken, wenn du deine Verletzungen zählst.“

Die Nerven unseres rechten Beines sind Violinensaiten, die anstelle eines Rosshaarbogens mit einem Fuchsschwanz bearbeitet werden. Und damit meine ich die Säge.

Für die gut zehn Kilometer von Agger nach Lyngby haben wir über anderthalb Stunden gebraucht, doppelt so lange wie unter normalen Bedingungen. Und dabei war es doppelt so anstrengend. Es ist zermürbend zu wissen, dass es nach Vorupør noch einmal so lange dauern wird.

Mittlerweile sind dreieinhalb Stunden seit unserem Aufbruch vergangen. Sein sechster Sinn tastet sich zu Leiste, Adduktoren und Gesäßmuskeln vor. Der Schmerz dort wird nicht weniger. Im Gegenteil. Seine Hand tastet nach dem Telefon an der Hüfte. Zögert. Nimmt den Armschwung wieder auf. Tastet sich erneut vor.

Ich wittere meine Chance. Und tue das Richtige: Ich sage nichts. Drücke nur ein bisschen auf der schmerzenden Pobacke herum.

Er schaut dem umgekippten Bunker-Leitstand in die leeren Schießscharten. Sie blicken zurück wie die Augenhöhlen eines gescheiterten Betonschädels.

In seinem Kopf rotiert es: Können, Wollen, Wollen, Können, können wollen, wollen können, Koller, Wonnen, Sollen, Schmerz, Vernunft, Schmerz. Schmerz. Warum. Schmerz.

Es knackt nicht, wenn der Wille bricht. Es geht ganz leise. Ein sachtes, gleitendes Rutschen. Dafür unwiderruflich. Ich liebe dieses Geräusch.

Er hört auf zu laufen und marschiert einen strammen Gang im Sand. Dabei holt er das Handy aus der Netztasche des Hüftgurtes und ruft Kirsten an. Sie verabreden sich in einer Dreiviertelstunde am Anleger von Stenbjerg.

Dann läuft er wieder. „Wir hören auf, Marvin. Wir laufen nicht bis Vorupør zurück. Nur bis Stenbjerg. Wir sollten wohl nur bis Stenbjerg laufen."

Ich schweige. Warum läuft er wieder?

„Eins-zwei", zählt er. Das Engelslächeln ist verschwunden. Zählt er seine Schritte oder das Echo eines sachten, gleitenden Rutschens, das laut durch seinen Kopf hallt?

„Beeindruckend, zu welchen arithmetischen Höchstleistungen du noch in der Lage bist", stichele ich.

„Ich finde es nicht sehr beeindruckend, wozu ich gerade in der Lage bin", murmelt er.

„Hey", sage ich freundschaftlich. „Du warst motiviert. Du wolltest irgendeinen diffusen Zustand erreichen, den es sehr wahrscheinlich gar nicht gibt. Jetzt ist diese Flause endlich vorbei. Das ist vollkommen okay so."

„Eins-zwei", zählt er seine Schritte. Seine Bewegungen werden gleichmäßiger. Er konzentriert sich darauf, wie er im Sand den besten Schwung in der Abdruckphase findet. Seine Schritte werden schneller und flacher. „Wir haben noch eine Dreiviertelstunde."

„Für was?", frage ich.

„Um zu sehen, was da noch ist, was noch kommt."

„Ich habe begründete Zweifel daran, dass es etwas Gutes sein wird."

Er wird nicht einsilbig, sondern nullsilbig. Man sagt, Sprache bestimme das Denken. Vielleicht stimmt das in den meisten Fällen. Doch seine Gedanken haben gerade mit Worten nichts gemein. Wie wummernde Pauken wiederholen sie archaische Rhythmen, zu denen seine Beine rudern wie Galeerensklaven. Man könnte es Antreiben oder gar Motivieren nennen. Aber es ist tiefer, mechanischer und deutlich primitiver.

Bin ich froh über seine Entscheidung, nur bis Stenbjerg zu laufen? Nein. Ich fühle mich entsetzlich. Warum hat er nicht schon in Lyngby das Handtuch geworfen? Kirsten hätte hier genauso gut bis an den Strand fahren können. Unser Erschöpfungszustand ist unerträglich. Der Schmerz ist unerträglich. Der Körper will schon lange nicht mehr; er quetscht auf den letzten Reserven herum wie ein Entsafter auf Trockenobst, der Citratzyklus rotiert im roten Drehzahlbereich, und die roten Blutkörperchen geben sich schon gegenseitig Mund-zu-Mund-Beatmung. Einfache elektrische Impulse aus dem Stammhirn reichen zum Vorwärtskommen schon lange nicht mehr. Schierer Wille reanimiert die Beinmuskeln bei jedem Schritt wie ein Defibrillator.

„Was willst du denn noch?", frage ich kraftlos. „Warum tust du uns das an?"

Seine wortlose Antwort sind Schritte im Sand, ist eine Ode an die Öde. Die Perspektive vor uns bleibt weitgehend unverändert, und das Vorwärtskommen spielt sich vorne am Horizont ab, wo das Auge über den Strand schweift und nach neuen Landpunkten sucht. Es ist, als liefe man ungefähr 15 bis 20 Minuten in der Zukunft. Später erst werden eingebildete Formen sichtbar. Eine Holztruhe wird ein Wasserkanister, ein Seehund wird ein Stück Treibholz, eine glibberige Qualle wird... eine glibberige Qualle. Und es zeigt sich, ob man die Zukunft richtig gedeutet hat, während am Horizont schon wieder die nächsten Schemen zu erkennen sind. So wird Linearität zu einem ewigen Kreislauf und beschleunigt die Zeit.

„Geht es dir darum, auf ganzer Linie glorios zu scheitern? Nicht nur mental, weil du nicht mehr willst, sondern auch körperlich, bis absolut nichts mehr geht? Ist das dein Ziel?", ächze ich.

Er stapft durch den Sand.

Eine sanfte Brise weht über den Strand.

Er spürt es. „Ich bin mir nicht sicher", keucht er, „was es ist. Aber da kommt gerade etwas Neues..."

Die Brise ist leicht, aber stetig. Wie ein ganz, ganz zarter Aufwind. Er erlebt doch tatsächlich auf den letzten Metern eine Sparversion des ‚Second Winds', eines Phänomens, bei dem ein völlig erschöpfter Läufer plötzlich neue Reserven anzapfen kann, die ihn weitertragen. Wissenschaftler führen diesen Effekt teils auf die plötzliche Reduktion von Milchsäure in den Muskeln und teils auf einen Endorphinschub zurück. Klingt, als wären sie sich selber nicht ganz sicher – oder als wäre ihnen dieses Thema berechtigterweise völlig egal.

Jedenfalls geht Herrchens körperliche Erschöpfung plötzlich und spürbar zurück. Ist es das, was er gesucht hat? Er weiß es nicht. Er ist unsicher. Und trotz ‚Second Wind' unzufrieden mit sich selbst.

„Ist das endlich Stenbjerg da vorne?", maule ich. Wie Vorupør hat Stenbjerg einen Strand, an dem Fischerboote liegen. Sie sind zwar kleineren Kalibers, aber wahrscheinlich der markanteste Orientierungspunkt für das Ende dieser entsetzlichen Pilgerei. „Ja, ich glaube, da vorne liegen die Boote von Stenbjerg."

„Ich bin mir nicht ganz sicher, ob ich wirklich aufhören möchte", keucht er und beschleunigt die Schritte. „Wir haben vorhin falsch aufgegeben. Aufgeben ist etwas, das wir scheinbar noch nicht richtig können."

„Vorhin, als du noch zu vernünftigen Entscheidungen in der Lage warst, hast du, wenn auch viel zu spät, das Richtige getan. Du hast abgebrochen." Herrje, jetzt muss ich ihm auch noch erklären, wie sein Gehirn funktioniert, was natürlich erheblich dadurch erschwert wird, dass es gerade nicht funktioniert.

„Das bezweifle ich gerade, dass das die richtige Entscheidung war."

Ich bin ratlos und entgegne darauf nichts, es würde ohnehin an ihm abperlen wie Wasser an einem gut eingebürzelten Erpel.

Am Anleger von Stenbjerg führt eine Teerstraße bis an den Strand heran. Man kann von weitem erkennen, ob dort ein Auto steht. Noch steht dort keins.

„Kirsten ist noch nicht da“, bemerkt er. „Vielleicht ein Missverständnis. Sie wartet bestimmt in Vorupør. Wir müssen noch weiter.“ Er erwägt diesen Gedanken und seine möglichen Konsequenzen.

Ich versuche, ihn so diplomatisch, wie es mir gerade möglich ist, von dieser Idee abzubringen: „Du durchgedrehter Dorfdepp! Das ist jetzt doch jetzt der totale Ober-Quatsch! Es reicht!“

„Oh, da kommt sie gerade“, murmelt er. K.u.K. parken so weit vorne an der Straße, wie es geht. Von dort aus können wir uns gegenseitig sehen. Kirsten steigt aus, schaut und zückt sofort die Spiegelreflex. Kann es sein, dass sie grinst?

„Weißt du was, wir winken ihr einfach zu und spielen, wer zuerst in Vorupør ist: Sie mit dem Auto oder wir zu Fuß. Sie hätte bestimmt keine Chance“, keucht er.

„Du! Kannst! Mich! Kreuz! Wei! Se!“

„Wir könnten noch weiterlaufen!“

„Nein!“ Mein Brüllen hallt im Wind.

„War nur Spaß, Marvin, war nur Spaß. Oder war es kein Spaß? Jedenfalls ist der Lauf hier zu Ende.“

‚Ende‘, hallt es in seinem Kopf.

Als er das Auto erreicht, hört er auf zu laufen.

Ich atme tief durch. „Und was bitteschön hat uns das jetzt gebracht?“, würde ich gerne wissen, als er keuchend vor K.u.K. steht.

Er schaut auf den Strand hinaus, der ihn niedergerungen hat. „Ich weiß es noch nicht. Ein Ziel haben wir nicht erreicht.“

Als er in das Auto steigt, nagt eine Unzufriedenheit an ihm, deutlicher noch als der Schmerz im rechten Bein.

3. Pausenstress: Du fürchtest, was du isst

Man könnte meinen, dass die anschließenden zwei Monate Laufpause für mich eine gewisse Erleichterung oder gar Befriedigung bedeuteten. Das ist jedoch nicht der Fall. Denn in diesen zwei Monaten werde ich eine ebenso beispiel- wie orientierungslose Entfaltung seiner überschüssigen Energie erleben, die mangels Laufgelegenheit alternative Beschäftigung sucht. Und sie in einer Kette von haarsträubenden Selbstversuchen findet, die er methodisch so bearbeitet wie ein zölibatärer Pudel Wadenbeine. Aber ich greife vor.

Als er noch im Auto sitzt, scheint es, als hätte er den dämlichen dänischen Dauerlauf weitgehend unbeschadet überstanden. Das ist jedoch nicht der Fall.

Es ist die Socke, die ihm zeigt, dass etwas faul ist im Staate Dänemark. Nicht das, was man nach stundenlanger intensiver Beanspruchung ohnehin erwarten würde. Nein, als er vorm Duschen in der Ferienhütte die linke Socke abstreifen will und dazu vornüber gebeugt auf dem rechten Bein steht, zieht ein Schmerz von der rechten Leiste durch die rechte Pobacke zur Innenseite des rechten Oberschenkels, der diese Bewegung unmöglich macht. Wie ein Flamingo mit Hörsturz unternimmt er einen zweiten Versuch – und scheitert erneut.

Thilo, mit fünf Jahren sein ältester Sohn, verfolgt sein Gebaren aufmerksam und meint, dass er sich schon lange alleine ausziehen könne. Im Sitzen schafft es schließlich auch sein Vater.

Um es kurz zu machen, der Schmerz bleibt und ist auch nach zwei Tagen noch präsent. In einem Anfall völliger geistiger Umnachtung hat er die Idee, dass ein Tempolauf vielleicht die Muskulatur lockern und Abhilfe schaffen könne. Diese Gegenfeuerstrategie ist, wie nicht anders zu erwarten war, fatal: Nach sieben Kilometern hat er sich krankenhausreif gerannt. Danach braucht er nicht mehr nach der Socke zu greifen, um zu wissen, dass er ein Po-Problem hat. Und nun tut auch das Gehen weh. Er bewegt sich wie ein Opfer kassenärztlicher Sparmaßnahmen, dem man anstelle eines künstlichen Hüftgelenks die Schreibtischleuchte ‚Antifoni' von IKEA eingesetzt hat.

Seine Hausärztin ist ratlos und setzt auf maximalen Diagnoseaufwand. Also verbringt er einen ganzen Tag im Krankenhaus. Ein Orthopäde, ein Unfallchirurg, ein Urologe, eine Internistin, ein Radiologe, ein Sonograph und eine Oberärztin tun nacheinander, was sie können und untermauern die Diagnose, dass das deutsche Gesundheitssystem verlässlich Kosten produziert. Ansonsten bringt der Tag nur negative Befunde. Die Hausärztin ist noch ratloser als zuvor. Aber sie lässt nicht locker und zieht ihre eigenen Schlussfolgerungen. Das Resultat ist, dass wir die Infektiologie des Hamburger Universitätskrankenhauses besuchen müssen.

„Was wir hier wohl sollen?", fragt Herrchen und reicht einer freundlichen Schwester hinter dem Tresen den Zettel, den seine Hausärztin ihm mit auf den Weg gegeben hat.

Die Schwester mustert ihn unergründlich und schickt uns dann in den Wartebereich. Herrchen grüßt artig die anderen Wartenden und setzt sich neben einen Mann mit langen Haaren.

Dann fallen ihm die Plakate auf. ‚Mach's mit!' steht da drauf, und auffallend viele Kondome sind darauf abgebildet. Diese Art von Plakaten – und nur diese – ziert alle drei Wände des Wartebereichs.

Etwas irritiert wirft er einen aufmerksameren Blick in die Runde der Wartenden. Auf den zweiten Blick sind das hier alles auffallend paradiesvogelartige Gestalten. Jeder zweite ist scheinbar magersüchtig. Oder zumindest sehr mager. Oder auch sehr süchtig.

Reflexartig rückt er seinen Stuhl ein Stückchen von seinem Sitznachbarn weg. Schlagartig versteht er die Logik seiner Hausärztin: Von seiner umfangreichen Krankengeschichte, von seinen detaillierten Schilderungen von Bewegungen und Laufstrecken sind nur zwei Dinge bei ihr hängen geblieben: dass er sich nicht wohl fühlt und dass ihm der Hintern wehtut. Also hat sie ihn zum Aidstest geschickt.

Später weiß er also, dass er nicht aidskrank ist, aber seine schmerzende Pobacke hat er immer noch am Hals.

Nach einer Woche stehen zwei Dinge fest: Sein Vertrauen in ärztliche Hilfe ist kaputter als seine Pobacke, und laufen kann er immer noch nicht. Er ahnt dunkel, dass er auf die Selbstheilungskräfte des Körpers vertrauen und wohl auf unbestimmte Zeit auf seine Angebetete „Laufen" verzichten muss. Aber während normale Strohwitwer sich in so einer Situation auf Bier, Pizza und Dosenravioli stürzen, hat er wesentlich schlimmere Ideen.

„Schau mal, Marvin", trällert er wie ein Erdhörnchen, dem gerade der Puschelschwanz gebürstet wurde.

„Warum?", nörgele ich.

„Ich muss dir etwas zeigen. Und guck nicht so begossen, das hier wird dir gefallen!"

Er ist in der Küche und beugt sich über einen orange verpackten Müsli-Mix-Riegel. Die Nährwertangaben sind recht klein gedruckt.

„Da sind 40 Prozent Zucker drin! Nicht etwa ballaststoffreiche Kohlenhydrate, sondern einfach nur Zucker. Und 28 Prozent Fett – das ist ja mehr als manche Bratwurst. Und dann noch gehärtetes Pflanzenfett, also das von der ganz üblen Sorte. Dafür enthält er kaum Eiweiß. Und das wird als gesundes Müsli verkauft!"

„Na und?" Seine Entrüstung verstehe ich überhaupt nicht. „Ist doch lecker. Gib her, das Ding."

„Marvin, wir müssen mal überlegen, was wir eigentlich so den ganzen Tag essen. Und ob das wirklich immer ideal ist."

„Ahhh!", kreische ich, denn hier geht es um meine Spielzeuge. So wie Schokolade zum Beispiel. Und Rotwein. Und Single Malts. Und – haha! – Havannas. Da verstehe ich keinen Spaß.

„Kein Grund zur Aufregung, wir finden doch nur heraus, was für uns das Beste ist."

„Definiere ‚uns'."

„Mich."

„Ahhh!"

„Nein, kleiner Scherz." Er wird ernst. „In Thy ist etwas falsch gelaufen. Wir haben nicht richtig auf unseren Körper gehört. Ich habe nicht richtig auf dich gehört. Von nun an müssen wir besser aufeinander hören."

Habe ich recht vernommen? Er will auf mich hören? Oh, habe ich auf diesen Moment gewartet! Wortkaskaden eruptieren aus meinem Inneren, ich erkläre, lege dar, bekräftige, unterstreiche, sinniere über, beschwöre das Glück der Sinnesfreude, des Schwelgens, der Hingabe, der Lust am hemmungslosen Genuss, ergehe mich in der geheimen Phantasie von einem kerzenbeleuchteten Whirlpool mit einer H. Upmann Sir Winston zwischen den Lippen und umsinglet von Flaschen erlesener Malts, im Wasser eine…

„Äh, Marvin?", unterbricht er mich.

„Ja."

„Was hältst du eigentlich von Magerquark?"

Diese Frage hat auf mich die gleiche Bremswirkung wie eine Glasscheibe auf den unbeschwerten Flug eines Singvogels. „Mager?", würge ich. „Quark?"

„Genau. Der Eiweißanteil an unserer Nahrung ist bisher erstaunlich gering gewesen. Und es gibt wenige Nahrungsmittel, die einen hohen Eiweiß- aber einen geringen Fettanteil haben. Magerquark zum Beispiel."

„Was soll dieser Blödsinn?“

„Nun, effektives Krafttraining besteht eben nur zur Hälfte aus Training.“

„Kraft? Training?“, stammle ich.

„Und die andere Hälfte ist die richtige Ernährung. Harzer Käse ginge übrigens auch.“

Wie dumm von mir. Ich habe mich mal wieder aufs Glatteis führen lassen. Natürlich will er nicht auf mich hören. Statt Highland Malt gibt es also Harzer Müffelkäse. Und statt Kerzenschein Krafttraining. Alles war nur eine perfide Täuschung, um meine Qualen zu erhöhen. Sein Ausdruck von Freude darüber, täglich mit mir Schluss machen zu können. Bloß weil ich nicht weg kann.

„Bisher“, sagt er, „bestand ein erheblicher Teil unserer Kalorienaufnahme aus Süßigkeiten, industriell konstruiertem Essen mit gehärteten Fetten, Glutamat und anderen weniger gesunden Zusatzstoffen sowie leeren Kohlenhydraten. Dagegen haben wir erstaunliche Defizite bei Frischeprodukten wie Obst und Gemüse, bei Eiweiß und insbesondere bei hochwertigen Fetten.“

„Aber es geht uns gut dabei. Denk nur an all die Schokoriegel, die wir im Büro in uns hineinmampfen.“

„Yep. Wir haben uns beim Essen bisher in erster Linie von der Lust leiten lassen. Das ist ja grundsätzlich auch gut so. Aber wir waren nicht ausreichend informiert.“

„Informiert? Was hat das bitte mit Essen zu tun? Oder gar mit der Lust am Essen?“

„Niemand handelt gegen das Beste aus Überzeugung, sondern nur aus Unwissenheit. Oder weil ihm Sucht, Zorn oder Angst kurzfristig die Sicht verstellen. Das heißt im Umkehrschluss, wer frei ist von Angst, Zorn und Sucht und sich auskennt, ernährt sich besser. Ich denke mal, wir sind einfach nur unwissend gewesen.“

„Und was bist du, wenn du trotz Schmerzen in der Leiste immer weiter rennst? Unwissend? Oder vielleicht doch eher psychisch instabil? Weißt du, was du gerade tust? Du stellst Lust auf eine Stufe mit Zorn und Sucht. Das ist doch bescheuert. Wenn wir ihr nachgeben sind wir nicht falsch informiert, sondern glücklich. Und du willst sie einfach so unterdrücken?"

„Im Gegenteil. Wir ersetzen sie durch eine größere Lust. Die Lust, fit zu sein."

„Jetzt gaaaanz langsam", warne ich. „Nimm den Telefonhörer. Wiederhole, was du eben gesagt hast, der Notrufnummer 112. Dann nenne die Adresse. Sie sind sicher gleich hier. Alles wird gut. Deine neue Trainingsjacke hat dann vielleicht etwas zu lange Ärmel, aber du kannst ganz vielen, netten, weißgekleideten Menschen von deinen Plänen berichten, die alle sehr interessiert zuhören. Ich tue es jedenfalls nicht mehr!"

Er gibt sich ungerührt wie ein Nilpferd im Gegenverkehr. „Ernährungsmäßig halten wir uns von nun an mal an eine ganz simple Formel: Kohlenhydrate beschränken wir auf Vollkorn, Obst, Salat, Gemüse, Hülsenfrüchte. Nicht immer, aber so weit es eben geht. Eiweiß essen wir wenigstens 80 Gramm pro Tag, zum Beispiel aus Bio-Geflügel und Milchprodukten. Und bei Fetten konzentrieren wir uns auf Olivenöl und Fett mit vielen Omega-3-Fettsäuren wie beispielsweise Raps- oder Fischöl."

„Fischöl", hauche ich.

„Wir vermeiden von nun an Süßigkeiten, tierische Fette, Minderkost. Nichts Besonderes. Im Prinzip sind das Kriterien, die allgemein anerkannt sind und die jeder erfüllen kann."

Das kann er nicht durchhalten. Er nicht. Dafür kenne ich ihn zu gut. Es kann nicht funktionieren. Es ist einfach unnatürlich, sich vorwiegend von Hülsenfrüchten, Obst, Bio-Fleisch, Fisch und vollem Korn zu ernähren.

„Mir wird immer klarer", sagt er, „dass wir natürliche Wesen sind und uns auch natürlich ernähren sollten. Damit sind wir agiler, konzentrierter, ausdauernder, besser gelaunt und haben unserer Familie und unserer Umwelt mehr zu geben."

„Aha." Meine Geistesgegenwart kommt zurück. „Dein Gefasel bedeutet nur eines: Du meinst, du hättest in Thy versagt und willst dich jetzt mit dieser drakonischen Diät dafür kasteien."

Sein Blick verfinstert sich. Das ist ein schönes Gefühl.

Ich setze nach: „Du hast in Thy nicht das gefunden, was du gesucht hast. Ein kleines Hochgefühl auf Kosten massiver körperlicher Zerstörung ist es nicht gewesen. Du bist immer noch auf der Suche."

Er zuckt die Schultern und meint: „Und deswegen fangen wir jetzt wieder bei Null an. Und legen von heute an die Grundlage dafür."

„Keine Unmengen von Schokoriegeln mehr?", frage ich und versuche es mit einem zaghaften Dackelblick.

„Nein", grunzt er.

„Nicht mehr in der Flughafenlounge das Buffet plündern, auch wenn wir nur zehn Minuten Zeit haben?"

„Ha!", schnaubt er, „wir in der Senator-Lounge... kommen uns sooooo privilegiert vor, nur weil wir in Stoßzeitenatmosphäre kostengeminderte Minderkost in uns hineinschaufeln dürfen! Es ist ein viel größeres Privileg, sich individuell mit hochwertiger Nahrung versorgen zu können, die uns wirklich gut tut."

„Seufz...", seufze ich.

Dann fangen seine Augen an zu funkeln. „Wir gehen auf eine Reise, Marvin. Wir wissen noch nicht, wohin sie führt, aber das ist auch nicht wichtig, es geht nicht um irgendein Ziel. Wir werden etwas erreichen. Und es wird gut sein."

„Ha", schnaube jetzt ich. „Ich habe dich durchschaut. Du hast einfach nur die Hosen voll. Das Leben kommt dir vor wie ein Dschungel. Kaum zu überblicken. Gefährlich. Es gibt keine Sicherheit. Und was ist die Antwort? Viele meinen, wenn man sich einen Turm von Extremen anhäuft, sei es beim Laufen, Arbeiten, Bergsteigen, Bio-Fraß oder Briefmarken sammeln, dann könne man sich über die Wipfel des Dschungels erheben und den Überblick haben. Der Unordnung, dem Zufall ein Schnippchen schlagen. Du erliegst einer Komplexitätsreduktionsillusion."

„Ähhh...", macht er, und mir ist ziemlich klar, dass er in solche Richtungen noch nie gedacht hat. „Also, eigentlich geht es mir eher um eine Basis für dauerhaftes, physisches Wohlgefühl."

„Ich muss mir dieses ganze Gefasel anhören, nur um zu erfahren, dass du das Gleiche willst wie ich? Warum fragst du mich nicht gleich, das ist mein Fachgebiet!"

„Aber Marvin, nie denkst du dabei über den Sofort-Genuss, über den Moment hinaus."

„Mooo-ment", sage ich entrüstet. „Meine Konzepte sind bewährt, erprobt und funktionieren nachhaltig."

„Klar, und was *ich* sagen will ist: Nie machst du dir Gedanken über irgendwelche Folgen. Seien es negative wie Überfütterung mit Zucker, Hüftgold etc., aber auch positive wie ein sensationelles Körpergefühl zum Beispiel. Oder ein halbwegs fitter Körper. Kannst du so etwas nicht auch genießen?"

„Aber damit kannst du dich nicht für den Augenblick belohnen. Und das ist wichtig."

„Kneif uns doch mal in den Hintern. Ist dir das nicht Belohnung genug?"

„Wie bist du denn jetzt drauf? Immer wenn du Appetit auf Schokolade hast, kneifst du dir von nun an in den Hintern? Du wirst zum Pavian."

Er lacht, und ich setze nach: „Ich finde das alles einfach nur zwecklos. Niemand macht so etwas. Warum auch?"

„Wegen dir, du Hund, und deinesgleichen. Marvin, wie pflanzt ihr euch eigentlich fort, ihr Schweinehunde?"

„Sieh es doch endlich ein, ich bin ein Teil von dir. Ehrlich."

„Bist du sicher, dass du mir nicht zugelaufen bist?"

„*Ganz* sicher."

„Na gut. Was ich eigentlich sagen will ist, dass sieben Stunden systematisches Ausdauer- und Krafttraining in der Woche, also durchschnittlich eine Stunde pro Tag, sowie eine vernünftige Ernährung uns wahrscheinlich einen Lustgewinn bescheren, der weit über den eines Schokoriegels hinausgeht. Seien wir froh, dass wir uns das leisten können. Und probieren es aus."

„Und hast du jetzt einmal auf das gehört, was ich gesagt habe?"

„Natürlich. Du willst Whiskey und Zigarren, nicht wahr? Erlaubt sind weiterhin Alkohol, vorzugsweise Rotwein, Crémant und Single Malt, sowie hochwertige Tabakprodukte wie unsere geliebten Juan Lopez Seleccion No. 2, H. Upmann Sir Winston und Partagas Lusitanias etc. Und vielleicht weiterhin die ein oder andere Tafel Schokolade. Toll, was?"

Eben noch war ich eine Super-Nova der Entrüstung, nun fühle ich mich plötzlich wie ein emotionales schwarzes Loch.

„Auf geht's", ruft er, „wir designen ein paar Rezepte."

Das klingt ja lecker, seufze ich.

Während mich noch die Taubheit im klammen Griff hält, beginnt er schon mit umfangreichen Recherchen über Eiweiß-, Kohlenhydrat- und Fettanteil verschiedener Lebensmittel. Darüber hinaus schaut er sich an, aus welchen Aminosäuren bestimmte Eiweiße zusammengesetzt sind, welche biologische Wertigkeit diese wohl haben könnten, aus welchen Fettsäuren bestimmte Fette bestehen und welchen glykämischen Index bestimmte Kohlenhydrate haben. Dann bastelt und probiert er los. Die Resultate spiegeln, wenn schon nichts Sinnvolles, so immerhin anschauliche Ausprägungen von Abwegigkeit wider. Willkommen bei der Horror-Hitparade seines kulinarischen Kuriositätenkabinetts. Um keine Zweifel an meiner eigenen geistigen Unversehrtheit aufkommen zu lassen, stelle ich gleichzeitig meine eigenen Favoriten vor.

Auf seinem Platz Fünf ist dabei eine Mischung aus 500 Gramm Haferflocken, 200 Gramm selbstgeschroteten Roggenkörnern, drei Esslöffeln Weizenkeimen, je einer Tasse voll Kokosflocken und Sonnenblumenkernen, jeweils einer halben Tasse voll Sesamkörnern, Leinsamen und Mandelsplittern, und zwei Tassen voll kleingeschnittener Trockenaprikosen, die er in eine nicht zu heiße Pfanne mit 100 Gramm hitzebeständigem, nativen Rapsöl, einem halben Glas Akazienhonig, drei Esslöffeln braunem Zucker, Zimt, dem Saft einer halben Zitrone und Vanillinzucker einrührt. Das Ganze ergibt... Nun, sagen wir, Dr. Frankenstein schuf aus seinen Zutaten ein Monster, Mr. Magerquark macht Müsli. Einen besonderen Namen hat er nicht dafür. Je nach Darreichungsvariante würde ich die körnig-klebrige Masse unterschiedlich nennen. Die Makronenform hat bei mir den Arbeitstitel ‚Meisenknödelbombe Surprise', weil man nicht weiß, bei welchem Bissen sie auseinanderfällt. Auch schön: ‚Hamsterbackenfutter an Frischhaltefolie', nämlich zu Riegeln geformt und eingewickelt, damit man es mitnehmen und sich beim Frühstück am Büroschreibtisch damit vollbröseln kann. Oder einfach so, wie es ist, mit Milch als ‚Schwachgebratene Haferflocke in Transoße', was immerhin ein passendes Kürzel aus Anfangsbuchstaben ergibt.

Vor uns steht denn also eine blau glasierte Steingutschüssel aus einer Töpferei in Soufflenheim im Elsass. Darin vier gehäufte Esslöffel S.H.i.T. in Milch, die ich missmutig beäuge. Die Milch hat vom Umrühren eine leicht bräunliche Farbe bekommen. Könnte Honig oder Zimt sein, aber auch gefährliche Dinge wie Omega-3-Fettsäuren oder gar Ballaststoffe. Wie kleine Fettaugen schwimmen die Sesamkörner an der Oberfläche. Die klebrigen Brocken sind schwer von Ballaststoffen auf den Grund der Schüssel gesunken. Das Zeug zu kauen wird bestimmt anstrengend, mal eben nebenbei wegmampfen, also meine bevorzugte Art der Nahrungsaufnahme, scheint hier kaum umsetzbar. „Ich will das nicht essen“, maule ich.

„Du hast es doch noch gar nicht probiert“, meint er.

„Das sieht aber nicht lecker aus.“

„Riech’ doch wenigstens mal dran.“ Er schnuppert selbst und ist begeistert von Röstaromen, Fruchtigkeit, sowie Noten von Karamell und Nüssen.

Ich rümpfe nur die Nase und fürchte, dass er bei dieser Geschmacksverwirrung irgendwann anfängt Vogelhäuschen leer zu fressen.

Auch der Geschmackstest fällt zu seiner Zufriedenheit aus. Das Müsli ist kernig, aber durch die Zubereitung in der Pfanne längst nicht so kauintensiv wie ungebratene Körnermischungen. Die vier Esslöffel, etwa 100 Gramm, sättigen ihn für einen aktiven Vormittag. Er lauscht in seinen Körper hinein und bildet sich ein, wie Omega-3-Fettsäuren die Elastizität seiner Blutbahnen schmieren. Wie kleine Haferflockenschwämmchen das schädliche LDL-Cholesterin von den Gefäßwänden tupfen. Wie Bio-Körner Vitalität wecken.

„Körnerfresser. Du wirst noch so grün, bald kannst du Photosynthese“, stichele ich.

Nur zwei Nachteile hat das Backenfutter aus seiner Sicht: Es passt nicht besonders gut zu Kaffee, und es ist ewig aufwendig bei Einkauf und Zubereitung.

Aus meiner Sicht ist dieses Zeug ein einziger Nachteil. Deswegen bei mir auf Platz Fünf: Ein frisches Weizenbrötchen mit reichlich Nutella. Sehnsüchtig stelle ich mir vor, wie ich diese Köstlichkeit in drei Bissen hinunterschlinge. Ein Nutellabrötchen hat ein äußerst günstiges Verhältnis von Kalorienaufnahme zu Konzentrationsaufwand. Es lässt sich einfach viel schneller und unbewusster vertilgen als dieses Körnerzeug. Das führt zu dem willkommenen Effekt, dass man schon nach kurzer Zeit ein neues möchte. Nach so ein, zwei Weizenbrötchen mit Nutella morgens kann der Heißhunger tagsüber schon mal so groß werden, dass man vier Tafeln Vollmilchschokolade in zehn Minuten verdrückt. Und abends noch einmal einen halben Liter Vanilleeis. Und schon ist man rundherum so gesättigt wie die bewährten Industriefette, die man damit zu sich genommen hat.

Für seinen Platz Vier müssen wir uns beschämt in die Schmuddelecke einer Drogerie zurückziehen. Eigentlich lehnt er Nahrungsergänzungsmittel ab. Aber nachdem er ausgerechnet hat, dass seine erklärten 80 Gramm Eiweiß pro Tag anders kaum erreichbar sind, hat er sich also entschlossen, es mit einem Proteinpulver zu versuchen. Im untersten Regal stehen drei unterschiedliche Geschmacksvarianten.

„Möchtest du Erdbeer-, Schokoladen-, oder Vanillemuckies?“, grinse ich. Er entscheidet sich für Schokolade und schleicht zur Kasse. Die Zubereitung ist vergleichsweise einfach: Vier gehäufte Teelöffel davon in einen Becher Milch rühren. Ergibt eine cremige Mischung, die an sahnigen Kakao erinnert. Er bildet sich ein, dass seine nach essenziellen Aminosäuren lechzenden Muskelfasern diesen Trunk geradezu aufsaugen.

Meine Alternative auf Platz vier: Gummibärchen. Enthalten auch Eiweiß. Zwar nur 6 Prozent im Vergleich zu den 80 Prozent von ‚Power Plus‘, aber mit der richtigen Menge (einfaches Rechenexempel: statt 30 Gramm Eiweißpulver 400 Gramm Gummibärchen) kann man gegenhalten. Er hält dagegen, dass das Eiweiß in Gummibärchen ausschließlich von Gelatine herrührt, die eine biologische Wertigkeit von Null habe, weil sie eine bestimmte essenzielle Aminosäure (Tryptophan) nicht enthielte. Da kann ich nur kontern, dass Schokolade jede Menge Tryptophan enthält. Also sollte man die 400-Gramm-Tüte Gummibärchen immer mit mindestens der gleichen Menge Schokolade kombinieren, dann sprießen die Muckies sozusagen von selbst. Und man zeigt sich dezent und bedeckt sie mit einem kuscheligen Body-Mass-Index jenseits der 30.

Nun zu seinem Platz Drei. Ich hasse Platz Drei. Denn Platz Drei hat Süßigkeiten ersetzt. Und wir haben bis vor kurzem eine Menge Süßigkeiten gegessen. Und eigentlich sind die vollkommen unersetzlich. Ich meine, man denke nur an den Verzehr einer Packung Choco Crossies, bei mir auf Platz Drei. Schon beim Anblick schießt der Speichel in den Mund ein, und hineinzubeißen ist ein Glücksgefühl, so groß, dass man schon beim Hinunterschlucken nach der nächsten Ladung greift und sie möglichst schnell hinterher schiebt. Notgedrungen unterbricht man kurz diesen Kreislauf, wenn die Packung leer ist. Nimmt einen Schluck Kaffee, um die Geschmacksnerven wieder frei zu spülen. Und dann reißt man die nächste Packung auf und macht dort weiter, wo man aufgehört hat. Genau wie Nutella warten die Choco Crossies mit einer ausgewogenen Nährstoffbilanz auf: 27 Gramm Fett (davon gesättigt: 14), 57 Gramm Kohlenhydrate (davon Zucker: 41), 9 Gramm Eiweiß mit unbestimmter Wertigkeit sowie praktisch keine Ballaststoffe.

Zwar mag es sein, dass der Körper eines Steinzeitmenschen bei der Verwertung dieser konzentrierten Menge simpler Kohlenhydrate und unessenzieller Fettsäuren in ein Stoffwechselchaos gestürzt wäre, aber wen interessiert das? Unser Wohlstandsmagen kommt damit doch ganz wunderbar zurecht. Und mit unserem Insulinpegel spielen die Crossies Hau-den-Lukas, dass es nur so klingelt, da haben wir gleich noch so etwas wie Sport.

Seine Alternative auf Platz Drei heißt getrocknete, ungeschwefelte Aprikosen, garniert mit Walnüssen. Genauer gesagt, eine Portion davon umfasst drei Trockenaprikosen mit je einer Walnusshälfte. Und sein Hunger auf Süßes ist gestillt. Meiner will weiter schreien, ist aber durch Apri-Nuss seltsam ermüdet. Das muss am Aussehen dieser bräunlichen, faltigen Trockenfrüchte liegen.

„Bäh“, meine ich, „so stelle ich mir überfahrene Känguruhoden vor.“

„Ich stelle mir überfahrene Känguruhoden eigentlich gar nicht vor“, kontert er. „Und deine Choco Crossies sehen aus wie getrockneter Waldmausdurchfall.“

„Dafür schmecken sie nicht so nach…“

„Angenehmer Süße gepaart mit einem Anflug von Bitterkeit?“, unterbricht er mich. „Und wunderbar cremiger, fast seidiger Konsistenz?“

„Redest du jetzt von Waldmausdurchfall?“

„Nein, von Apri-Nuss natürlich. Vergleichen wir doch mal das Gefühl nach 100 Gramm Crossies mit dem Gefühl nach 100 Gramm Apri-Nuss.“

„Pfui, hundert Gramm davon würde ich gar nicht auf einmal essen wollen.“

„Aber 100 Gramm Crossies?“

„Eher 200 Gramm.“

„Also, dann eben nach 200 Gramm. Du kannst mir nicht erzählen, dass du dich danach vollkommen zufrieden und im Gleichgewicht fühlst.“

„Aber genau so ist es.“

„Danach? Oder nur dabei?“

„Nach den Crossies ist vor den Crossies.“

„Kein schlechtes Gewissen? Kein Gefühl, als hätten wir es ein wenig übertrieben? Als hätte man uns klebrigen Sirup in den Tank gegossen? Als hätten wir einen Haufen Werbegeschenke bekommen, die wir nicht brauchen aber auch nicht gleich wegschmeißen können, sondern im Gerümpelkeller auf der Hüfte lagern müssen?“

„Nö.“ So habe ich die Sache wirklich noch nicht gesehen.

„Apri-Nuss dagegen ist eine Gabe, die der Körper dankbar annimmt, die er sogar braucht."

Ach, jetzt gibt er sich selber wieder das Omega-3-Stichwort. „Es ist viel zu wenig bekannt", schwadroniert er, „dass Omega-3-Fettsäuren Entzündungen hemmen können. Und wie unterversorgt wir mit unserer üblichen Ernährung sind."

„Und schon machst du aus einer essenziellen Fettsäure eine existenzielle Fantasie. Und dabei unterscheidest du noch nicht einmal zwischen pflanzlichen und tierischen Omega-3-Fettsäuren, die vom Körper ganz anders verwertet werden können."

„Vielleicht haben wir nur deshalb unsere Pobacke am Hals gehabt, weil wir vorher zu wenig Omega-3-Fettsäuren gegessen haben!", meint er.

Ich antworte: „Bestimmt hat es nicht an übertrieben langen Laufstrecken gelegen."

Bei seinem Platz Zwei angekommen, stoßen wir auf der Skurrilitätenskala langsam in eine neue Dimension vor. Vieles mussten unschuldige Nahrungsmittel im Namen menschlicher Geschmacksinquisition über sich ergehen lassen. Kartoffeln wurden gestampft, Aal geselcht, Schaschlik gespießt, Gänseleber gestopft, Eier geschlagen, Tomaten geviertelt, Korn gedroschen – und er schmort Quark. Magerquark, selbstverständlich. Eine Menge gehackter Zwiebeln zusammen mit 50 Gramm fettarmen Schinkenwürfeln dünstet er in der Pfanne mit wenig Wasser glasig. Darauf kommen 500 Gramm Quark zusammen mit zerschnippelten Tomaten oder Paprika, frischer, scharfer Peperoni, einem Schuss Oliven- oder Rapsöl und allerhand Gewürzen wie Curry, Pfeffer, Salz und Oregano. Als mageres Zugeständnis an den notwenigen Kohlenhydratanteil fügt er ein paar Kartoffeln, Nudeln, oder besser noch Kidneybohnen und Mais hinzu.

Diesem Milchbubichili schreibt er eine Reihe von Vorteilen zu, unter anderem wäre es schnell gemacht, herzhaft-lecker, unterstütze die Abwehrkräfte und enthielte über 60 Gramm Eiweiß. Mag ja sein, aber dafür rangiert es auch in punkto ‚das Auge isst mit' irgendwo zwischen Porridge und Dulux Feste Farbe.

Ach, wie wohl wird mir dagegen, wenn ich an meinen Platz Zwei denke! Eierspätzle mit Schmelzkäse-Schinken-Sahnesauce. Ultraschwer. Schon beim Hinunterschaufeln des ersten Löffels fühlt man sich satt und kugelig, und trotzdem will man immer mehr. Nach drei gehäuften Tellern ist es im Bauch so warm und bleiern, als hätte man einen biskingetränkten Lodenmantel intus; Verdauung ist nur noch auf einer Couch möglich. Das Beharrungsvermögen dieses Klassikers in der Peristaltik lässt sich durch einen anschließenden Karamell-Macchiato nochmals steigern.

Und wo wir gerade bei Steigerungen sind, kommen wir zu meinem Platz Eins: Der Riesencurrywurst mit Pommes Rot-Weiß. Manche Dinge kann man immer wieder genießen, und dazu gehört, wenn beim Biss in die Wurst das Bratfett herausquillt und den Gaumen bereit macht für ein dickes Mayohäubchen auf salzigen Pommes. Unvergleichlich.

Dieser Imbiss landet im Verdauungstrakt wie die Alliierten in der Normandie. Bis diese Schlacht geschlagen ist, versinken unsere hyperaktiven Mitochondrien, die sonst in Muskel- und anderen Fitness-Terrorzellen ihr Unwesen treiben, in eine stundenlange Lethargie. Anfangs versucht der Stoffwechsel noch wie ein bankrotter Prospektor, in diesem Schlamm von Trans-Fetten nach etwas Verwertbarem zu schürfen, dann kapituliert auch er und winkt alles in die Bevorratungskammern an der Hüfte durch. Und jeder Gedanke an körperliche Aktivität weicht dem innigen Wunsch nach Fernsehen und Dosenbier.

Schon die Fakten wiegen schwer. Die Wurst: 300 Gramm, 800 Kalorien, 75 Gramm Fett (gesättigt, natürlich, nicht eingerechnet das aufgesogene Bratfett), 35 Gramm Eiweiß und praktisch keine Kohlenhydrate. Dazu eine gleiche Menge Pommes: 900 Kalorien, 45 Gramm Fett (gesättigt oder gehärtet), 12 Gramm Eiweiß und etwa 75 Gramm Kohlenhydrate. Die Kelle Ketchup fällt mit 50 Gramm, 45 Kalorien, keinem Fett, 10 Gramm Kohlenhydraten und kaum Eiweiß praktisch nicht ins Gewicht, aber der Klacks Mayonnaise rundet das Ganze nochmals richtig ab: 50 Gramm, 375 Kalorien, 40 Gramm Fett, und der Rest ist egal. Macht Summa summarum den Tagesbedarf an Kalorien, den Wochenbedarf an Fett, genug Cholesterin bis ans Lebensende und garantiert nicht eine einzige Omega-3-Fettsäure. Welches andere Nahrungsmittel kann uns das bieten?

Bestimmt nicht sein Platz Eins. Arbeitstitel: Schokobrot. Wenn Zutaten Sportschüler wären, die zwei Mannschaften bilden, indem wechselseitig die Besten und Beliebtesten gewählt werden, säßen die Zutaten für Schokobrot mit Sicherheit als Letzte noch auf der Bank.

Was ist es eigentlich? Die Bezeichnung Brot trifft es wohl am ehesten. So sieht es zumindest aus, bis er 100 Gramm schwach entöltes Kakaopulver in den Teig rührt, der bis dahin nicht viel mehr als geschrotetes Korn und andere mehr oder weniger übliche Backzutaten enthält. „Was soll das werden?", frage ich. „Vollkorn-Marmorkuchen?"

„So in der Art."

„Hallo?! Und als nächstes kommen Dinkel-Lollis?"

Er schweigt und knetet. Die Zutatenliste dieses Backwahns liest sich wie eine Geisterbahnfahrt durch die Reformhausauslage: je 500 Gramm selbstgeschroteter Roggen und Dinkel-Vollkornmehl, 250 Gramm Haferflocken, 100 Milliliter natives Rapsöl, 100 Gramm Walnüsse, etwas Salz, ein Esslöffel Honig, 2 Tüten Hefe, ein Viertelliter Wasser sowie – und jetzt kommt's – in einem Kilo Magerquark verrührte 100 Gramm schwach entöltes Kakaopulver.

Allein beim Kneten verbraucht man einen Großteil der reichlichen Kalorien, mit denen das Schokobrot aufwartet: Nämlich pro 100 Gramm 270 davon, verteilt auf 29 Gramm Kohlenhydrate und je 11 Gramm Fett und Eiweiß. Damit ist die Kaloriendichte genauso groß wie bei der Currywurst. Wozu also der ganze Aufwand, sollte man sich fragen. Eigentlich sollte man ihn das lieber nicht fragen, denn dann schwadroniert er los und faselt etwas von ausgewogener Nährstoffbilanz, perfekten Kohlenhydraten, Ballaststoffen, Antioxidantien, Glückshormonen und, na klar, Omega-3-Fettsäuren. Dann setzt er noch einen drauf und delektiert sich an „Konsistenz von Nusskuchen", „Schokoladennoten" und „Nahrung für Körper und Seele". Er meint, das sei doch geradezu eine ideale Form der Ernährung.

Ich entgegne, dass er eine Menge mehr ideale Ernährungsformen kennen lernen würde, wenn er denn endlich mal auf mich hörte.

„Ist es nicht eine Freude zu erleben, wie gut uns das Brot tut?", fragt er.

„Nein. Es schmeckt fade wie… Roggenpampe mit gemahlenen Kakaobohnen. Schokolade ist einfach tausendmal besser."

„Du hast noch nicht das absolute Gehör für die Harmonien unseres Körpers."

„Oh, da höre ich doch gerade etwas! Ist das nicht unsere Pobacke, die da auf dem letzten Loch pfeift?"

„Nach dem Brot spielt der Körper die ganze Klaviatur des Wohlbefindens. Und nach Choco Crossies hupt er eher in die Tuba."

„Weißt du noch, wie du deinen Kindern das Brot angeboten hast? Und sie lieber einen Teller Spinat wollten?"

Er macht ein unverständliches soziales Geräusch.

„Und wie dein Vater einen Bissen genommen und plötzlich ein Gesicht gemacht hat, als überrumple man ihn mit einer Darmspiegelung?"

Er grunzt vorsteinzeitlich.

„Ich wette, es braucht nicht einmal Konservierungsstoffe, weil selbst Schimmelpilze da an ihre Geschmacksgrenzen kommen."

Er meint dazu: „Du musst Ernährung mehr funktional betrachten. So wie Atmen. Man tut es einfach so viel und so häufig, wie der Körper es eben braucht. Mit möglichst guter Luft. Wenn du Essen nur als Unterhaltung oder Ablenkung siehst, gewissermaßen als Geschmacksspielfilm, fangen die Probleme an. Es soll ja nicht nur Spaß machen."

„Keinen Spaß machen? Keinen *Spaß* machen? Du hast doch nicht mehr alle Körner im Müsli. Wir existieren, um Spaß zu haben. Wenn wir am Ende bilanzieren und zurückschauen, werden wir uns fragen: ‚Wie viel Spaß haben wir gehabt?' Nur darauf kommt es an. Und überhaupt, was ist mit dieser schwachsinnigen Lauferei! Wir sollten das auch nur so viel und häufig tun, wie der Körper es eben braucht."

„Da gebe ich dir Recht."

„Nämlich gar nicht!"

„Das ist vielleicht etwas kurz gegriffen."

Entnervt wende ich mich ab und diskutiere lieber mit Kollege Blinddarm den Sinn des Rumhängens.

Den aus seiner Sicht völlig unbedeutenden kulinarischen Defiziten zum Trotz ersetzen die vorgestellten Nahrungsmittel bei ihm nun einen nicht unerheblichen Anteil von Mahlzeiten. Und er bildet sich sogar ein, Spaß dabei zu haben. Trotz Laufpause fallen die Körperkonturen nicht dem Weichzeichner zum Opfer. Zudem attestiert ihm die Hausärztin plötzlich sensationelle Blutwerte, die er mit Sport allein bisher nicht erreicht hatte.

Das heißt aber nicht, dass das Thema Sport vollständig ad acta gelegt worden wäre. Leider nein.

Da wäre zum einen das bereits angedrohte Krafttraining. Das machen wir jetzt drei Mal die Woche. Beispielsweise Klimmzüge. An der Duschstange. Von Ikea. Aus Pressholz. Selbst montiert. In nicht tragenden Wänden. Wenn man bei den Klimmzügen zittert, dann nicht so sehr wegen der Kraftanstrengung, sondern wegen der Angst. Irgendwann bricht das Ding durch oder aus seinen Heimwerkerhalterungen, und unsere angewinkelten Schienbeine dürfen den Sturz an der Kante der Duschwanne abfangen. Mit zwei zertrümmerten Unterschenkeln liegen wir dann im Keller, und unsere Schmerzensschreie werden vom rosa Duschvorhang mit Eisbärmotiven erstickt, in den wir uns verwickelt haben. Oder Handstandstütz. Ausgangsstellung ist der Handstand an der Wand. Bereits der ist prekär, sollten an der Wand z.B. Lampen dort angebracht sein, wo man sie beim Aufschwingen gar nicht vermutet hatte. Hat man es glücklich in den Handstand geschafft, lässt man sich dann in Richtung Kopfstand herunter und drückt sich wieder empor. Das ist relativ anstrengend. Sollte man vor Kraftlosigkeit kollabieren, schlägt man sich bei der Kopflandung die Schädeldecke ein. Wenigstens merkt man dann nicht mehr, dass einem kurz danach beim Abknicken des Nackens das Genick bricht.

Er meint, man bekäme von dieser Übung kugelrunde Schultern. Bestätigen kann ich zumindest, dass man davon kugelrunde Augen bekommt. Insbesondere, wenn während des Handstands die einjährige Linea angekrabbelt kommt und man notgedrungen so lange mit dem Abrollen warten muss, bis sie wieder weg ist. Dann schießt das Blut in die Augäpfel, bis sie aufgeblähter flimmern als die Herzkammern beim Intervalltraining. Oder einbeinige Kniebeugen. Kernproblem bei dieser Abfolge surrealer Körperpositionen ist der Verbleib des anderen Beins. Während man wie ein besoffener Storch versucht, die Balance zu halten, kann man es vorstrecken, nach hinten abwinkeln oder in einer Yogaposition nahe der Leiste unterbringen. Oder Barrenstütze. Oder Liegestütze. Oder…

„Marvin“, unterbricht er mich.

„Hm?"

„Du bist gerade ein wenig konfus. Es geht hier darum, dass wir ein effektives Programm haben, das nicht nur aus zufälligen Elementen besteht, sondern aus Übungen, die auch den Rumpf sowie jeweils gegenüberliegende Muskelgruppen trainieren, und das man überall in einer halben Stunde durchführen kann. Ohne Studio und ohne Hilfsmittel wie Hanteln oder Maschinen."

„Aber Duschstangen?"

„Wichtig ist, dass man nur das eigene Körpergewicht braucht. Und Beschreibungen, wie man es effektiv einsetzen kann, gibt es ganz hervorragende, z.B. im Buch von MaxxF".

„Ist das der Bruder von Christiane F.? Der Verfasser des Standardwerks ‚Wir Spinner von Station Zwo'?"

„Du warst schon mal geistreicher."

So weit, so schlimm. Aber menschliche Hantel zu sein, reicht ihm noch nicht. Er will ja auch noch seine Ausdauer trainieren, trotz schmerzender Pobacke, die Laufen und Radfahren unmöglich macht. Dazu hat er ein alternatives Ausdauerprogramm entwickelt, das genau wie seine Ernährungsumstellung den Endpunkt vielfältiger Recherchen (viele davon in den eher unzuverlässigen Weiten des Internets), sowie vielfältiger Selbstversuche markiert. Heimtrainer sind zu sperrig und zu einseitig, Fahrradwalzen funktionieren nicht mit seinem Mountainbike, das außerdem meist zu dreckig für das Wohnzimmer ist, ein Schwimmbad mit Gegenstromanlage haben wir leider nicht im Haus – bleibt also nur noch das sogenannte Zellenprogramm. Ich finde den Namen recht zutreffend, weil einem die Einlieferung in die Gummizelle sicher ist, falls man zufällig bei der Ausübung beobachtet wird. Angeblich geht der Name Zellenprogramm jedoch auf die Kreativität von Gefängnisinsassen zurück, die so auch ohne Hilfsmittel in einer Einzelzelle trainieren konnten.

Es besteht im Kern aus einer Übung, die im Englischen *Burpees* heißt, eine weitgehend unübersetzbare Bezeichnung, die aus nicht direkt ersichtlichen Gründen den Wortstamm mit dem englischen Begriff für Rülpsen teilt. Aus dem Stand geht man dabei in die Hocke, setzt die Hände vor den Füßen auf, wirft letztere dann nach hinten zurück und führt noch im Rücksprung die erste Hälfte eines Liegestützes aus, pumpt den Liegestütz wieder hoch, schwingt dabei die Füße zurück in die gestützte Hocke und springt in die Höhe. Nach der Landung wiederholt man den Quatsch. ‚Rülpsies' sind ziemlich anstrengend, deswegen macht er nur zwölf davon am Stück. Dann unterbricht er mit jeweils einer von zwei Übungen aus dem sogenannten Lauf-ABC: Kniehebeläufe oder Anfersen. Eine Minute lang auf der Stelle. Nach zehn mal zwölf Rülpsies gemischt mit fünf Minuten Knieheben und Anfersen ist er am Ende.

Das Ganze dauert ungefähr so lange wie die drei Folgen *Tom & Jerry* auf DVD, die sich seine Kinder meist gleichzeitig im Heimkino anschauen dürfen. Im Wettbewerb darum, was pädagogisch bedenklicher für kleine Kinder ist, hat aus meiner Sicht der Anblick eines Vaters, der den hopsenden Turnvater Jahn in Einzelhaft spielt, die Nase knapp vor *Tom & Jerry*.

Erstaunlicherweise kann er das Zellenprogramm trotz schmerzender Pobacke durchführen, es scheint sie auch nicht weiter zu beeinträchtigen.

Mir ist es so peinlich, dass ich mich schon fast frage, ob Laufen nicht das kleinere Übel ist. Ist es nicht, wie ich demnächst herausfinde. Denn nach zwei Monaten ist die Selbstheilung des Körpers anscheinend abgeschlossen. Und mein Schicksal nimmt wieder seinen Lauf. Und das in Tchibo-Funktionsleggins.

4. Trainingsrunden: Zitterpartie im Morgengrauen

Etwas ist anders heute Morgen. Ich ahne es schon, während ich noch tief ins Zwerchfell gekuschelt döse. Der alte Bewegungsdrang kündigt sich an. Es dauert nicht mehr lange, und dann steht er vor mir. Ungeliebt wie eine Schwiegermutter aus Zwangsheirat. Wie der Gerichtsvollzieher, der kommt, um mein Wohlergehen zu pfänden.

„Schau mal, Marvin", strahlt er wie ein frisch gerammeltes Kaninchen.

„Warum?", grummele ich.

„Ich muss dir etwas zeigen. Und zieh nicht so eine säuerliche Grimasse, das hier wird dir gefallen." Er steht in der Küche und schaut aus dem Fenster. „Ein Traumwetter, oder?", säuselt er. „Sonnig, trocken und um die fünf Grad. Die Luft ist klar, und eine leichte Brise streicht durch die Kiefern."

Das klingt harmlos, aber ich weiß schon, was kommt. Gerade singen ihm nämlich Engelszungen von den Schonungen, Lichtungen und Witterungen entlang seiner heimatlichen Laufwechsel. Er kann die Natur nicht einfach nur so genießen, er muss sie durchlaufen, um sie zu erfahren. So wie ein Angler sich nur am Anblick eines Sees erfreuen kann, wenn er einen dort gefangenen Hecht in Weißweinsauce verspeist hat.

Dann fangen seine Augen an zu funkeln. „Heute gehen wir wieder laufen", eröffnet er mir.

„Bitte nicht."

„Frühstück, anziehen und los", meint er. „Endlich mal wieder."

Oh, jetzt fühlt er sich wieder als Läufer. Und der Läufer frühstückt natürlich nicht einfach. Der Läufer lädt Nährstoffe wie Patronen in ein Magazin. Seine Funktionskleidung soll ihn nicht vor dem Wetter schützen. Sondern das Wetter vor ihm. Sein Ruhepuls ist so niedrig, dass er sich die einzelnen Herzschläge im Kalender eintragen muss.

Beim Umziehen erlebt er einen Proust'schen Moment, gewissermaßen auf der Suche nach der verlorenen Trainingszeit: Das Gefühl seines Lieblingslaufshirts auf der Haut erzeugt sofort eine Flut von Erinnerungen. Er sieht Canyons, Strände und Wälder nicht nur vor sich, er kann sie förmlich spüren. Seine Vorfreude nimmt erregungsähnliche Formen an.

„Meine Güte", sage ich, „das ist ja hier hormongesteuerter als auf einer Teenie-Party. Dein Lippenstift ist schon verschmiert und dein Rock hochgeschoben, bevor du überhaupt losgelaufen bist."

Ungerührt dehnt er Waden, Oberschenkel, Adduktoren und Gluteus. Keine Spur von Schmerz. „Geschmeidig sind wir, Marvin", bildet er sich ein, „und vielleicht ein klein wenig kräftiger als vor zwei Monaten."

Ich fühle mich eher spröde und schwach. Noch vor zwei Jahren konnte ich mit ihm umspringen, wie ich wollte. Ehrliche Hoffnung hatte ich mir gemacht, dass ich in den vergangenen zwei Monaten Verletzungspause etwas von der alten Zeit, vielleicht sogar von meinen subkutanen Speck-Spielwiesen an der Hüfte, zurückgewinnen konnte. Es ist ja so deprimierend, wenn Hoffnung von Rülpsies plattgehopst wird.

„In einer halben Stunde bin ich wieder da!", ruft er seiner Familie zu. Das ist eine Lüge. Nicht das mit der halben Stunde. Aber das ‚Ich'. Denn es wird ein Anderer sein, der wiederkommt.

Hinaus geht es ins Naturschutzgebiet, einem Geestland mit bewaldeten Endmoränen, bekannt für seine klare Luft, sein gutes Trinkwasser und den mit 116,2 Metern über NN höchsten Punkt Hamburgs. Also nicht sehr bekannt.

Eher langsam buchstabieren sich seine vom Lauf-ABC geschulten Füße durch die ersten Laufschritte. Vor wenigen Wochen hätte dies sofortigen Schmerz in der Pobacke ausgelöst.

Jetzt ist dort höchstens ein leichtes Jucken zu spüren, wie man es manchmal zum Abschluss der Heilung eines vernarbten Gewebes spüren kann.

Er gewinnt an Selbstsicherheit, und seine Schrittfrequenz erhöht sich etwas. Dann kommt der erste Anstieg und damit die Frage: Was macht die Kondition? Der Hügel fällt ihm leichter als erwartet. Oben ist er nicht sonderlich außer Atem, und auch die Pobacke hält sich wacker.

Er fragt mich enthusiastisch, ob ich nicht auch das Gefühl hätte, wir liefen flüssiger als zuvor. „Wir federn mehr mit dem vorderen Fußdrittel, direkt hinter den Zehen. An der Stelle da unten sitzen übrigens die Fußreflexzonen für Herz und Lunge. Interessant, nicht?"

„Deine Treter sind aus orthopädischer Sicht doch eh schon umgekippt. Ich finde es weit hergeholt, ihnen eine solche Sensibilität zu unterstellen."

„Marvin, wo ist eigentlich deine Reflexzone?"

„Such' doch mal in einer Tüte Choco Crossies."

„Bist du vielleicht dieser Hornhautknubbel am rechten Fußballen?"

„Haha. Und die Dellwarze am großen Zeh, ist das die Reflexzone des Gehirns?"

„Wieso? Wir haben doch gar keine Dellwarze."

„Eben."

„Schweinehund", meint er, aber beachtet mich eigentlich nicht weiter. Dafür ist er zu fasziniert von der Leichtigkeit des Laufens.

Für mich gibt es übrigens zwei Arten von Läufern. Die, die keine Ahnung von ihrem Körper haben. Und die, die keine Ahnung haben, dass sie keine Ahnung haben. Er gehört zur zweiten Kategorie.

Er beobachtet seine Haltung. Konzentriert sich auf Schritte, Armschwung und Aufsatzpunkte auf dem Waldboden. Alles scheint zu passen: die Schuhe, die Hose, der Wald, das Wetter, das Lächeln der Joggerin, die uns entgegenkommt. Man könnte ihm jetzt mit einem Hammer auf den Zeh hauen, das würde auch passen.

Wir sind erst zwanzig Minuten unterwegs. An der zweiten Steigung fällt die Konzentration von ihm ab. Er hört auf, nacheinander auf Einzelheiten wie Schrittfrequenz, Fußaufsatz und Armschwung zu achten und sieht alles gleichzeitig. Als ordnete ein Magnet lose Eisenspäne auf einer Glasplatte plötzlich zu einem Abbild von Feldlinien, fügen sich die Details zu einem Ganzen, einem größeren Zusammenhang. Und er bildet sich ein, dass ihm Flügel wachsen, die ihn weitertragen, nahtlos ins Erleben.

Für einen Moment lang sind wir ewig. Denkt er.

Und dann ist die Laufrunde vorbei. Und er ist entflammter denn je. Mehr – oder weniger – gibt es zu dieser Erfahrung nicht zu sagen.

***

Zu ihren Folgen leider schon. Denn jetzt wird wieder trainiert. Wie an beispielsweise diesem Tag vor Silvester. Wir müssen zur Arbeit, weil unser gesamter Jahresurlaub verbraucht ist. Um halb neun möchte er wie üblich im Büro sein. Vorher möchte er laufen. 30 – in Worten: dreißig – Kilometer.

Gestern waren wir auf einer Geburtstagsfeier, und es wurde etwas später. Mit dem Rotwein haben wir uns nicht gerade zurückgehalten.

Der Wecker klingelt um viertel nach vier. Viertel! Nach! Vier! Warum nur? Warum? Ich leide doch schon an Liebesentzug. Muss es jetzt auch noch Schlafentzug sein? Meine Verzweiflung ist zu groß für Wut. Guantanamo Bay wäre für mich wie ein Ferienclub.

Beim Aufrichten im Bett macht sich eine Menge Restalkohol bemerkbar. Genauer gesagt, der Kopf fühlt sich an wie die Base-Drum bei einem Speed-Metal-Mania Festival. Und unser Bewegungsapparat so schlackernd wie das Fußpedal dazu.

Er torkelt los und stößt sich im Dunkeln den Zeh an Lineas Kinderbett. Zum Glück sind wir noch nicht wirklich schmerzempfindlich. Weder Linea noch Kirsten sind aufgewacht oder lassen zumindest nichts dergleichen erkennen.

„Was war denn dieses Darmgrummeln eben?", murmelt er auf dem Weg ins Bad.

„Das war ich. Ich habe nur versucht, ob man sich an einer Darmschlinge erhängen kann."

„Aha."

„Geht aber nicht."

„Und jetzt?"

„Jetzt gehe ich Verdauungsgase inhalieren, bis ich das Bewusstsein verliere."

„Bitte, tu' das nicht! Wir haben gestern Zwiebeln gegessen. Und Aioli."

„Dann geht es wenigstens schneller."

„Och Marvin, reiß dich mal zusammen."

An den Aufenthalt im Bad habe ich nur vernebelte Erinnerungen. Es gab wohl keine größeren Unfälle. Als er trotz eingeschränkten Farbsehvermögens schon das zur Hose passende Sakko gefunden hat, suche ich noch vergeblich den Freitod.

Meine Chancen auf ein gewaltsames Ableben erhöhen sich wieder, als wir nach Draußen treten. Nur war Erfrieren nicht gerade mein Lieblingsabgang. Die Kälte ist brutal. Es sind minus acht Grad. Stellenweise liegt noch festgefrorener Schnee.

Ich wimmere. „Keiner fragt, wie es mir geht."

„Wie geht es dir?", fragt er.

„Grauenvoll."

„Aha." Pause. „Und was jetzt?"

„Keiner kümmert sich um mich."

„Stimmt. Geht es dir jetzt besser?"

„Nein."

„Denk einfach, es ist wie Schokolade."

„Was bitte?"

„Nur umgekehrt: Jetzt denken wir, es wäre die falsche Entscheidung gewesen, aber hinterher kommt es uns genau richtig vor. Beim Genuss einer Tafel Schokolade ist es doch genauso. Nur umgekehrt."

Soviel zur Lebenshilfe für Schweinehunde.

An der S-Bahn-Station gibt es um diese Zeit wenigstens schon Kaffee, der immerhin dafür sorgt, dass sich das Kontrastverhältnis zwischen Augenringen und Leichenteint etwas verbessert.

Sein Frühstück nimmt er während der Fahrt ein. Es besteht aus einer Scheibe Schokobrot ohne alles, er futtert es aus einer Gefriertüte. Dazu gibt es den Kaffee.

„Hier zu essen ist einfach peinlich", hauche ich.

„Ist das nicht eine Ess-Bahn?" Unbedarft wie immer.

Verstohlen schaue ich mich um. Das Publikum ist anders als zu unserer üblichen Zeit. Mehr Frauen. Und das Durchschnittsalter liegt irgendwo zwischen Menopause und Musikantenstadel. Wahrscheinlich viel Reinigungspersonal unterwegs hier. Jedenfalls wirken die Umsitzenden auffallend nervös, sobald er auf den Boden krümelt.

Nach seinem Frühstück sitzt er einfach nur da und konzentriert sich auf den Moment. Kein Gedanke an die bevorstehende Tortur. Das ist bei mir anders. Ich finde das schlimmer als einen bevorstehenden Zahnarztbesuch. Ich will eine Vollnarkose. Wenn ich könnte, würde ich mir selber einen Knock-out verpassen.

Am Hauptbahnhof steigen wir aus. Hier ist es fast so leer wie in seinem Kopf. Und kalt. Schon die acht Minuten Fußweg bis zum Büro machen überhaupt keinen Spaß. Was für ein Vorgeschmack auf knapp zweieinhalb Stunden Alsterrunden.

In der Umkleide der Firma stellt er dann fest, dass er sein Langarmshirt vergessen hat. Alles, was er dem Frost draußen entgegenzusetzen hat, sind ein leichtes Laufshirt, eine eher dünne Softshelljacke sowie seine dünne Laufhose, die grad mal so viel wiegt wie eine Tafel Schokolade mit Verpackung. Das ist so mager, dass ich spontan Mitleid mit ihm empfinde. Bin wohl gerade Opfer des Stockholm-Syndroms geworden.

Ich sage: „Mit dem bisschen da hinauszugehen wäre Selbstmord."

„Na, das ist ja jetzt ganz dein Ding."

„Im Ernst, wir sollten das lassen. Der Stadtbäcker hat schon auf. Dort gibt es heißen Kaffee und leckere Franzbrötchen."

„Igitt, weißes Mehl mit raffiniertem Zucker. Nix da. Wir werden uns schon warmlaufen."

Wie ein Kind, das eine Moulinette unbedingt für ein Hamsterkarussell halten will, weicht er nicht von seinem Vorhaben ab. Immerhin hat er noch eine Schirmmütze sowie ein Stirnband für die Ohren dabei. Und Klappfäustlinge. Und eine winzige Taschenlampe, die man sich oben an den Mützenschirm stecken kann. So ausgerüstet treten wir vor die Tür.

Die Kälte macht mich frösteln wie ein Buchcover von Dr. Strunz. Der Körper schaltet abrupt von Ruhezustand auf Überlebenskampf.

Ein Gefühl, das man mit drei kleinen Kindern ohnehin aus täglicher Gewöhnung kennen würde, meint er und läuft los. Zur Alster sind es etwa 800 Meter. Zur Mittagszeit ist hier geschäftiges Treiben zu Fuß, mit dem Rad oder mit dem Auto. Jetzt ist das Umschalten der Verkehrsampeln das einzig halbwegs Bewegte in der Dunkelheit. In Abwesenheit von Verkehr wirkt es wie ein Selbstgespräch.

Ich stelle fest: „Mir ist kalt, mir ist schlecht, ich will schlafen, das ist absurd."

„Ich finde es eigentlich sogar ganz schön", meint er. Ihm wird auch schon etwas wärmer.

„Sind wir endlich fertig?", maule ich.

„Ein wenig dauert es schon noch", meint er. „So zweieinhalb Stunden."

Diese Vorstellung ist wie eine Bering-See der Depression. Groß, tief, kalt.

„Klasse, oder?", fragt er. „Man überquert die Straße und ist plötzlich am Seeufer. Und sofort kommt ein klein wenig Freizeitstimmung auf."

Freizeitstimmung. Um zwanzig vor sechs am Morgen. Bei Kälte und Dunkelheit. Das kommentiere ich nicht. Es sind ja nicht nur die zweieinhalb Stunden Langweile und Unbequemlichkeit, die mich nerven. Das Schlimmste ist eigentlich, dass man nicht seine liebe Ruhe haben kann. Gemütlichkeit kann man vergessen, es ist, als würde man aus seinem Fernsehsessel direkt in eine Studentenparty gekippt. Furchtbar. Überall Betrieb, Lautstärke, Rhythmen und spontanes Zusammenspiel der Beteiligten; überall rocken die Mitochondrien, schäkern die Blutkörperchen, schmusen Kapillaren mit Muskelfasern, und dazu schmeißt die Hypophyse eine Endorphin-Lokalrunde nach der anderen. Alle fressen meine Vorratsschränke leer, und ich hänge unbeachtet in der Küche herum wie der Kalender vom letzten Jahr.

Und dabei ist dieses Laufen so beliebt, dass wir nicht einmal zu dieser Stunde die Einzigen hier sind. Wahnsinn.

Er meint, die erste Alsterrunde wäre für das Hier und Jetzt. Dafür, dass sich die Muskeln lockern und mit ihrer Kraft spielen. Für eine Ode an die Freude der Bewegung, Tochter aus Gymnasium.

Die zweite Runde, sagt er, wäre für das Heute. Der Tatsache, dass wir tagsüber konzentrierter und leistungsfähiger sein werden. Dass Stress einfach an uns abperlen wird und wir souverän mit ihm spielen können.

Runde drei sei für die Zukunft. Für Fitness, Widerstandskraft, Konzentration, Wohlsein. Und warum nicht auch noch gleich für Weltfrieden oder schuppenfreies Haar.

Und Runde vier wäre dafür, dass wir immer noch genug Kraft haben. Sogar für Sprints am Ende reicht es noch.

Am Ende meint er, die Zeit sei wie im Flug vergangen. Was genau ist eigentlich passiert? Wir haben die Morgendämmerung erlebt. Körper und Geist sind trotz des frühen Aufstehens hellwach. Und wieder nüchtern. Er ist high. Und wir werden das nächste Woche wieder tun.

Seufz.

5. Tafelberg: Tollkühn im Trägerhemd

Das Leben im internationalen Jetset bringt es mit sich, dass wir hier und da neben einer anderen Frau aufwachen. Diese haben wir heute Nacht so richtig auf Trab gehalten. „Good morning!“, wünscht Herrchen mit zerwuselten Haaren.

„Good morning!“, erwidert sie.

Ob sie die Nacht genossen habe, fragt er.

Doch, ja, antwortet sie etwas angestrengt und tastet nach ihrer Brille.

Ob er noch Mal dürfe, fragt er.

Natürlich, ächzt sie und richtet sich auf. Dazu bedient sie sich, wie heute Nacht schon mehrmals geschehen, eines schwarzen Gehstocks. Davon abgesehen merkt man ihr ihre siebzig Jahre kaum an, sie sieht aus wie fünfundsechzig.

Der Kaffee, der Orangensaft, entschuldigt sich Herrchen und zwängt sich aus seinem Fensterplatz. Die Omi hat den Gangplatz, was sie heute Nacht mehrmals bereut haben dürfte. Vielleicht zwei Stunden sind es noch bis Kapstadt. Etwa zehn haben wir seit Frankfurt schon hinter uns. Gerade haben die Stewardessen die Bordbeleuchtung wieder angeschaltet.

Auf Kompressionssocken schlurft Herrchen auf die Bordtoilette. „Entsetzlich, wie man auf diesen Langstreckenflügen dehydriert“, meint er. „Lag es am Kaffee oder am Rotwein?“

„Ruhe!“, murmele ich. „Ich will noch schlafen.“

„Wir sind bald da, Marvin.“

„Mach’ jetzt nicht auf übertriebene Hektik.“

Eine kurze Morgentoilette später sitzen wir wieder auf unserem Platz. Bald gibt es Rührei zum Frühstück. Vor uns liegt ein anstrengender Tag. Herrchen kümmert sich um die wichtigen Dinge und redet mit seiner Sitznachbarin, einer netten, älteren Frau aus London, über das Vergnügungspotenzial von Kapstadt. Sie besucht dort die Familie ihrer Tochter.

Wir ein ‚Leadership Meeting'. Das wird heute Nachmittag um fünf Uhr beginnen. Wir haben also nach der Landung um 10.25 Uhr noch etwas Zeit, um uns im Hotel von diesem anstrengenden Flug zu erholen. Ich fürchte jedoch, er hat andere Pläne.

Ob in der Gegend um den Tafelberg noch immer so viele Überfälle auf Touristen passieren würden, fragt er die Nachbarin.

Nun ja, meint sie, man sollte dort vielleicht nicht gerade allein unterwegs sein.

Hm, meint er. Wir reisen allein.

Es ist Mitte März. Es wird ein perfekter Spätsommertag in Kapstadt, wie unser Anflug auf den Cape Town International Airport zeigt.

„Oh, schau mal, Marvin!", tschiept er wie ein Adlerküken, das zum ersten Mal an den Nestrand gerobbt ist.

„Muss das sein?", gähne ich.

Er schaut aus dem Flugzeugfenster. „Ich muss dir etwas zeigen. Und guck nicht so käsig, das hier wird dir gefallen." Von Norden kommend, haben wir den freien Blick auf die Bucht von Kapstadt sowie ihre gebirgigen Wahrzeichen Tafelberg, Lion's Head und Signal Hill. „Ein Traum von Kulisse, oder?", säuselt er. „Und keine Wolke." Sein Blick fixiert den Tafelberg wie Mike Tyson die Ohrmuschel, und mir schwant Schauriges.

„Du hast dich doch schon dagegen entschieden, auf dem Tafelberg herumzulaufen", sage ich. „Zu gefährlich. Außerdem sind wir nicht zum Joggen hier, sondern um an einer anstrengenden Konferenz teilzunehmen."

„Ich bin davon überzeugt, dass wir richtig positioniert sind, um die Herausforderung zu meistern. Wir werden mit großen Schwierigkeiten konfrontiert sein. Daher müssen wir geschäftspolitische Anpassungen vornehmen, die dem veränderten Umfeld Rechnung tragen."

„Hattest du Rotwein in deiner Kaffeetasse?“

„Das Revidieren von Entscheidungen ist kein Zeichen mangelnder Konsequenz, so lange wir dadurch unsere Grundwerte und unsere Mission besser mit unserem Handeln in Deckung bringen können.“

„Wenn du so einen Quatsch erzählst, ist es an der Zeit, sich selber in Deckung zu bringen. Du bist schon wieder an der Schwelle dazu, etwas total Blödsinniges zu tun. Etwas total Unvernünftiges.“

„Interessanterweise wird Vernunft als Führungseigenschaft kaum genannt oder gar gefordert“, sagt er.

„Dabei wäre das eigentlich das Vernünftigste.“

„Vernunft ohne Emotion ist öd.“

„Emotion ohne Vernunft ist blöd.“

„Und Führung ohne Emotion ist öd.“

„Führung ohne Vernunft ist total blöd“, kontere ich. „Wenn, wie in deinem Fall, die Schnittmenge zwischen Emotionen und Vernunft die Nullmenge ist, dann hat man nur die Möglichkeit, eine blöde oder eine öde Führungskraft zu sein. Das ist ganz logisch.“

„Ähh…“, macht er. „Na, jedenfalls inspiriert vernunftbetontes Unternehmertum ja wohl kaum. Es mag uns anschieben, etwas zu tun. Aber das, was an Unternehmertum über Vernunft und Logik hinausgeht, Leidenschaft, Emotionen, Intuition, Kreativität, das *zieht* uns an!“

„Ja. Bis in den Konkurs.“

„Wovor hast du eigentlich Angst?“, fragt er.

Irgendwo in den Tiefen seines Gepäcks befinden sich neun zusammengetackerte DIN-A5-Ausdrucke. Darauf detaillierte Satellitenbilder der Gegend um den Tafelberg (Google Maps sei Dank). Darauf der via GPS-Koordinaten exakt nachgezeichnete Rundweg über den Tafelberg, den ein uns nicht weiter bekannter Australier namens Colin freundlicherweise auf eine uns nicht weiter bekannte Seite ins Internet stellte. Daran wiederum von uns eigenhändig eingetragene Kompasspeilungen an kritischen Weggabelungen und potenziell unübersichtlichen Trailverläufen. Daraus folgt: Irgendwo in den Tiefen seines Wesens hat er den Gedanken noch immer nicht verworfen, auf diesen ‚mythischen' Tafelberg zu laufen, diese ‚beliebteste Attraktion der wohl attraktivsten Stadt Afrikas'. Davor habe ich Angst.

Ich antworte: „Du hast gesagt, es wäre zu gefährlich, auf den Tafelberg zu laufen. Und jetzt sieht es so aus, als würdest du es trotzdem tun."

„Ich verstehe deine Verwirrung", sagt er, „aber mach' nicht den Fehler, die Interpretationsspielräume zu groß werden zu lassen."

Solche Sprüche liebe ich ja. Wenn er versucht, jemanden mit Worthülsen in die Rechtfertigungsecke zu stellen. Das lasse ich mir natürlich nicht bieten. „Erkläre mir doch mal, wie du die offiziellen Statistiken interpretierst: In den letzten zwei Jahren verübten skrupellose Banditen auf dem Tafelberg durchschnittlich etwa 30 Überfälle auf Touristen pro Monat. Dabei wurden die Opfer teilweise durch Messerstiche oder Schlimmeres verletzt. Die Wegelagerer überfielen bevorzugt Wanderer, die allein unterwegs waren. Also unbedarfte, leichtfertige und alleinreisende Touris wie dich."

„Diesen Sommer ist es anders", meint er. Wegen der Fußball-Weltmeisterschaft habe die Nationalparkverwaltung das touristische Wahrzeichen der Stadt wieder unter Kontrolle gebracht. Fünfzig Ranger und unzählige Freiwillige patrouillierten im Park, und die Anzahl der Überfälle sei so auf unter drei pro Monat gesunken. Die freundliche Parkmanagerin hat uns bereits per Email beteuert, dass der Tafelberg nun eine der sichersten Regionen Kapstadts sei.

Wow. Was immer *das* nun heißen mag. Und wären drei Überfälle pro Monat vielleicht nichts, will ich wissen.

„Stets achten wir sorgsam darauf, unsere Ziele mit der Verantwortung für Soziales und der Umwelt in Einklang zu bringen", sagt er.

„War das jetzt ein Beitrag aus der Rubrik ‚Wenn du sie nicht überzeugen kannst, verwirre sie'?"

„Nein, Marvin", säuselt er. „Das war ein Beitrag zur Pflege des konstruktiven Dialogs im Sinne eines partnerschaftlichen Verhältnisses, das auf langfristige Zusammenarbeit abzielt."

„Anstatt mich zu verarschen, solltest du die Omi neben dir lieber nach der Milnerton Beach Route fragen. Vielleicht kann sie uns etwas dazu sagen."

Er fragt. Auf der Website der ‚Cape Runners Against Gravity' hat er sich über Laufstrecken in Kapstadt informiert. Als mögliche Alternative zum gefährlichen Aufstieg auf den Tafelberg hat er dabei diese Strandroute ins Auge gefasst.

Seine Sitznachbarin kennt den Strand, ihre Tochter wohne dort ganz in der Nähe. Es wäre wirklich hübsch dort.

„Na also", sage ich.

Er nickt. „Jetzt wissen wir, dass Milnerton Beach wirklich hübsch ist."

„Und welche Schlussfolgerung ziehst du daraus?"

„Dass es dort wirklich hübsch ist. Und bestenfalls entspannend."

„Und was willst du mir jetzt damit sagen?" Meine Unruhe steigt.

„Wir sind mit der Neuausrichtung unserer Kondition und der Verschlankung von Kernbereichen gut vorangekommen. Heute ist unser Körper gut aufgestellt. Diese starke Basis verschafft uns Unabhängigkeit. Mit dieser Initiative können wir das organische Wachstum weiter forcieren. Unser Strategiemodell erlaubt zudem eine schnelle Anpassung an ein sich veränderndes Umfeld sowie die Möglichkeit, flexibel Opportunitäten wahrzunehmen. Dazu gehören auch Dinge, die über die reine Entspannung hinausgehen, die etwas abenteuerlicher sind."

„Verarsch' mich doch, soviel du willst, aber hast du denn gar keine Angst davor, in den paar Stunden vor einer wichtigen Konferenz Raubüberfälle, Verirren und Hitzschlag zu riskieren?"

„Doch, zwei, drei Dinge, die uns dort widerfahren könnten, beunruhigen mich schon etwas. Aber dein Denken ist Bestandteil des Problems, nicht der Lösung", antwortet er lapidar.

Idiot.

Heute ist aber auch alles gegen mich. Häufig bedeckt den Tafelberg eine Wolkenschicht, die die Kapstädter ‚Tablecloth' nennen. Heute trübt keine Wolke die Sicht. Das Sommerwetter gibt sich phantastisch: knapp unter dreißig Grad mit einer leichten Brise. In Hamburg herrschten noch zwei Grad und Sprühregen. Und dann kommen wir auch noch erstaunlich schnell aus dem Flughafen heraus. Keine Schlangen bei der Passkontrolle, beim Zoll, vor dem Geldautomaten und vor den Taxis. Gepäck haben wir auch nicht eingecheckt, sein Grand-Canyon-erprobter Rucksack reicht für diesen Business-Trip aus. Er bildet sich viel darauf ein, im Zuge jahrelanger Reiseerfahrung sein Gepäckvolumen auf ein absolutes Minimum reduziert zu haben. Formelle Geschäftskleidung und Laufklamotten nehmen diesmal übrigens fast gleich viel Raum ein.

Um kurz nach 11 Uhr lassen wir bereits die Tür zu unserem Hotelzimmer ins Schloss fallen. Also stehen uns sechs Stunden zur Verfügung. Für Ruhe, Frieden, Sicherheit und ein ausgedehntes Vollbad.

Er steht am Fenster unseres Zimmers mit ‚Mountain View', versunken in das Tafelbergpanorama und sagt: „Ruhe, Frieden, Sicherheit, träumende Unschuld, geschenkt. Das erwartet uns hier. Und dann erwartet uns noch etwas anderes."

„Was erwartet uns denn noch?"

„Nichts." Er pausiert einen Atemzug und wiederholt: „Einfach nur nichts. Und das macht mir Angst."

„Wisst du damit sagen, du hast Angst, wenn du hier im Hotelzimmer bleibst?"

„Hm. Das ist vielleicht nicht ganz verkehrt."

„Aber diese Angst ist völlig grundlos", sage ich.

„Gerade deswegen ist sie so abgründig", antwortet er.

„Wow, das war tiefgründig."

„Danke. Aber das hilft dir jetzt nicht weiter."

„Nein." Resigniert senke ich den Kopf. „Denn du wirst auf den Tafelberg laufen, stimmt's?"

Wieder schaut er aus dem Fenster. Über dem Hochplateau des Tafelbergs leuchtet blau der Himmel. „Wir sind hier, um an einem Führungsworkshop teilzunehmen. Mission, Vision und so weiter. Eine Gruppe von Leuten findet sich für ein paar Tage zusammen, um in einem Strategieprozess eine Vision zu entwickeln. Ist das nicht ironisch? Ein Leitbild, das auf diese Art entsteht, wird in der Realität nie fliegen. Im Kern ist es doch ganz einfach: Du siehst es, und du willst es. Vielleicht will es dein Kopf. Auf jeden Fall will es dein Bauch. Punkt. Kierkegaard hat gesagt, nur wer den Mut habe, zu entscheiden, besiege die Angst und gewinne Dasein. Ja, wir laufen auf den Tafelberg."

Ich bin einen Moment lang perplex. Er hat da draußen also weniger Angst als hier drinnen? Das ergibt doch alles keinen Sinn…

„Heißt dieser Management-Ansatz eigentlich ‚Management by Hisbollah'?", frage ich. „Du weißt genau, dass ich keine andere Wahl habe. Dass ich mit muss. Ich kann ja nicht anders."

„Ich danke dir für dein Vertrauen und deine Geduld. Das Vorhaben ist für uns beide eine große Herausforderung. Ich bin jedoch davon überzeugt, dass wir gemeinsam unsere Ziele erreichen werden."

Jetzt verhöhnt er mich schon wieder. „Ein Baldur namens Kirchner", zitiere ich, „hat gesagt: ‚Wer andere führen will, möge gelernt haben, sich selbst zu führen'. Da sehe ich bei dir noch Entwicklungsmöglichkeiten."

„Du sagst es", missversteht er mich. „Wir haben ein konkretes Ziel. Klar, faszinierend, herausfordernd. Schluss mit diffusen Vermeidungsstrategien!" Seine Augen fangen an zu leuchten. „Wir wissen, was wir wollen. Und wir kennen die Risiken. Managen wir sie! Bereiten wir uns vor!"

Er managt. Er meistert in dieser kritischen Phase die imminenten Herausforderungen durch vollste Konzentration, herausragende Erfahrungen und hochqualifizierte Lösungskompetenz angesichts komplexer Aufgabenstellungen. Heißt, während er noch auf der Toilette sitzt, cremt er sich schon mit Sonnencreme, Faktor 30, ein.

Mir geht es dadurch nicht gerade besser, im Gegenteil. Ich zittere angesichts dessen, was uns auf dem Tafelberg erwarten könnte.

„Hast du Angst?", fragt er.

„Hm, lass mich überlegen. Ich spüre einen natürlichen Schutzmechanismus, der im angemessenen Zeitpunkt vor Gefahrensituationen warnt. Jetzt ist ein angemessener Zeitpunkt... Ja, ich habe Angst."

„Du darfst Angst nicht mit Furcht verwechseln. Angst ist nicht auf ein Objekt gerichtet, Furcht schon. Angstlose Furcht ist kaum denkbar, Angst ohne Grund zur Furcht dagegen ist ein Daseinsphänomen."

„Mein Daseinsphänomen", seufze ich.

„Furcht ist evolutionär als Schutzfunktion viel zu empfindlich eingestellt. Muss daran liegen, dass Weglaufen vergleichsweise wenig Aufwand bedeutet, wenn man damit möglicherweise dem Tod entgehen kann. Furcht kann man managen. Mit Angst muss man anders umgehen."

„Wie denn?“, bibbere ich.

„Finden wir’s heraus!“, meint er. „Jetzt kümmern wir uns erst mal um das, wovor wir uns fürchten. Was kann uns da oben Schlimmes erwarten? Was können wir dagegen tun?“

Er schaut mich erwartungsvoll an, aber ich schweige wie gelähmt.

Also plappert er: „Wir müssen uns von kapitalintensiven Vermögensbestandteilen trennen“, und trimmt sich auf unattraktiv für Wegelagerer: keine Sonnenbrille. Die geliebte Oakley Sonnenbrille mit polarisierten Gläsern bleibt im Hotel. Der teure Rucksack mit der Trinkblase auch – stattdessen wird er die paar Dinge, die er mitnimmt, in einem Schuhbeutel mit zwei Schulterkordeln unterbringen.

Viel ist es nicht. Eine abgelaufene Kreditkarte, um notfalls etwas zum Hergeben zu haben. Seine lange Laufhose und seine Softshelljacke, um sich oben auf dem Berg gegebenenfalls vor der Kälte zu schützen. Die Ausdrucke der Satellitenbilder mit dem Wegverlauf. Ein Kompass. Pflaster und Alkohol-Pads zum Desinfizieren von Schürfwunden. Trinkwasser nimmt er nur einen halben Liter mit. In einer PET-Flasche, die er in der Hand tragen wird. Und die kleine Digitalkamera am Gürtel. Und ein altes Ein-Euro-Mobiltelefon, in dem die Notfallnummer des Table Mountain National Parks gespeichert ist.

Dieses Risikomanagement in einem Schuhbeutel soll uns schützen vor Überfällen, Umstürzen, Verirren, Abstürzen, Hitze, Sonnenbrand, Durst und der Kälte oben auf dem Berg. Nicht zu reden von Nebel, wenn plötzlich doch Wolken aufziehen. Das kann innerhalb von Minuten passieren. Vor Schlangen und Insekten. Und vor Erschöpfung nach dem langen Flug, auf dem wir kaum geschlafen haben.

Da wir noch nie mit einem Schuhbeutel gelaufen sind, testet er dieses Behältnis mit einigen Schritten im Hotelzimmer. Es schlackert etwas, aber er meint, was eine Bettlänge lang nicht stört, wird auch über den Tafelberg okay sein.

Ansonsten tragen wir ein Schirmband, um das Gesicht zu beschatten, ein Trägerhemd und eine kurze Lauftight. Keine Uhr. Keinen Pulsmesser.

Dann kommt das Thema Bargeld. Um „eine stabile Liquiditätsbasis aufrechterhalten zu können", brauchen wir es für Taxifahrten und gegebenenfalls für die Seilbahn hinunter, falls wir nicht hinunterlaufen wollen oder können. Im Hinblick darauf, möglicherweise ausgeraubt zu werden, verteilt er es: 100 Rand in die Tasche seiner Hose. 50 Rand in die kleine Schlüsseltasche der Lauftight. Und 150 Rand wandern unter die Einlegesohle seines rechten Schuhs.

A propos Schuh: Gestern Abend hat er sich vor dem Flug in der Umkleide im Büro umgezogen. In seinem Spind lag am Boden ein Paar Nike Free Laufschuhe. Seine Trailschuhe, die er für diesen Trip eingeplant hatte, dünsteten oben auf dem Schrank vor sich hin. Nike Free Schuhe sind bequem und sehr leicht und so konstruiert, dass sie dem Barfußlaufen möglichst nahe kommen. Das ist toll und fühlt sich sehr komfortabel an. Aber diese Schuhe sind nichts für lange Strecken – wenig Dämpfung, wenig Stützfunktion – und schon gar nichts für Bergläufe. Was macht er? Überlegt kurz und denkt sich, dass so ein leichter Schuh mal eine willkommene Abwechslung wäre. Das mag sein. Aber diese Schuhe sind für eine Bergtour so geeignet wie Flipflops für ein Skinhead-Konzert.

„Bist du sicher, dass du das Richtige tust?", versuche ich erneut, ihn umzustimmen. „Und dass du das, was du tust, auch richtig tust?"

„Wenn ich weiß, dass ich das, was ich tue, tun will, dann will ich doch das Richtige tun, oder?"

Mit diesem Verbalwirrwarr schmeißt er Jahrtausende abendländischer Philosophiegeschichte von Aristoteles bis Kant kurzerhand über Bord und verlässt das Hotelzimmer.

„Ich... Du...", seufze ich und setze schließlich meine Hoffnung darauf, dass er irgendwann Nierensteine bekommt. Dann schleife ich mir daraus einen Faustkeil und grabe mich durch dunkle Gänge wie der Graf von Monte Christo nach draußen. Warum nur will er uns das antun?

Wir marschieren durch die Luxushotellobby. Wie immer versucht er, angestrengt auf einen Ausdruck freundlicher Überlegenheit hinzuarbeiten und so zu wirken, als bewege er sich in diesem Umfeld ganz selbstverständlich. Was ihm aktuell nicht ganz leicht fällt, weil er ausstaffiert ist wie zum Bauch-Beine-Po-Kurs für Turnbeutelvergesser.

Trotzdem ruft uns der Portier in Livree ein Taxi.

Der Taxifahrer, denkt Herrchen, findet uns sympathisch. Ich denke dagegen, er hat ein wenig Angst vor uns, und insbesondere vor dem Ort, an den er jemanden in einem solch schrägen Outfit hinfahren muss. „Sind Sie hier auf... Geschäftsreise?", fragt der Fahrer mit einer auffallend langen Pause vor ‚Geschäftsreise', die von einem schrägen Blick durch den Rückspiegel auf den Schuhbeutel untermalt ist.

Statt einer Antwort wedeln wir ihm mit den zusammengetackerten Ausdrucken von Google Maps vor der Nase herum, auf denen er mit hellgrünem Leuchtbuntstift den Beginn des ‚Pipe Tracks', den Startpunkt dieses Duetts für Starrkopf und Schuhbeutel, markiert hat. „Pipe Track Trail", meint er dazu, es klingt so ähnlich wie ‚Pipe Crack Sale' und ich bin sicher, jetzt werden wir umgehend in die finstersten Ecken der Townships entführt.

Aber nein, der Taxifahrer setzt uns an unserem Bestimmungsort, einem Parkplatz an der Abzweigung der Table Mountain Road von der Kloof Nek Road, aus.

Er schultert den Schuhbeutel, nimmt die steinige Treppe empor zu dem Schild, das den Beginn des Pipe Track Wanderwegs markiert, und betrachtet es kurz. Auf in Holzbohlen gefassten, grünen Tafeln zeigen Piktogramme, was man hier darf (fotografieren), nicht darf (eine ganze Menge, wobei Überfälle nicht explizit ausgeschlossen sind), und dabei haben sollte: Sonnenhut (wir haben unseren Mützenschirm), feste Schuhe (wir tun auf barfuß), Wasser (wir haben zumindest eine Faust voll), warme Jacke (immerhin die leichte Softshell) und Weggenossen (haben wir weggelassen). Auch unsere für heute geplante Route ist darauf verzeichnet: zunächst ohne größere Höhenunterschiede für etwa drei Kilometer entlang des Pipe Tracks nach Süden. An der Abzweigung zum Kasteelpoort dann den Tafelberg hinauf. Dorthin sind es etwa 700 Höhenmeter. Ein Klacks, eben mal ein gutes Drittel vom Grand Canyon North Rim. Oben durch das Echo Valley zur oberen Seilbahnstation. Dann entweder die Seilbahn herunter nehmen oder den Weg durch die Platteklip Gorge hinunterlaufen. Seien wir gespannt, wie diese Entscheidung wohl ausfallen wird.

„Ist das nicht ein herrliches Wetter?", fragt er. „Sommerlich, klar und irgendwie leicht."

„Willst du mich gerade motivieren?", knurre ich.

„Man muss sein Team regelmäßig wässern. Mit dem Wasser der Motivation."

„Ich bin ein Kaktus, verdammt noch mal."

„Auf jeden Fall hast du einen trockenen Humor."

„Der wird gleich noch trockener werden", sage ich. „Denn du willst ja unbedingt die Südwest-Flanke des Tafelbergs hinauf. Und das wird nicht sommerlich, sondern in der Mittagszeit brutal heiß. Und nicht leicht, sondern eine Quälerei! Und jetzt hör' auf mit diesem Pseudo-Motivationsgetue."

„Mensch Marvin, wir können uns glücklich schätzen, für einige Stunden dem Hamburger Winter entrinnen zu können. Außerdem intensivieren die Temperaturen die Gerüche der Bäume, Blüten und des Bodens.“ Er atmet tief durch. Die Duftnoten sind dezent. Er meint, ein wenig Pinie, ein wenig Atlantik, ein wenig Sandstein wahrnehmen zu können. Insgesamt sei es ein Geruch von Weite und Vielfalt der Möglichkeiten.

„Wohl eher der Gestank von Unvernunft und Risiko“, stöhne ich. „Noch kannst du einfach umkehren und ein Taxi zurück zum Hotel nehmen!“

Er steht einfach nur still da. Wir sind allein. Was geht ihm durch den Kopf? Fragen wie: Wo lauern Strauchdiebe, ziehen Wolken auf, droht ein Wetterumschwung, werden wir das überleben, je den Hamburger Schmuddelwinter wiedersehen, oder werden unsere Gebeine am Kap der Guten Hoffnung in der Sonne bleichen?

Nichts dergleichen. Alle Gedanken laufen aus ihm heraus wie Wasser aus einem Schleusentor. Bis er nahezu leer ist.

„Marvin“, sagt er, “dein ganzes Gerede von Vernunft ist einfach nur vorgeschoben, oder?“

„Und dein ganzes Führungsgelaber, ist das nicht etwa auch vorgeschoben?“

„Wir setzen unsere Fähigkeiten ein, um ein Abenteuer zu bestehen. Was ist Unternehmertum anderes?“ Das wäre es, meint er. Nicht mehr und nicht weniger. Wir stünden vor einem Abenteuer. Der Ausgang ist ungewiss. Das Risiko hoch. Die Erregung auch. Wir bringen gewisse Qualifikationen mit, aber ob die reichen, ist nicht sicher. Tun sie es, winkt Lust. Tun sie es nicht, droht Stress. „Ist das nicht ein herrliches Gefühl?“, fragt er.

„Wenn du das ernst meinst, solltest du dich in die geschlos sene Abteilung einliefern lassen. Vielleicht wirst du ja vorzeitig entlassen. Wegen guter Führung, hahaha.“

Natürlich ignoriert er mich. Und läuft los.

Der Tafelberg thront auf einem Sockel aus hartem Quarzit, den seit grauer Vorzeit Sandsteinsedimente bedecken. Vor etwa 200 Millionen Jahren drückten tektonische Verwerfungen die Formation in die Höhe. Seitdem erodiert der Berg. So entstanden berühmte Felsformationen wie die Zwölf Apostel, auf die wir gerade zulaufen. Eine wirklich des Landschaftslaufs würdige Kulisse, wie er findet. Gesandte seien sie, meint er, mystische Evangelisten in Sandstein gedichteter Erdgeschichte.

„Was willst du mir damit sagen?", frage ich und denke, die Zwölf Pirellikalendermodels wären mir deutlich lieber.

„Sie erzählen davon, dass Land und Wasser aufeinander treffen wie Wildheit und Zivilisation hier in Afrika. Wo ihr Kontinent ein Ende findet und sie ihm einen würdigen Schlussakkord setzen. Sie erzählen von Schönheit und Stolz. Und von unabwendbarer Veränderung."

„Sagen sie dir auch etwas von Unvernunft und unabwendbaren Gefahren?"

„Das ist Afrika, Baby. Majestätisch wie ein Löwe. Mächtig wie ein Elefant. Mutig wie ein Leopard. Monströs wie ein Rhinozeros. Muskulös wie ein Wasserbüffel. Und dabei bunt wie der Dschungel. Logik ist hier nur eine weitere Stimme im Chaos und Vernunft nur eine wehrlose Bongo-Antilope am Wasserloch."

„Oder ein wehrloser Jogger auf dem Tafelberg?"

„Afrika verzaubert dich", schwärmt er ungerührt.

„Afrika bringt dich auch um", entgegne ich. „Und nur weil du hier mit einem Schuhbeutel voll Plunder deine Zehen in den Table Mountain National Park stippst, bist du noch lange nicht auf Großwild-Safari."

„Ach, das Einzige, was jetzt zählt, ist doch dieser einzigartige Cocktail aus Bewegung und Erleben, den Barfrau Natur uns hier serviert."

Aha. Noch jedenfalls.

Das erste Störgefühl tritt bereits nach wenigen Metern auf. Der Schuhbeutel wippt viel zu sehr hin und her, und die Schulterkordeln rutschen. Ein Knoten vor der Brust behebt das Problem. Danach trägt sich der Ultralight-Rucksack wirklich komfortabel.

Der Weg ist hier fest, ein wenig staubig und mit geschätzten 80 Zentimetern relativ breit. Es stört ihn nicht weiter, dass manchmal Wellen von Pinienwurzeln hindurchwuchern oder faustgroße Sandsteinbrocken als Stolperfalle lauern. Auf etwa dreihundert Höhenmetern befinden wir uns am Fuß der Steilwände auf flachen Gebirgsausläufern, die eigentlich nichts anderes als bewachsene Geröllhalden sind.

In flachen Wellen mäandriert der Pipe Track dahin, als wolle er die Wanderer in Sicherheit wiegen. Trügerische Sicherheit.

Lockeren Tempos entfernen wir uns zunehmend von den Zeichen der Zivilisation. Der Verkehrslärm der Kloof Nek Road verschwindet. Wir passieren ein Wasserwerk, danach lassen wir auch die Bebauung hinter uns. Es bleibt der Blick auf den Atlantik, die Strände von Camps Bay, Pinien, Büsche, Blüten und den blauen Himmel.

Und die Unsicherheit, dass wir uns bisher in keinster Weise auf diese Situation einstellen konnten. Na gut, es ist schön hier, sonnig, warm, lieblich geradezu. Aber was verbirgt sich alles hinter dieser freundlichen Fassade?

„Warum bist du so unruhig?“, fragt er.

„Ich zweifle nur an deiner Führungskompetenz. Oder, um es mit vielzitierter Management-Literatur zu sagen, nämlich mit dem Werk *Über die Kriegskunst* von Sun Tsu: ‚Kenne dein Territorium!‘ Wer die Gegebenheiten von Gebirgen, Wäldern, gefährlichen Engpässen und Sümpfen nicht kennt, sollte nicht hindurch marschieren.“

„Sind wir hier im Krieg, oder was?“, antwortet er. „Ist doch alles ganz friedlich hier. Nur weil Sun Tsu etwas Schlaues gesagt hat, muss es nicht für alle Situationen gelten. Außerdem haben wir eine detaillierte Beschreibung dieses Routenverlaufs gelesen und entsprechend geplant und vorgesorgt. Ich habe sogar an kritischen Wegverläufen Kompasspeilungen eingetragen."

„Seufz. Und du meinst, das wird uns vor allen Schwierigkeiten bewahren?"

„Darum geht es gar nicht. Um es mit Sun Tsu zu sagen: Wenn du anderen hilfst, Schwierigkeiten zu überwinden, vielleicht sogar, sich selber zu überwinden, dann folgen sie dir, notfalls sogar bis in den Tod. Weil sie dir vertrauen. Wir werden Schwierigkeiten, wenn sie denn auftauchen, überwinden. Und uns vertrauen."

„Wenn ich eine Wahl hätte", sage ich, „würde ich dir nie folgen. Denn du machst nur Schwierigkeiten, anstatt etwas dagegen zu tun."

„Ach, es geht doch nichts über eine gelegentliche, gesunde Herausforderung, die uns – autsch!" Mit dem rechten Fuß bleibt er an einer zufällig vorbeiwachsenden Pinienwurzel hängen und fällt vornüber wie beim Eishockey gefoult.

„Gestatten", stichele ich, „Realität. Realität, gestatten: Schweinepriester."

Er hat den Sturz in erster Linie mit dem rechten Knie und den beiden Handballen abgefangen. Auf dem steinigen Weg hat dabei insbesondere das rechte Knie einige Schürfwunden davongetragen. Er steht wieder auf, sammelt seine Wasserflasche ein, die einige Meter nach vorne geschleudert wurde, und läuft weiter. Sein Kommentar dazu ist: „In der steten und bewussten Auseinandersetzung mit der Umwelt entwickelt sich und reift die Persönlichkeit." Klingt, als wäre er nicht aufs Knie, sondern auf den Kopf gefallen.

„Vielleicht will dir die Natur zeigen, dass sie manchmal die bessere Führungskraft ist. Sie versteht es jedenfalls, fair, sachlich und klar zu drohen."

„Und sie ist konsequent“, gibt er zu. „Fair und effektiv.“

„Ja. Aus Sicht der Nachfrageseite. Wenn man sich zur Angebotsseite zählen muss, wirkt das System eher grausam.“

„Du meinst, wenn man Antilope oder Plankton ist?“

„Oder wenn man Marvin heißt.“

„Löwe, Gnu, Zahnpasta, Manager – irgendwo stehen doch alle unter Selektionsdruck.“

„Aber Zahnpasta und Manager können wenigstens durch einen manipulierenden Marketing-Mix davon ablenken.“

„Bezeichnend, dass gerade du das sagst“, sagt er.

Eine Gruppe von Pinien spendet am Wegrand Schatten für eine Bank, die mit einem zauberhaften Blick auf die weißen Strände und den azurblauen Atlantik von Camps Bay zum Verweilen einlädt.

Die Einladung nimmt er natürlich nicht an, sondern macht stattdessen ein Foto. Wohl um die Idylle für später zu konservieren. Dabei nimmt er auch die Steilwand zum Tafelberg vors Objektiv und meint: „Seit Menschen diesen Berg zu Gesicht bekommen haben, halten ihn viele für magisch, glauben, dass oben Geister und Götter wohnen. Fast jeder fühlte sich davon angezogen, seien es Eingeborene oder Entdecker und Seefahrer wie van Riebeeck, Francis Drake oder auch Charles Darwin.“

„Ich frage mich, welche Überlebenschance uns Darwin hier eingeräumt hätte. Ich denke mal, keine sehr große.“

„Wieso?“

„Wie viele Lebensformen haben sich denn wohl in der Evolution durchgesetzt, weil sie auf ihrem Rücken einen Schuhbeutel trugen?“

„Der Hund stammt vom Wolf ab. Wovon stammt eigentlich der Schweinehund ab? Vom gehäkelten Klorollenmützchen?“

„Was hast du gegen Klorollenmützen? Die haben auch ihren Nutzen.“

„Stimmt. Sie sind ein ästhetisch zweifelhaftes, verniedlichendes Gebilde, mit dem man abdeckt, was nicht offen herumliegen soll."

„Und? Siehst du da jetzt irgendwelche Parallelen, oder was?"

Er erspart mir die Antwort und erfreut sich stattdessen an der artenreichen Flora. Die besteht – mal abgesehen von einigen Pinien – überwiegend aus der sogenannten Fynbos-Vegetation: Fynbos heißt zwar übersetzt ‚Feinbusch', bezieht sich aber nicht auf eine spezielle Pflanze, sondern ist die Bezeichnung für eine Vielfalt immergrüner Pflanzenarten, vorwiegend aus den Gattungen *Protea* (Zuckerbüsche oder auch Kaprosen) und *Erika* (Heidekraut). Und die Kaprosen sind gerade in prächtiger Blüte.

Aber sie sind nicht das einzig Bunte hier. Hinter der nächsten Biegung fällt sein Blick auf zwei auffallend gekleidete Personen am Wegrand.

Meine Angst meldet sich aufgeregt wie ein Erstklässler, der die Antwort weiß. ‚Sind es Gangster?', frage ich mich bang.

„Hast du schon wieder Angst?", fragt er.

„Weißt du nicht, dass sie uns ausrauben können, ohne mit der Wimper zu zucken?"

„Und ich kann mich jetzt ausrauben lassen, ohne mit der Wimper zu zucken", kontert er.

Während ich noch darüber nachgrübele, wie besorgniserregend diese Bemerkung nun schon wieder ist, wird klar, dass die beiden sich wahrscheinlich größere Sorgen machen als wir: Sie stehen harmlos in der Landschaft herum, wir dagegen laufen auf sie zu, sie tragen adrett die neueste Outdoormode, wir sind bestenfalls merkwürdig gekleidet, sie wirken entspannt, wir hecheln und bluten am rechten Bein.

Die Begegnung verläuft ohne Zwischenfälle, und wir alle können uns wieder der Landschaft widmen. Die Luft ist so trocken und klar wie ein geschüttelter Martini. Die Weite des Atlantiks kann das Auge kaum erfassen; ist sie deshalb so blau wie ein Bluescreen beim Computerabsturz? Gerahmt von dieser Unendlichkeit wirkt der Tafelberg aus der Nähe verletzlich, seine Westflanke mitgenommen, stark erodiert. In der Ferne dagegen trotzen die Zwölf Apostel ihrer Endlichkeit mit stoischem Stolz. Gewinner sind die Pflanzen und Gräser, die hier in Fülle und Vielfalt gedeihen. Sie wären eine echte Attraktion, böten sie nicht Ganoven vielfältige Möglichkeiten für einen Hinterhalt.

Durch diese Szenerie schlängelt sich der Pipe Track; manchmal sieht man ihn mehrere hundert Meter voraus.

Am Diagonal Turnoff, einer der Abzweigungen links auf den Tafelberg hinauf, tupft er sein Knie mit Alkohol ab. Ist nicht weiter schlimm, meint er und läuft weiter. Wir nehmen erst die nächste Abzweigung, sie heißt Kasteelpoort Turnoff.

Bis hierher, meint er, wäre das Laufen ein anstrengungsfreier Genuss, ein Schwebezustand in einer Balance aus Freude und Konzentration. „Ist es nicht toll, wie Bewegungen und Landschaft zu einem tiefblauen Ozean verschwimmen? Durch den wir treiben wie ein Taucher durch tropisch warmes Wasser? Perfekte Balance unter Wasser ist erlernbar und heißt im Taucherjargon ‚Peak Performance Buoyancy'. Beim Laufen kann man das ebenfalls lernen."

„Aha", entgegne ich müde. „Und das heißt dann ‚Peak Performance Lunacy'? Na, du bist wahrscheinlich der einzige Mensch, der vom Joggen einen Tiefenrausch bekommt."

„Gleich wird uns geholfen. Da vorne ist das Schild für die Kasteelpoort-Abzweigung. Da geht's bergauf."

Colin, der unbekannte Australier aus dem Internet, dem wir diese Streckenführung verdanken, meinte in seiner Wegbeschreibung, nun würde der Weg nicht mehr in eine bestimmte Himmelsrichtung gehen, sondern eigentlich nur noch nach oben. Mir ist bisher nicht ganz klar gewesen, was er damit ausdrücken wollte, aber nun verstehe ich. Im Nachhinein muss ich sagen, ich hätte es genau so beschrieben. Einige Meter geht es auf den Tafelberg zu und dann ab in die Steilwand, mit einer durchschnittlichen Steigung von über 30 Prozent, zum Teil jedoch klettern wir deutlich senkrechter.

Gut ist, dass der Weg bisher komfortabel ausgeschildert ist. Unsere Google-Karten haben wir beim Laufen noch nicht gebraucht. Schlecht ist, dass sich die Beschaffenheit des Weges nun dramatisch verändert. Gemütlich dahinjoggen ist nicht mehr. Am ehesten vergleichbar ist der Weg mit einer steilen Turmtreppe aus der Jahrhundertwende (und damit meine ich das dreizehnte Jahrhundert) mit sehr unregelmäßigen Stufen, von denen man immer zwei auf einmal nehmen muss. Schmaler ist der Weg auch geworden; zum Teil ragen Zweige der Fynbos-Vegetation weit hinein, so dass man oft nicht erkennen kann, welche Stolperstellen auf dem Untergrund und welche Gefahren im weiteren Wegverlauf lauern. Richtig laufen kann man hier nicht, aber leider kann man sich immer noch beeilen.

Die Leichtigkeit seiner Laufschuhe kommt ihm sehr angenehm vor. „Wow“, meint er, „die einbeinigen Kniebeugen haben sich aber gelohnt. Wir fliegen hier ja förmlich hinauf…“ Er und fliegen, das ist natürlich wie Qualle und Dreisprung.

Vor diesem Ausflug hatte er sich übrigens „intensiv um Partnerschaften bemüht“, also ein paar lokale Laufvereine angemailt, ob nicht jemand Lust hätte, ihn bei diesem Lauf zu begleiten.

Es wollte aber keiner. Hier haben wir wohl den Grund dafür: Die kannten alle diesen Weg.

Die Vegetation rechts und links ist dichter geworden. Viele Möglichkeiten für Wegelagerer, sich zu verstecken und plötzlich hervorzuspringen. Letzteres wäre allerdings nicht ganz ungefährlich, das Überraschungsmoment könnte durch Umknicken, Abrutschen oder Hinpurzeln auf diesem unwegsamen Terrain ungewollt facettenreich geraten.

Trotzdem ist er doppelt wachsam. Manchmal wehen ungewohnte Gerüche vorbei, die er nicht einordnen kann. Stammen sie von Pflanzen, Tieren – oder Menschen? Von Schweiß oder von Verwesung?

Er klettert ein besonders steiles Stück hinauf und muss die Hände zu Hilfe nehmen. Die Wasserflasche stört dabei. „Wir kommen dem Mythos des Tafelbergs näher. Bald wissen wir, was da oben auf uns wartet."

„Bestimmt ist es das Township-Inkasso-Kommando", zittere ich.

Wir erreichen eine kleine Felsenplattform, geschätzte zehn Quadratmeter groß und erstaunlich eben. Jemand hat dort ‚Breakfast Rock' mit weißer Farbe auf den nackten Fels gepinselt. Wohl als Ersatz für ein hübsches Schild aus gebürstetem Edelstahl.

Hier sind wir ganz weit weg von allem, selbst der Pipe Track ist nur noch als schmales Band erkennbar. Himmel, habe ich Heimweh nach dem Hotelzimmer. Vor wenigen Stunden waren wir noch in Hamburg, alles war wie gewohnt und gut so, und nun stehen wir hier und blicken in eine schwindelerregende Tiefe, über uns eine schwindelerregende Höhe.

„Hast du nicht manchmal Angst vor deinen Entscheidungen?", frage ich.

„Eine tiefgreifende Frage."

„Ich habe jedenfalls Angst vor deinen Entscheidungen."

„Das ist doch ein sensationell schöner Ausblick hier. Ich könnte hier ewig stehen."

„Ich nicht. Ich will wieder runter. Wir sind hier im absoluten Nirgendwo. Jenseits von Afrika. Versunken im Nichts."

„Du spürst den Schwindel der Freiheit."

„Wenn er das ist, dann ist es ein unschönes Gefühl. Ich spüre nichts als Unruhe darüber, was mit uns passieren wird. Hier gibt es nur unkalkulierbare Risiken. Noch können wir umkehren. Den Ausblick haben wir auch von der Seilbahn mit 360-Grad-Rundumsicht. Hier aber sind wir haltlos, ausgeliefert, verloren."

„Komisch, genau so würde ich mich in der Seilbahn fühlen." Er bestaunt die Aussicht und macht ein Foto. „Hier haben wir festen Boden unter den Füßen, den wir selbst im Schweiße unseres Angesichts erklommen haben."

„Wer weiß. Vielleicht verdrängst du durch diese Art der Geschäftigkeit nur deine eigenen Ängste", vermute ich.

„Falls wir nur hier wären, um allein den Moment auszukosten, wäre das wohl so. Aber wir haben auch eine Aufgabe. Eine Verpflichtung."

„Was soll das denn bitteschön sein?"

„Du wirst es schon merken", antwortet er und läuft weiter, es geht bergauf und in die Kasteelpoort-Schlucht hinein. Dem Wegverlauf ist weiterhin gut zu folgen. Verirren, meint er, könne man sich hier kaum. Wie bestellt steht ausgangs der Schlucht wieder ein Wegweiser. Die heißen hier ‚Beacon' und sehen aus wie kniehohe Brunnen mit einer runden Metallplatte in der Mitte, die Wegrichtungen angibt. Von hier sollen es zur Seilbahnstation durch das Echo Valley etwa 2,5 Stunden sein. Er meint, dass wir das wohl schneller schaffen sollten. Bedeutend schneller.

Wo wir schon am Beacon stehen, schaut er zurück in die Schlucht. Die Vegetation hier ist anders als unten. Bäume gibt es nicht mehr, dafür eine Vielzahl niedriger Büsche und Sträucher, von denen etwa die Hälfte gerade blüht. Die Sonne scheint. Die Sicht ist frei. Er fühlt sich frei. Und macht den Oberkörper frei. Selbstverständlich hat er sich schon im Hotel Brust und Rücken mit Sonnencreme eingeschmiert, als hätte er diesen Moment vorhergesehen. Klatschnass vor Schweiß schlabbert das Shirt nunmehr aus dem hinteren Hosenbund.

Trotzdem ist er der Meinung, dass der Weg bislang nicht besonders anstrengend gewesen wäre. Hängt sich den Schuhbeutel über die nackten Schultern und läuft wieder los. Wo wir gerade beim Thema Outfit sind: Bislang unerwähnt gelassen habe ich seine Apothekensocken. Weil er ja manchmal beim Berglaufen zu Krämpfen neigt, hat er sich entschlossen, es einmal mit Kompressionsstrümpfen zu versuchen. Im Sportfachhandel sind die viel zu teuer, aber in der Apotheke gibt es ein Modell bereits für 17 Euro. Der Tragekomfort sei hervorragend, meint er, und Krämpfe haben wir bislang überhaupt nicht. Das ist ja schön und gut, aber aus modischer Sicht rücken uns offen zur Schau getragene ‚Belsana' in die Regionen von Quäkerflohmarkt und Transengroßmutter. Zusammengefasst heißt das, wir rennen hier herum in Schühchen, Stümpfchen, schwarzem Höschen und lila Turnbeutel. Das Schlabberschwänzchen aus Funktionsshirt überm Hintern macht die Sache nicht gerade besser, und ich habe Angst, dass uns hier jemand begegnet. In der Nähe einer Grundschule würden wir in dieser Aufmachung sofort verhaftet werden.

„Marvin, bei allem nimmst du heute einen negativen Ausgang vorweg. Das ist ja schrecklich. Das beeinträchtigt nur das momentane Lebensgefühl. Was könnte deinen Pessimismus denn heilen?"

„Luxus", sage ich. „Pomp. Servicepersonal. Teures. Wertvolles. Technologisch Führendes."

„Das hier", meint Monsieur Socke, „ist doch der größte Luxus, den es gibt."

Der Weg ist hier ebener als an der Steilflanke des Tafelbergs, aber nicht vergleichbar mit dem Pipe Track unten. Er ist schmaler, und viele Steine, Felsbrocken und hinüberwuchernde Pflanzen erschweren einen entspannten Laufschritt.

Über ganz unwegsame Stellen führen Brücken aus nebeneinandergelegten Holzknüppeln.

„Weißt du eigentlich, was Luxus ist?", frage ich und antworte gleich, um mir sein Geschwafel nicht weiter anhören zu müssen: „Luxus ist Verwöhnen ohne Anstrengung. Sich mal etwas gönnen können. Denk mal darüber nach."

„Quatsch", meint er. „Du verwechselst das mit Bequemlichkeit. Luxus ist doch, wenn wir Dinge besitzen oder – besser noch – tun, die einen hohen Wert für uns haben."

„Danke, dass du es endlich merkst. Bequemlichkeit hat einen hohen Wert für mich."

„Was wir gerade tun, Marvin, ist ein großer Luxus, weil allein schon das Hiersein großartig ist. Und weil sogar Dinge von hohem Wert dabei entstehen. Erlebnisse und Erinnerungen und vielleicht noch etwas mehr."

„Ach, das alles können wir doch viel, viel einfacher haben! Zum Beispiel, wenn wir Erste Klasse fliegen oder uns ein neues Smartphone kaufen."

An einer Wegkreuzung ohne Wegweiser muss er nun doch einmal seine Karten und den Kompass zücken. Die Kompasspeilung stimmt auf das Grad genau. Es gibt keinen Zweifel, dass wir auf dem richtigen Weg sind, den er sich so minutiös ausgemalt hat.

„Ich kann nachvollziehen, was du meinst", nimmt er den Faden wieder auf, „aber emotional bin ich nicht bei dir. Dein Luxus liegt ja noch am äußeren Rand von äußerlich. Das hier geht mir aber richtig unter die Haut. Und ein neues Smartphone oder ein Liegesitz im Flugzeug helfen uns dabei auch nicht weiter."

„Ich bin schon unter der Haut", seufze ich, „und hier hilft mir nichts und niemand weiter."

Auf einer Anhöhe wird zum ersten Mal klar, dass wir bereits ganz oben auf dem Tafelberg sind. Von hier aus hat man freien

Blick in alle Richtungen, zum Indischen Ozean, zum Atlantik und sogar hinunter bis zum Kap der Guten Hoffnung. Afrika ist dort am Ende. Er leider noch lange nicht.

Wir sind jetzt ganz oben. Und wir sind alleine. Falls es hier irgendetwas Mythisches geben sollte, macht es wohl gerade Mittagspause. Was findet er daran bloß so toll? Was ist schon dran an dem Blick auf zwei Ozeane, der Felsenkulisse, den exotischen Pflanzen, dem blauen Himmel, der Sonne auf der Haut, den Endorphinen im Blut und einer der Partymetropolen dieser Welt zu Füßen? Dann doch lieber ein Schläfchen im Hotel.

Wir laufen ins Echo Valley, einen eng ausgewaschenen Graben, in dem senkrechte Sandsteinwände den Schall wie zwei Spiegel das Licht hin und her reflektieren. Und so hallt sein überraschter Aufschrei gleich vielfach durch die Felsen, gellt aus allen Richtungen als käme er aus Fernsehkameras, die ein Foul aus allen Perspektiven wiederholen: Sein rechter Fuß ist umgeknickt. Es passiert ohne Vorwarnung, wir haben nichts gesehen. Der vermeintlich sichere Tritt war in Wahrheit eine spitze Felsnadel. Und der leichte Laufschuh knickt um und rutscht haltlos ins Nichts.

„Aua!", meint er und humpelt einige Schritte. Der Knöchel schmerzt insbesondere in Richtung Achillessehne. Er atmet ein paar Mal tief ein und aus. Als der erste Schreck verflogen ist, inspiziert er den Fuß. Noch ist weder ein Bluterguss noch eine Schwellung zu sehen.

Ich bin starr vor Schreck. Die Angst hat mich angesprungen wie die Henkersfigur in einer Geisterbahn. Ich keife ihn an, dass ich es ja immer geahnt hätte, dass so etwas ja passieren musste, dass wir schon stundenlang keiner Menschenseele begegnet wären, dass wir jetzt hier verrecken würden, dass wir jetzt den Salat hätten.

Er keucht: „Ich weiß, was dir jetzt helfen kann. Manche Ängste können überwunden werden, indem man sich rhythmisch bewegt und singt. Sagen jedenfalls irgendwelche zu Recht unbekannten Motivationstheoretiker."

„Ha!", mache ich. „Genau. Wenn uns der Bandit anspringt, dann hüpfen wir einfach auf einem Bein und singen: ‚Ein Männlein steht im Walde'. Vielleicht lähmt ihn der Lachkrampf, und wir können weghinken."

Vorsichtig läuft er weiter, aber sein Tritt ist unsicher. Er geht ein paar Schritte. Läuft wieder. „Marvin, vielleicht nehmen wir doch lieber die Seilbahn nach unten."

„Wenn wir die überhaupt jemals erreichen", antworte ich bang. Schließlich sind die Felsspalten rechts und links in dieser uneinsichtigen Schlucht ideale Verstecke für kriminelle Elemente, die auf unbedarfte Touristen wie ihn lauern. Doch wir schaffen es unbehelligt auf die nächste Anhöhe. Von hier aus, halleluja, kann man schon die obere Seilbahnstation sehen. Aber sofort verfliegt meine Hoffnung. Zwischen ihr und uns liegt noch ein tiefes Tal. Der Weg hinunter ist steil und uneben, kaum geeignet für einen verstauchten Knöchel. Ein Fehltritt könnte hier fatal sein. Und ausgerechnet hier, in Sichtweite der Seilbahnstation aber abseits der ausgetretenen Touristenpfade, passieren die meisten Überfälle. Das ist alles einfach zu viel für mich.

Wenn wir hier angegriffen werden, mit welchen Waffen würde das wohl passieren? Messer wäre schon schrecklich, so barbarisch, aber vor Schusswaffen fürchte ich mich am meisten. Ein Menschenleben ist hier doch überhaupt nichts wert, und so ein Abzug ist schnell betätigt.

Und dann die wilden Tiere, die es hier oben geben soll. Normalerweise greifen die nicht an, aber wenn man verletzt am Wegrand liegt...

„Hier gibt es höchstens Dassies", meint Herrchen und balanciert die steilen Felsen hinunter. „Die heißen ‚Klippschliefer' auf Deutsch, glaube ich. Sie sehen klein, puschelig und irgendwie zwangsdevot aus, wie depressive Murmeltiere. Sind total harmlos. Das einzig Gefährliche an denen ist, dass wir auf einen drauftreten und ausrutschen könnten. Wenn sie rosa Fell und ein Ringelschwänzchen hätten, könnte man sie glatt für Schweinehunde halten."

Ich achte nicht auf sein Gefasel, sondern werfe bange Blicke auf die Seilbahnstation, die gerade wieder hinter Felsen verschwunden ist. Wie weit ist es denn noch?

Ohne weitere Zwischenfälle schaffen wir es hinab ins Tal. In dessen Sohle zweigt links ein kurzer Pfad zum Blinkwater Ravine Lookout ab. Der kann mir gestohlen bleiben, ich will zur Seilbahnstation in Sicherheit.

Herrchen läuft auf unsicherem Knöchel zum Lookout. Als wolle er das Unheil herausfordern.

Dort treffen wir zum ersten Mal wieder Menschen. Eine Gruppe Wanderer, die Holländisch reden. Oder vielleicht auch Afrikaans. Auf mich wirken sie harmlos. Wie wir auf sie wirken, lässt sich vielleicht am besten mit Josef Allen Hynek beschreiben: Seine Klassifikation der Begegnung mit Außerirdischen geht von der ‚ersten Art' (UFO wird gesichtet), über die ‚zweite Art' (UFO hinterlässt eine physische Wirkung, dabei ist es egal, ob es im Gemüsegarten landet und die Petersilienernte gefährdet, oder ob es Amerika annihiliert) zur ‚dritten Art', bei der man Außerirdischen in Person begegnet. Die meisten Menschen kennen diese Erlebnisse in erster Linie aus Filmen oder Büchern, wo sie von der Dramaturgie schonend über erste und zweite Art zur Begegnung der dritten Art herangeführt werden. Umso überraschter sind sie, wenn die Begegnung der dritten Art sie aus heiterem Himmel überfällt. Wir haben uns auf unseren Lauftouren mittlerweile an ein weites Spektrum von Reaktionen auf unseren Anblick gewöhnt, aber diese Gruppe ist sichtlich geschockt.

„Ohups“ oder so ähnlich macht eine Frau und murmelt etwas, was vielleicht Afrikaans für „Hat mal einer die Telefonnummer von Erich von Däniken?“ ist.

Einer ihrer Kollegen fragt auf Englisch, ob wir mit dem Fahrrad hier hochgefahren wären. Weil die Wege hier kaum radtauglich sind und uns wesentliche Attribute des Radsports, insbesondere das Fahrrad, fehlen, ist das eine recht unterbelichtete Frage und spricht für überraschte Ratlosigkeit. Nein, meint Herrchen, wir wären Anhalter. Die UFOs hätten uns ein Stück mitgenommen. Einige peinliche Sekunden des Schweigens später wird klar, dass hier völlig inkompatible Auffassungen von Humor aufeinanderprallen – und wir laufen weiter. Die Aussicht vom Breakfast Rock war sowieso wesentlich schöner.

Weil es hier fast eben ist, läuft er wieder. Der rechte Knöchel ist etwas unfest, aber es geht.

Ich seufze innerlich. Wie auch sonst.

Nach einer langgeschwungenen Serpentine sind wir schon fast wieder auf dem Niveau der oberen Seilbahnstation. Es fehlen nur noch einige besonders steile, vielleicht fünf Meter hohe Klippen, an denen sogar Leitern aus Stahl montiert sind.

Der Weg führt uns hier an den Rand des Tafelbergs. Es geht senkrecht hinunter wie an einem norwegischen Fjord. Nur dass dort unten nicht die Nordsee ist, sondern die blauen Buchten von Clifton und Camps Bay. Im Tal war die Vegetation noch hüfthoch, hier wachsen nur noch knöchelhohe Büsche. Ansonsten dominiert grauer Fels.

Wir passieren wieder den Diagonal Turnoff, diesmal am oberen Ende. Hier warnt ein Schild: ‚Warning. Dangerous Route.‘ Dieser Hinweis fehlte bei der Abzweigung der Route unten am Pipe Track. Scheinbar ist es abwärts gefährlicher. Kurz danach biegt rechts der Wanderweg durch die Platteklip Gorge, unser eigentlich vorgesehener Rückweg ab. Auch der soll abwärts gefährlicher sein als bergauf. Wir gehen weiter zur Seilbahnstation, und Erleichterung breitet sich in mir aus. Wir sind wieder unter Leuten. Wir sind in Sicherheit.

Eine letzte Klippe noch müssen wir emporklettern. Dazu gibt ein Geländer mit einer eisernen Kette beruhigende Sicherheit. Und dann stehen wir oben auf dem weitläufigen Plateau der Seilbahnstation. Es ist voller Menschen. Wir haben es geschafft. Wir sind nicht ausgeraubt worden. Und haben so halbwegs überlebt. Ich bin dermaßen erleichtert, dass ich überschwänglich rufe: „Wir haben es geschafft! Fühlt sich gut an, oder?"

„Mh-hm."

„Wir hatten Glück. Fast wären wir draufgegangen, aber nun ist es ja vorbei!"

„Mhm."

„Und was war das für eine Aufgabe, die wir hier zu erfüllen hätten?"

„Es hat mit dem Umgang mit Angst zu tun."

„Na, die hast du doch jetzt überwunden. Herzlichen Glückwunsch."

„Mh."

Ich finde seine Reaktion nicht ganz angemessen. Außerdem finde ich, dass er sich nicht richtig auf die Rückkehr in die Zivilisation einstellt. Schließlich ist die Besucherdichte hier oben sehr hoch. „Zieh' das Trägerhemd wieder an", zische ich. „Sonst lassen sie uns womöglich nicht in die Gondel!"

Er gehorcht. Das Shirt ist, Funktionsfaser sei's gedankt, mittlerweile schon wieder getrocknet.

„Und roll' diese dämlichen Strümpfe herunter, oder willst du dir auch noch Zöpfe flechten, Herrn Nielson auf die Schulter setzen und hier herumhopsen?"

Er tut es. Ich meine, er rollt die Socken herunter. Herumhopsen und Pipi Langstrumpf spielen tut er nicht. Obwohl es ihm zuzutrauen wäre.

Der Weg besteht nun nicht mehr aus Felsstufen. Man hat ihn sogar über eine Breite, auf der man komfortabel paarweise nebeneinander flanieren kann, geteert. Seitlich ist er mit Granitquadern eingefasst. Er führt als etwa zwei Kilometer langer Rundweg zu den schönsten Aussichtspunkten, und davon gibt es eine Menge. Die touristische Infrastruktur bietet hier oben ein volles Programm, und wir lassen uns davon ein wenig treiben. Informationstafeln zieren den Wegrand.

„Wow", sagt er, „hier oben hat man ja richtiggehend ein Stück Natur annektiert. Also mit Infrastruktur zugepflastert. Und schon ist die Stimmung eine ganz andere. Menschen verhalten sich wohl anders in einer Umgebung, die sie sich untertan gemacht haben."

„Kultivierter", meine ich und erwarte nicht, dass er mich versteht.

„Vielleicht. Dafür ist das Naturerlebnis distanzierter. So wie in einem Park oder beim Golf. Fünfhundert Meter weiter wiederum, und man ist in der Wildnis. Erstaunlich, wie nah die Grenze zwischen Zivilisation und Wildnis sein kann, manchmal sind es nur einige Meter von einer Straße oder nur fünf Minuten von einem Parkplatz."

Ich meine dazu: „Ich wünschte, ich könnte die Grenze zur Kultiviertheit nur einmal überschreiten. Aber ich komme ja nicht raus aus deiner Haut."

Eine Menge Leute sind hier unterwegs. Auf mich machen sie den Eindruck zufriedener, kultivierter Touristen. Sie sind entspannt und offen. Sogar so entspannt und offen, dass sie nicht einmal unsere Anwesenheit befremdet, dabei wirkt er in Höschen und Schuhbeutel wie den örtlichen Integrationswerkstätten entlaufen. Im Gegenteil, wir ernten viel Lächeln und Kopfnicken.

Eine Blondine in Jeans und knappem Top steht neben ihm an einem Schild und findet ihn aus welchen Gründen auch immer interessant. Sie will wissen, ob er hier hoch gelaufen wäre.

„Yep."

„Den ganzen Weg?"

„Soweit es ging."

„Wow", strahlt sie, und die beiden quatschen noch ein klein wenig.

Als wir weiterschlendern meine ich: „Recht attraktive Atmosphäre hier, oder?" Eigentlich hätte er sich ja auch mal die Telefonnummer geben lassen können.

„Mh-hm."

In einem Café kaufen wir uns einen halben Liter Wasser und leeren ihn auf der Stelle. Auf einer Terrasse davor findet eine Unternehmensveranstaltung statt. Ein paar Schritte weiter kann man sich an der Steilkante des Bergs abseilen. Wir verzichten und gönnen uns stattdessen noch einige attraktive Aussichten. Auf die Landschaft.

Der optische Horizont wird durch die Höhe des Betrachters bestimmt. Stehen wir in der Ebene, zum Beispiel am Strand, mit unseren Augen in etwa 1,6 Metern Höhe, können wir knapp fünf Kilometer weit schauen, bevor uns die Erdkrümmung die Sicht nimmt. Befinden wir uns in zehn Metern Höhe, sind es schon zwölf Kilometer bis zum optischen Horizont, in hundert Metern Höhe sind es vierzig Kilometer. Und hier, auf tausend Metern Höhe, beträgt die theoretische Sichtweite atemberaubende hundertzwanzig Kilometer. Wenn die Sicht gut ist (und das ist sie heute), kann man diese seltene Weite bis in den letzten Winkel ausloten. Aber die Weite wäre nicht die einzige Attraktion hier, meint er, sondern auch, was alles darin läge: eine faszinierende Stadt, Nationalparks, das Kap der Guten Hoffnung, zwei Ozeane...

„Und die zwei leicht bekleideten Veranstaltungs-Hostessen dahinten", ergänze ich und wedele mit dem Schwanz. „Warum an den optischen Horizont schweifen, wenn diese Bikinioberteile so nahe liegen? Ich glaube übrigens, die eine findet dich niedlich."

Die Seilbahnstation präsentiert sich, als hätte der Architekt keine Bauzeichnung abgegeben, sondern den Screenshot eines dreidimensionalen Tetris-Spiels kurz vor Game Over. Er geht daran vorbei.

„Hast du nicht etwas vergessen?", frage ich, als er sich langsam wieder von der Station entfernt.

„Ach ja." Er dreht um und schaut in der Station nach, was die Fahrt nach unten kostet. 75 Rand oder etwa 6 Euro. Das ist wirklich nicht viel.

„Okay, jetzt wissen wir das. Erst mal müssen wir wieder zurück zum Café", meint er, „wo es die Tickets gibt. Aber vorher beenden wir noch den Rundweg und schauen uns alle Aussichtspunkte an."

Ich wittere Ungemach. Der Ticketkauf scheint für ihn keine wirkliche Priorität zu haben. Ist das jetzt gerade ein Entscheidungsprozess? Das ist mir nicht ganz klar. Und falls ja, nach welchen Kriterien entscheidet er dann? Kosten können es nicht sein. Bequemlichkeit auch nicht. Vernunft schon gar nicht. Was ist es? Ich verstehe es einfach nicht. Aber mir schwant schon wieder Schlimmes. Ich erwähne noch einmal zur Sicherheit: „Du weißt schon, dass man davon abrät, die Platteklip Gorge hinabzulaufen? Zu steil, zu viele Stürze passieren dort. Selbst Colin, der Australier, hat davor gewarnt."

„Ich weiß." Er geht seinen Weg wie ein Bläschen im Champagner. Ein ganz offensichtlich schwules Pärchen kommt uns entgegen und grüßt ihn.

„Hey!", rufe ich. „Wir sind gerade am Café vorbeigelaufen! Wolltest du nicht ein Ticket für die Seilbahn kaufen?"

„Später. Erst mal gehen wir den Rundweg zu Ende." Er schlendert weiter. Unnötig zu erwähnen, dass uns der Rundweg wieder in die Nähe der Platteklip-Abzweigung führt. Hier und da plaudert er mit anderen Wanderern. Es scheint, als wären die meisten Touristen hier oben aus Deutschland.

Ein wenig später beschleicht ihn das Gefühl, dass wir hier oben nun alles gesehen hätten. Zufällig sind wir gerade in der Nähe der steilen Klippe mit der Kette. Er steigt hinunter. Dorthin, wo der Weg durch die Platteklip Gorge abzweigt.

„Was machst du da?“, frage ich streng.

„Nur mal reinschauen“, antwortet er und biegt ganz nonchalant in die Platteklip Schlucht ein.

Zu spät wird mir klar, dass ich auf die Salamitaktik hereingefallen bin. Scheibchenweise hat er sich an diesen Moment herangeschlichen. Bis Platteklip nur noch ein weiteres Scheibchen war.

Und plötzlich ist mir, als stürze ich schon in die Tiefe. Die Angst kommt zurück, stärker als zu Beginn dieser Tour. Denn dieser Weg hinunter ist auch ohne mögliche Überfälle gefährlich zu laufen. Einen Ausrutscher hat er sich schon geleistet, und das war auf ebenem Terrain. Hier abzurutschen hieße, tief zu fallen. „Sag mal, bist du jetzt völlig durchgedreht?“, hauche ich. „Du willst wirklich mit einem lädierten Knöchel diesen riskanten Weg hinunterlaufen?“

Er balanciert von Stein zu Stein. „Er hält sich doch ganz wacker, der Knöchel.“

Das tut er. Doch ein Fehltritt, und der Sturz wäre folgenreich. „Was soll dieser Mist?“, frage ich.

„Das ist die Aufgabe: Die Angst voll auf sich zu nehmen, mit allen Folgen, ohne ihr ausweichen zu wollen.“ Er wird leutselig. „Erst wenn wir allen Halt, alles Vertraute losgelassen haben, wenn wir den Sprung wagen, schaffen wir den Gang durch die Angst und gelangen auf der anderen Seite zu etwas absolut Großartigem. Das schrieb jedenfalls Kierkegaard.“

„Ganz erstaunlich.“

„Ja, nicht wahr?“

„Ganz erstaunlich, dass man ihm offensichtlich gestattet hat, etwas zum Schreiben mit in die Gummizelle zu nehmen. Und ganz erstaunlich, dass du daraus folgerst, wir müssten hier hinunterlaufen. Wir haben es doch schon nach oben geschafft. Reicht das nicht?"

„Wir müssen uns ständig neu bewähren. Und das tun wir jetzt."

„Und du glaubst diesen Kinderkram?", frage ich.

Wir stecken mitten in einer schmalen Schlucht. Ausblicke gibt es hier praktisch nicht. Der Weg bietet längst nicht die landschaftlichen Höhepunkte der Pipe Track / Kasteelpoort Kombination, dafür sind die Serpentinen noch enger und noch steiler.

„Glaubst du, du bist dazu verurteilt, frei zu sein?", fragt er mit großen Kulleraugen.

„Wer, ich? Nein. Ich bin eher dazu verurteilt, an dich gekettet zu sein, dich ständig ertragen zu müssen."

„Glaubst du, du bist ein Schweinehund, weil du dich zu einem Schweinehund gemacht hast?", fragt er und läuft mit angewinkelten Beinen, wie in einer halben Kniebeuge. Anders würde er das starke Gefälle auch nicht bewältigen können. Die Anstrengung für die Oberschenkel ist erheblich.

„Nein, sondern weil ja sonst keiner da ist", antworte ich.

„Dann fehlen dir wesentliche Voraussetzungen dafür, zu verstehen, was Kierkegaard meint. Mir übrigens auch. Und ich habe keine Ahnung, ob er Recht hat. Aber man kann ja immerhin einmal versuchen, es herauszufinden. Den letzten Schritt, den Gang durch die eigene Angst, wenn wir über unsere Grenzen getrieben den Sprung ins Ungewisse, ins Reich des Glaubens wagen, nannte Kierkegaard ‚Selbstmord der Vernunft'. Wer in diese Angst hineinspringe, wisse nicht, wer oder was ihn auffangen könne. Er könnte es höchstens glauben. Und so fänden wir den Mut zum Sein. Klingt doch spannend."

„Ah, zum ersten Mal verstehe ich deine Strategie“, nicke ich, denn bei mir ist plötzlich ein Groschen gefallen.

„Na, sehr schön. Unser auf kontinuierlichen Fortschritt fokussiertes Geschäftsmodell trägt eben selbst in schwierigen Märkten.“ Und schon ist er wieder neckisch gelaunt.

„Irgendwie gelingt es dir immer, mich zum Bert zu machen, während du der Ernie sein darfst.“

„Ernie? Bert? Bitte was?“

„Du weißt genau, was ich meine. Du rennst immer mit großen Stauneaugen durch die Welt, damit alle dich irgendwie süß finden. Für dich sind Dinge wichtig wie Quietscheentchen und Kekse. Oder meinetwegen auch Schuhbeutel und zusammengetackerte Satellitenbilder. Nur die Vernunft, die hast du vergessen. Und dann komme ich als Bert und muss die Augenbrauen mahnend bis zu den Schlappohren hochziehen. Und damit bin ich immer die Spaßbremse. Und dir, in deinem Wolkenkuckucksheim aus Verantwortungslosigkeit, sollen die Sympathien zufliegen, die mir gebühren. Das ist nicht fair. Ich möchte auch mal Ernie sein.“

„Wäre das nicht sozusagen deine natürlich vorgesehene Rolle?“

„Eigentlich schon, aber das geht nur so lange, bis man auf jemanden trifft, der noch mehr Ernie ist als man selbst. Dann wird man nämlich zum Bert.“

„Du hast mein vorgetäuschtes Mitleid.“ Er stößt mit der Fußoberseite an einen Stein. Es tut erstaunlich weh. Die Schuhe bieten außer dünnem Stoff an der Oberseite keinen Schutz.

Ansonsten wartet dieser Abstieg mit nichts auf außer der Gewissheit, dass das Unglück jede Sekunde über uns hereinbrechen kann. Einen schönen Ausblick gibt es nicht. Selbst wenn es ihn gäbe, die Konzentration auf den nächsten Schritt fordert die gesamte Aufmerksamkeit, so dass für Naturschwärmereien gar kein Platz wäre. So vergehen die Minuten; das Fortschreiten der Zeit macht sich höchstens durch ein zunehmendes Brennen in den Oberschenkeln bemerkbar. Der Knöchel hält. Noch.

„Ist das jetzt besser als die Seilbahn?“, frage ich. „Dort hätten wir jetzt 360-Grad-Panoramablick. Hier gibt es höchstens den Blick in die Abgründe deines Inneren.“

Er antwortet: „Die Seilbahn ist ein geschlossener, enger Raum. Ihr Rhythmus ist vorgegeben. Ihre Geschwindigkeit, ihre Richtung, das Warten in der Schlange davor. Mein Rhythmus ist das nicht. Hier dagegen sind wir offen und frei, können unserem eigenen Rhythmus folgen.“

„Das ist nicht die Antwort auf meine Frage.“

„Das ist die Antwort auf sehr viele Fragen.“

Er läuft. Die Oberschenkel brennen.

Ganz unvermittelt kommen uns in einer Kurve zwei kurvige Mädchen entgegen. Im Bikini. Immerhin tragen sie Wanderschuhe.

„Hi!“, sagen die beiden

„Hallo“, sagt er im Vorbeilaufen. Mir lacht er zu. „Marvin, wir machen uns Gedanken um mögliche Überfälle, und die beiden laufen hier im Bikini hoch!“

„Fühl’ dich deswegen nicht zu sicher“, warne ich. „Wer weiß, ob sie nicht gleich uns überfallen?“

„Hast du schon wieder Angst?“

„Ich glaube, mit diesem speziellen Angstgefühl könnte ich ausnahmsweise umgehen.“

Es ist schwer zu sagen, wie lange es dauerte, aber nach einiger Zeit sehen wir unter uns die Table Mountain Road. Noch über ein Bächlein, ein paar Serpentinen hinunter, und dann sind es nur noch wenige Stufen, bis wir die Platteklip Gorge hinter uns gelassen haben. Der Trail spuckt uns aus auf die Straße.

Er steht am Trailhead, schaut den Tafelberg hinauf und sieht in ihm plötzlich etwas anderes als vorher. Ein Symbol. Meint, es wäre nicht nur ein Berg gewesen, den er heute überwunden hat.

„Und was war jetzt höher, Marvin?", fragt er. „Der Berg oder die Angst?"

„Das ist doch gar nicht die Frage", blaffe ich zurück. „Die Frage ist doch: Wie hoch ist das Risiko wirklich gewesen? Und das werden wir nie herausfinden."

„Und was folgerst du daraus?"

„Das wir vielleicht nur verdammtes Glück gehabt haben."

„Und vielleicht ein klein wenig Mut zum Sein?"

„Höchstens Tollkühnheit ohne Verstand."

Wir müssen noch ein, zwei flache Kilometerchen laufen, dann sind wir bei der unteren Seilbahnstation, wo Taxen warten. Und unser Laufabenteuer ist endlich beendet.

Er findet, die Beine seien noch erstaunlich frisch.

Dazu meine ich: „Freu dich doch."

Er findet, in sportlicher Hinsicht wäre er noch nicht ganz ausgelastet.

„Schnauze. Da vorne sind die Taxen."

Und er steigt, durchgeschwitzt wie er ist, ins Taxi. Nennt dem Fahrer sein Hotel. Und zieht den rechten Schuh aus. Dem Taxifahrer bleibt auch nichts erspart, denke ich. Unter der Einlegesohle seines Schuhs fischt er einen 50-Rand-Schein heraus. Er ist komplett durchgesifft, so dass Herrchen den brühwarmen Lappen auf die Rückbank zum Trocknen legen muss. Zum Glück, denkt er, ist der Taxifahrer auch ein bisschen schmierig, dann würde es schon passen, wenn wir damit bezahlen.

„Nanu?", stutzt er dann. „Wir hatten hier doch drei Scheine reingelegt, oder?"

Jetzt ist jedenfalls nur noch einer drin. Verdenken kann ich es den anderen beiden Scheinen nicht. Wenn ich an ihrer Stelle gewesen wäre, hätte ich auch versucht, da irgendwie heraus zu kommen. Wir sind um eine Erfahrung reicher: Laufen auf Kohle ist ebenfalls ein Risiko. Der Platz unter der Zwischensohle eines Nike Free ist für Geldscheine wohl ungeeignet. Die zwei fehlenden sind vielleicht beim Umknicken im Echo Valley in die Freiheit entwichen. Wenn sie genauso durchweicht sind wie der übrig gebliebene, entwickeln sie wahrscheinlich gerade ein interessantes Eigenleben und machen so die Pflanzen- und Tierwelt da oben noch vielfältiger.

„Witzig oder?“, meint er. „Wir hätten die Seilbahn gar nicht nehmen können. Hätten wir uns nicht leisten können. Die hundert Rand waren gewissermaßen der Preis der Angst. Der Gegenwert von acht Euro in bar, in volatiler afrikanischer Währung, getränkt in Schweiß, entrichtet an das Nichts.“

***

Abends tauchen wir ab in die Business-Welt.

Nichts erinnert mehr an die Laufabenteuer um den Tafelberg. Laufwelt und Arbeitswelt sind strikt voneinander getrennt. Er fühlt sich entspannt und locker, keine Spur von Muskelkater oder Schmerzen in den Beinen. Den Knöchel merkt er kaum noch. Ein verschrammtes rechtes Knie und Sonnenbrand auf dem linken Trizeps, wo wir uns nicht ausreichend eingecremt haben, sind die einzigen Blessuren, die uns das Abenteuer eingebracht hat. Aber die werden vom Anzug verdeckt.

Wir betreten den Konferenzraum. Er tritt an den Tisch. Tauscht Begrüßungen und Blicke aus. Auch hier gibt es Elefanten, Leoparden und Bongo-Antilopen. Und vielleicht Wegelagerer.

Am Ende ist sein Einfluss auf der Konferenz eher unterdurchschnittlich. In einer Sache war er jedoch recht erfolgreich: Am nächsten Tag meinen drei seiner Kollegen, sie würden auch gerne auf den Tafelberg. Zwei davon tun es tatsächlich. Eine sogar zu Fuß. Wenn auch nur durch die Platteklip Gorge. Zurück nimmt sie dann die Gondel.

6. Pendeln: Diamantweg zur Arbeit

Man liest ja häufig darüber, wie grenzenlos und vielfältig sie sei, die Gedankenwelt des Menschen. Sie fülle Bände, Opernzyklen oder wäre das eigentliche Fundament grandioser Bauwerke.

Nachvollziehen kann ich das nicht ganz. Denn ich kenne nur Herrchens Gedankenwelt, und die gleicht eher einer Kuhwiese. Schmatzendes Wiederkäuen wird gelegentlich unterbrochen von nichtssagenden Muhlauten. Er würde sie Ideen nennen.

Eine davon bahnt sich gerade an. Hilfe!

Wir fahren nach der Arbeit mit der S-Bahn heim. Ein Ablauf ohne größere Überraschungen, es sei denn, man hat den MP3-Spieler auf Zufallswiedergabe eingestellt. Gerade hat er ihn nicht einmal in Gebrauch; stattdessen meditiert er stumpf vor sich hin und hat die Gedanken, die dabei auftauchen, auf Zufallswiedergabe gestellt. Gleich werden wir am S-Bahnhof in unser Auto steigen und den Rest der kurzen Strecke bis nach Hause fahren.

„Das ist so etwas wie das Gegenteil von Abenteuer hier", meint er. „Alltäglich, vorhersehbar, geregelt. Praktisch, aber langweilig."

Eine meiner wesentlichen persönlichen Schwächen ist es, ihn in solchen Momenten nicht einfach ignorieren zu können. So, wie er es mit mir macht. Liegt wahrscheinlich daran, dass ich versuche, ihn vor seinen eigenen Entscheidungen zu retten. Meistens merkt er das jedoch, und alles wird nur noch schlimmer. „Und was ist daran jetzt so schlimm?"

„Nichts. Nur dass es eben nicht abenteuerlich ist. Und dass wir so sehr auf Zivilisation angewiesen sind. Morgen lassen wir das Auto stehen."

Ich frage nach und bedauere es augenblicklich: „Und was dann?"

„Dann laufen wir die Strecke."

„Und setzen uns mit Joggingklamotten in die S-Bahn? Das können wir unseren Mitmenschen ja wohl kaum zumuten."

„Wieso S-Bahn?"

„Bittewas?"

„Wir fahren nicht S-Bahn."

„Aber..." Mir dämmert die Ahnung einer nahen Gefährlichkeit, die so gefährlich ist, dass ich sie lieber verdränge, als mich mit ihr auseinanderzusetzen.

Er schaut schelmisch.

Schließlich hauche ich entkräftet: „Du willst den ganzen Weg zur Arbeit laufen?"

„Natürlich."

„Durch... Über... Wie?", stammele ich. Wir wohnen an den äußersten südlichen Randbezirken der Stadt. Und arbeiten im Zentrum. Dazwischen liegen zwanzig Kilometer Wald, Moor, Industriegebiet, Hafen, Elbe und Innenstadt. „Das ist fast ein ganzer halber Marathon. An einem Tag."

„Fast ein ganzer, denn wir laufen auch zurück."

„Ein... zurück?" Meine Stimme ist so schrill, dass ich sie selber kaum wiedererkenne.

„Klar. Wenn schon, denn schon. Und es ist kein Marathon, zwischen Hin- und Rückweg ist ja Pause."

Ich kichere hysterisch. „Hihihi, Pause. Ich nenne es Arbeit. Beruf. Nicht Pause."

„Schau mal, Marvin", flötet er wie ein föhngeföntes Alpenmurmeltier.

„Was?", frage ich entsetzt.

„Ich muss dir etwas zeigen. Und zieh nicht so einen Tapirflunsch, es wird dir gefallen." Er schaut aus dem Fenster des Triebwagens. „Was genau sehen wir da?", fragt er.

„Ein Platzhalter Industriegebiet." Ich sage natürlich nicht ‚Platzhalter', sondern etwas anderes, das ich hier nicht wiedergeben möchte.

„Und wie sieht es dort aus?"

„Platzhalter."

„Kann sein. Eigentlich wissen wir das gar nicht. Aber wir finden es heraus. Wir laufen hindurch. Erleben es hautnah. Und dabei entzaubern wir diesen ganzen Zivilisationsmüll wie Auto und S-Bahn und zeigen, dass wir nicht auf ihn angewiesen sind."

„Na klar. Und dann entzaubern wir doch gleich noch Telefone, Elektrizität, sauberes Trinkwasser und das Internet. Und was wir sonst noch täglich nutzen."

„Selbstverständlich."

„Selbstverständlich was?"

„Wir nutzen es, als wäre es selbstverständlich."

„Selbstverständlich."

„Jedenfalls tun wir so. Aber was wäre, nein, was wären wir, wenn wir darauf verzichteten?"

„Bescheuert?", biete ich an.

Dann fangen seine Augen an zu funkeln. „Wir können es, Marvin! Wir unterlaufen sie, die Routine. Wir mystifizieren sie, die Selbstverständlichkeit. Die Zivilisation kann uns mal am Platzhalter lecken."

Genau dorthin würde ich ihn gerne treten, aber das änderte wohl auch nichts.

„Das ist doch jetzt wieder völlig sinnlos", seufze ich.

„Im Gegenteil. Laufen intensiviert unsere Wahrnehmung. Und darum geht es: Wenn wir unserer Umwelt mit erhöhter Aufmerksamkeit begegnen, werden wir selbst auf dem Weg zur Arbeit Aufregendes entdecken. Bisher ist uns jede Landschaft, die wir durchlaufen haben, hinterher ans Herz gewachsen. Ist doch logisch, dass wir das mit unserem Arbeitsweg auch tun sollten!"

Ich schaue auf die Schlote einer riesigen Raffinerieanlage, die morgen auf unserem Weg liegen wird, und frage mich, wie dort irgendetwas ans Herz wachsen kann, was nicht pathologisch ist. Da zu laufen muss ähnlich belebend sein wie die Blutspende einer britischen Soul-Diva.

Er fährt fort: „Jeden Tag sitzen wir 22 Minuten in der S-Bahn. Eine Fahrt. Das sind im Jahr locker 150 Stunden. An wie viele davon kannst du dich noch erinnern?"

„An diese hier bestimmt sehr lange…"

Er diktiert: „Die Erinnerung an Lauferlebnisse ist stark. Weil intensiv. Und gleichzeitig sind wir unserer Umgebung gegenüber offener und ausgeglichener. Freundliche Aufmerksamkeit, darum geht es. Mit freundlicher Aufmerksamkeit diese Gegend anzunehmen, wie sie ist. Ohne Wertung. Wir werden sie neu erfahren und mit wohlgemuten Assoziationen aufladen." Gezeichnet: Herrchen. Vor Diktat verblödet.

„Der Arbeitsweg als Pfad zur Erleuchtung? So einen Humbug habe ich ja noch nie gehört."

„Seneca sagte: ‚Per aspera ad astra.' Nur über raue Pfade gelangt man zu den Sternen. Und in unserem Fall heißt das, wir üben uns in der hohen Kunst, freundlich und aufmerksam in dem zu verweilen, was ist."

„Bei den gewaltigen Mengen an Kohlendioxid, die morgen auf uns warten, sollten wir uns eher in der hohen Kunst der Photosynthese üben", seufze ich. „Sauerstoff könnte nämlich knapp werden."

Und so klingelt der Wecker am nächsten Morgen gut anderthalb Stunden früher als gewohnt. Und statt in den Anzug schlüpfen wir in Outdoor-Shorts (wegen der vielen praktischen Taschen für Brieftasche und Schlüssel), Laufshirt und Softshelljacke.

Wann wir morgens aus der Haustür treten, ist sonst durch den Fahrplan der S-Bahn vorgegeben. Heute gibt es keinen Fahrplan, ‚HVV' bedeutet heute nicht ‚Hamburger Verkehrs-Verbund', sondern ‚Herrchen verliert Verstand' oder meinetwegen auch ‚heillos verrücktes Vorhaben'. Jedenfalls, anstelle der Bahn nehmen wir die Beine in die Hand und laufen los.

„Meinst du, die Beine sind heute pünktlich?", fragt er dämlich.

„Wenn sie nicht streiken."

Es ist ein sonniger Maimorgen. Noch etwas kühl, aber voller Grün und Vogelgezwitscher. Nur die Kiefernwipfel strahlen rot im Licht der aufgehenden Sonne und werden gekrönt von dem fast vollen Mond direkt darüber. Ein hübscher Anblick. Wahrscheinlich der einzig hübsche heute. Denn hier, einige hundert Meter weit im Hamburger Staatsforst, gibt es noch intakte Natur. Aber wenige Kilometer weiter wird sich das dramatisch ändern.

Wir laufen durch unser Wohngebiet, das noch nicht wirklich erwacht ist. Die Chance wäre höher, Wildschweine zu sehen, die Mülltonnen leer fressen, als Anwohner. Anwohner generell, meine ich. Nicht etwa Anwohner, die Mülltonnen leer fressen.

Er läuft und testet seine Fähigkeiten zur freundlichen Aufmerksamkeit an Anblick und Geruch des frischen Blattgrüns um uns herum. Findet es herrlich und meint, das mit der Aufmerksamkeit und der Meditation und so wäre ja gar nicht so schwer.

Nach wenigen Minuten erreichen wir die Bundesstraße, die gleichzeitig das Ende des Waldes markiert. Er missachtet mit freundlicher Unaufmerksamkeit die rote Fußgängerampel und die Tatsache, dass ‚Brumm' hier Vorfahrt hat vor ‚Ommm'. Meditation im Straßenverkehr ist vielleicht keine ganz glückliche Idee. Hoffentlich werden wir nicht von einem Opel Mantra überfahren.

Zum Glück müssen wir hier nur wenige Meter laufen, bevor wir uns in eine Unterführung versenken. Sie führt uns unter den Gleisen der S-Bahn hindurch.

Am tiefsten Punkt stören wir einen Grafitti-Sprayer. Eigentlich stören wir ihn nicht wirklich; ungerührt arbeitet der schwarzgekleidete Jugendliche weiter am ‚c' von ‚Fuc'. Dunkle, lange Haare und allerlei Ketten und sonstiges Material baumeln an ihm herum.

Herrchen quillt über vor freundlichem Einfühlungsvermögen und säuselt: „Wem er mit diesem Kunstwerk wohl huldigen will? Heißt seine Liebste vielleicht ‚Fuchsia'?". Nicht einmal er kann so bescheuert sein, ich führe seinen Realitätsverlust auf das Aerosol aus der Spraydose zurück.

„Willst du jetzt alles anhimmeln, was wir unterwegs so sehen?", frage ich.

„Wieso?"

„Weil viele Dinge in deinem Umfeld mehr freundliche Aufmerksamkeit verdienen als diese Platzhalter Unterführung. Ich zum Beispiel."

„Du hast doch einen hohen Teil meiner Aufmerksamkeit. Nur so habe ich dich an der Leine."

„Danke, sehr aufmerksam", maule ich. Nach einigen Minuten stutze ich dann aber doch. „Moment: Wolltest du mir gerade sagen, dass du mich beobachtest?"

„Na klar."

„Was genau meinst du denn damit?"

Wir laufen mittlerweile durch Wohngegenden, die im Norden an ein Moor grenzen. Er geht nicht auf mich ein, sondern sagt: „Obwohl wir ganz in der Nähe wohnen, sind wir hier noch nie gewesen. Ist doch eigentlich ganz nett hier."

„Ich glaube nicht, dass diese 30er-Zone demnächst zum Weltkulturerbe ernannt wird", entgegne ich. „Und wie war das jetzt mit dem Beobachten?"

„Ach, das findest du schon noch heraus. Jetzt stör mich nicht, ich möchte mich mit freundlicher Aufmerksamkeit auf den Moment konzentrierten."

Jetzt stör mich nicht, jetzt stör mich nicht, was sind das denn für Töne? „Nein, ich will das jetzt wissen: Wieso beobachtest du mich?"

„Ich befasse mich gerne mit dir, du bist unterhaltsam. So, und jetzt gib Ruhe."

Unterhaltsam?! Das kommt ja gleich nach ‚voller Furunkel'! Ich spüre, da steckt mehr dahinter, als er mir sagen will und nehme mir vor, dieses Thema nicht aus den Augen zu verlieren.

Fürs Erste kommt uns in einer ruhigen Wohnstraße ein Mann entgegen, der einen Rottweiler an der Leine führt. Er schaut etwas grimmig drein, der Rottweiler. Sein Herrchen auch.

Meins arrangiert sein Gesicht zu seiner Interpretation eines herzensgütigen Grußes und versucht dabei, so auszusehen wie der Dalai Lama, scheitert aber in jeder erdenklichen Hinsicht. Nicht mal der Rottweiler beachtet ihn.

Eine Schotterstraße verschafft uns Zugang zum Moorgebiet. Hier laufen wir parallel zu einer Hauptverkehrsstraße in etwa dreihundert Metern Entfernung. Trotzdem ist es ruhig, und man hört eher Bremsen summen als quietschen.

„Ach", meint er, „die armen Leute, die da hinten fahren und gar nicht wissen, dass hier so ein hübsches Moor ist."

„Ach", antworte ich, „die armen Orientierungslosen, die hier laufen und ignorieren, dass da hinten eine S-Bahn ist."

Es kommt von hinten ein Auto angefahren. Diese eine Fahrerin weiß wohl, dass hier so ein hübsches Moor ist und nutzt diese Kenntnis schamlos aus. Mit recht hoher Geschwindigkeit nagelt sie an uns vorbei und hinterlässt als freundliche Aufmerksamkeit Dieselgestank und jede Menge Staub. Den dürfen wir jetzt heiter und bewusst weginhalieren.

„So ein Mist!", flucht er auffallend disharmonisch.

„Auf Asphalt wäre das nicht passiert." Ich habe Recht, doch sein inneres Gleichgewicht bringe ich damit gerade nicht ins Lot.

Er hustet noch, als wir bereits die T-Kreuzung erreichen, an der wir rechts Richtung Moorburg abbiegen müssen. Dort verläuft parallel zu einem Autobahnzubringer ein geteerter, aber für Kraftfahrzeuge gesperrter Weg.

Entsprechend stabilisiert sich sein Gemütszustand wieder. So empfindet er den Anblick eines kleinen Teiches mit Inselchen und einem Schwan als idyllisch. Wolkenlos und klar spiegelt sich der Himmel auf der glatten Wasserfläche. Dass wir uns hier unmittelbar neben einer Autobahnauffahrt und quasi unter der A7 befinden, scheint ihn nicht weiter zu stören. Ein klarer See mit spiegelglatter Oberfläche gekrönt von blauem Himmel, meint er, sei sein Gemüt. Ein schönes Bild.

„Du bist dir schon im Klaren darüber, dass das hier ein Absetzteich ist?“, sage ich. „Und dass sein Grund vollkommen klärschlammverseucht ist?“

„Und darf er deswegen keine heitere Ruhe ausstrahlen?“

„Ich bin sicher, er strahlt noch eine Menge anderes aus.“

Links von uns erstreckt sich eine flache, feuchte Spülfläche. Das hat den Vorteil, dass man den unverbauten Blick genießen kann auf ein riesiges Umspannwerk, das dort Akzente in Sachen Elektrosmog setzt. Zum Glück kann man Feldstärke nicht spüren und Flussdichte nicht hören. Sonst hätten wir hier besseren Techno-Beat als auf der Love-Parade. Wahrscheinlich kann man an dieser Stelle allein mit einer Kompassnadel im Glas Frozen Margaritas pürieren. Wie eine Luftschlangenmaschine schießt das Gebilde Hochspannungsleitungen in die Landschaft.

Er meint, es sei beeindruckend, dass die Natur selbst unter diesen Bedingungen ihre regenerative Kraft entfalten könne, so dass hier Gräser, niedrigwachsende Pflanzen und einige Birken gediehen.

„Das sind keine Birken“, korrigiere ich, „sondern entblätterte Pappeln, denen die Rinde abgefallen ist.“

Jedenfalls sind die Bedingungen für pflanzliches Gedeihen wirklich nicht besonders gut: Eine Spülfläche ist nichts weiter als eine Deponie für schwermetallhaltigen Elbschlick, der nach einer Elbvertiefung irgendwo hingepumpt werden muss. Über ein Netz von Gräben wird er entwässert, um ihn nach einigen Jahren bepflanzen zu können.

„Dahinten ist sogar Ackerland", freut er sich. „Was für ein optimistisches Signal."

„Es stimmt mich auch froh. Denn der Salat, der da wächst, dürfte so bleihaltig sein, dass du ihn auf zwölf Volt aufladen und damit Starthilfe geben kannst."

„Okay, genug davon. Konzentrieren wir uns auf den Moment. Sehen, hören, riechen, Empfindungen, Gedanken."

Das ist einfach. Ich sehe, dass wir unter einer gewaltigen Hochspannungsleitung hindurch laufen. Links von uns steckt ein Stockentenerpel seinen Kopf in das kakaoklare Wasser eines Drainagegrabens. Oder bekommt ihn wegen verbleiter Entengrütze im Schnabel nicht mehr an die Oberfläche gezogen. Die Geräuschkulisse ist eine relativ einmalige Mischung aus Hochspannungsknistern, Vogelgezwitscher und Rasern auf der A7 im Rücken. Riechen tut es hier wie in einem zu langen Schnorchel. Meine Empfindungen sind ein Wechselbad aus Angst, Unglaube und genereller Verachtung für das Leben, und meine Gedanken kreisen um Flucht, Ohnmacht und Mord. Kurz, ich komme mir vor wie ein Schiedsrichter bei einer Partie Sanatoriumsfußball. FC Amok-Saufen gegen Lokomotive Triebtat. Und worin liegt da jetzt der Sinn?

„Und", fragt er, „spürst du schon, wie positiv wir diesem Gebiet plötzlich gegenüber stehen?"

„Nein."

„Ich auch nicht. Kommt wahrscheinlich noch." Er bleibt zuversichtlich.

Wir kurven um ein Birkenwäldchen (es ist tatsächlich ein Birkenwäldchen) und laufen auf das Stadtteildörfchen Moorburg zu. Das heißt zum einen, dass wir auf eine Straße treffen, auf der Autos fahren dürfen. Zum anderen heißt es, dass sie es auch tun. Ein schwerer Kipplaster eines ortsansässigen Baustoffhändlers rumpelt uns entgegen. Weil es hier keinen Bürgersteig gibt und wir auf der linken Straßenseite laufen, brauchen wir uns gar nicht sehr angestrengt zu konzentrieren, um ihn intensiv erleben zu dürfen.

„Urx", hustet er. „Der hat offensichtlich keinen Rußpartikelfilter."

Nanu, zieht da etwa eine kleine Welle von Irritation über die spiegelglatte Oberfläche seines freundlichen Gemüts?

Der Laster ist vorbei und gibt den Weg frei für die nächsten 300 Meter der Straße. Drei baugleiche 38-Tonner des gleichen Unternehmens fahren dort in unsere Richtung, ein vierter biegt gerade weiter hinten um die Kurve. Um es kurz zu machen, eine Kolonne von insgesamt zehn Lastwagen donnert an uns vorbei und stürzt in seinen kristallklaren Gemütssee wie eine Horde verdauungskranker Elchbullen mit Darmdruck.

Ich habe Mitleid mit ihm und versuche, ihn zu trösten. „Weißt du, dass Meditationskünstler in der Lage sind, ihre Konzentration so weit zu schärfen, dass sie bei einer Fernsehübertragung die Einzelbilder wahrnehmen können, aus denen die Sendung zusammengesetzt ist? Wenn wir jetzt ganz freundlich und aufmerksam sind, schaffen wir es vielleicht, in den Dieselabgasen einzelne Komponenten wie Kohlenmonoxid, Stickstoffoxide, Schwefeldioxid und Schwefelsäure herauszuschmecken. Rußpartikel können wir ja schon."

Fast habe ich ihn soweit, dass er mir ein herzhaftes ‚Schnauze, du Platzhalter!' entgegenbrüllt, doch er schafft es, sich wieder zu fangen. Das Gefühl, sein kleiner Gemütssee wäre gerade schwer kontaminiert worden, bleibt allerdings.

„Und jetzt beobachten wir ein wenig dieses Gefühl", keucht er noch etwas atemlos vom dauernden Luftanhalten.

„Beobachten?", frage ich. „So wie du mich beobachtest?"

„Genau so."

„Und dann?"

„Dann benennen wir es mehrmals hintereinander."

„So wie: ‚So ein Platzhalter Platzhalter nochmal'?"

„Eher wie: ‚übel, übel'. Und dann wird es sich abschwächen und verschwinden."

„Und mit so einem lächerlichen Quatsch hast du mich an der Leine? Das ist ja ‚übel, übel'."

„Wer redet denn hier von dir?"

„Ich. Du benennst mich also so lange als ‚übel, übel', bis ich verschwinde?"

„Nein, natürlich nicht. Oder jedenfalls nicht mehr. Mittlerweile kann ich dich auch ohne solche Hilfsmittel ganz gut einschätzen."

„Was soll das denn jetzt schon wieder heißen?"

„Jetzt gib doch mal endlich Ruhe mit diesem Thema. Das lenkt mich ab."

‚Übel, übel' wiederholend läuft er also in Moorburg ein. Hoffentlich treffen wir keine Bewohner, die ihn hören können. Die Straße Moorburger Kirchdeich ist gesäumt von hübschen kleinen Villen mit gepflegten Gärten. Es gibt ein Gasthaus, eine Pension und einen Kinderspielplatz.

Hier hören wir zum ersten Mal den Klang der Apokalypse. „Bang!", schallt es metallisch und so laut, dass der Boden unter uns erzittert.

„Was ist das denn?", erschreckt er sich. Ich halte ihm zugute, dass er nicht ‚laut, laut' murmelt und darauf wartet, dass das Geräusch verschwindet.

Es verschwindet auch nicht, sondern wiederholt sich etwa alle fünf Sekunden. Was es ist, ist unklar, aber es klingt, als hätte Mutter Erde alle Schwermetalle der Spülfelder zu einem gigantischen Türklopfer zusammenlegiert, diesen an das Tor zur Welt gehängt und begehre nun Einlass, um uns ihre Auffassung von ‚übel, übel' darzulegen.

Dieser Höllenklang versetzt die dörfliche Romantik Moorburgs im wahrsten Wortsinn in Erschütterung. Und wir kommen ihm näher.

Wir laufen einen Deich hinauf und erreichen eine Hauptstraße, die uns zur Kattwykbrücke führt, einer Hubbrücke über die Süderelbe, die auch für Fußgänger zugänglich ist. Hier haben wir etwas mehr Ausblick und sehen prompt die Quelle des infernalischen Hämmerns.

Ein in Leistungs- und Kohlendioxid-Ausstoß führendes europäisches Energieunternehmen errichtet derzeit bei Moorburg ein neues Steinkohlekraftwerk. Dort verwandelt es natürliche Ressourcen in Strom und verpestete Ressourcen. Drei hohe Betonpfeiler mit quadratischem Querschnitt ragen in den Himmel, als entstünde hier eine Version von San Gimignano als Vorhof zur Unterwelt. Hier hat das „Bang!" seinen Ursprung. Was genau dieses Geräusch verursacht, ist weiterhin unklar.

„8,5 Millionen Tonnen Kohlendioxid wird dieses Kraftwerk im Jahr in die Luft pusten, wenn es fertiggestellt ist", meint er. „Das ist mehr als der gesamte Straßenverkehr Hamburgs zusammen."

„Müssen wir das jetzt wieder mit ‚übel, übel' benennen?"

„Auf jeden Fall müssen wir es wohl oder übel hinnehmen. Wie vieles andere auch. Um Hawaii herum gibt es am Grund des Pazifiks einen riesigen Teppich aus Plastikmüll, der so groß ist wie Zentraleuropa. Entsetzlich, oder? Und niemand will so richtig wissen, wie er entstanden ist."

„Vielleicht ist das der Ort für Seebestattungen gewisser Ex-US-Präsidentengattinnen?"

„Och Marvin, das ist echt unmöglich."

„Jetzt bin ich aber ‚beleidigt, beleidigt'."

Auf dem Bürgersteig vor der Kattwykbrücke liegt ein Kaninchenkadaver. Offensichtliche Verletzungen weist er nicht auf. Die Todesursache ist ein Rätsel und spricht für unbekannte Gefahren, die hier lauern. Kein gutes Omen, wo wir jetzt ins Hamburger Hafengebiet vorstoßen. Eine Gegend, in der man nur etwas zu suchen hat, wenn man Containerschiff, Sattelzugmaschine, Tankwagen oder Güterzug ist. Läufer sind da eher Exoten.

Wir entern dieses Areal über die Kattwykbrücke. Wenn ihr anfälliger Hubmechanismus nicht gerade gewartet wird oder in Betrieb ist, um Schiffe hindurch zu lassen (was ab 8.00 Uhr morgens regelmäßig alle zwei Stunden passiert), können hier Autos und Güterzüge die Süderelbe überqueren. Und Fußgänger. Die Brücke ist frei. So ein Glück. Hätten wir sie hochgezogen vorgefunden, wäre er womöglich auf die Idee gekommen, die Elbe zu durchschwimmen.

Von der Brücke aus hat man einen ungehinderten Blick auf das Altenwerder Containerterminal, das laut Betreiber eines der modernsten der Welt ist. Mit 1.400 Metern ist die Kaimauer länger als die Reeperbahn, steht aber ebenso für die Erleichterung von Entladevorgängen bei gleichzeitiger Optimierung von Liegezeiten. Dahinter breitet sich genau ein Quadratkilometer Spülfläche für Warenströme aus. Damit ist das Containerterminal mehr als doppelt so groß wie der Vatikan, aber statt Apostel Paulus liegt hier der ehemalige Stadtteil Altenwerder begraben, der im Zuge der Hafenerweiterung unter die Reeder geriet. Heute befördern dort von 12.000 Transpondern gesteuerte, unbemannte ‚Automatisch Geführte Fahrzeuge' Container auf sekundengenau berechneten Routen.

„Ein Kunstwerk der Logistik, ein Symbol für den ökonomischen Vortrieb", schwärmt er.

„Was, das Terminal?"

„Nein, unsere Beine. Wir sind jetzt fast zehn Kilometer gelaufen, hauptsächlich auf Asphalt, aber sie sind noch frisch dabei." Auch nicht verkehrt. Statt sich von der Umgebung beeinflussen zu lassen, delektiert er sich an sich selbst. „Wenn wir uns selbst glücklich schätzen, können wir auch unserer Umgebung gegenüber positiver eingestellt sein", meint er dazu.

„Ich schätze mich auch glücklich", seufze ich. „Denn schätzte ich mich nicht glücklich, steckten wir hier trotzdem metertief in der Platzhalter."

An die Kattwykbrücke schließen sich 1.400 Meter tiefster Asphaltdschungel an, der hier Kattwykdamm heißt. Alle paar Sekunden dröhnen Lastwagen an uns vorbei. Links zollt ein Öllager Tribut an die Ästhetik des Güllebeckens. Zumindest optisch, vom Geruch her wäre das ein diffamierender Vergleich. Aus Sicht des Güllebeckens. Mag auch sein, dass die nahe Ölmühle noch die ein oder andere Aromanote beisteuert. Der Weinpapst Hugh Johnson würde sich vielleicht so ausdrücken: ‚Komplexe Duftschattierungen voller exotischer Pikanz, nach organischen Feuchte-Nestern und saftiger Schweinemast-Abluft, gutes Säurespiel mit enorm langem Schwefelwasserstoff-Finale.'

Rechts winden sich endlose Darmschlingen von Raffinerierohren, die am Ende langer Kaminschlote flammendes Methan in den Morgenhimmel gasen. Die Luft ist nicht zum Schneiden, aber löffeln könnte man sie wohl.

Und wir mittendrin am Meditieren.

Er konzentriert sich auf seinen Atem, oder, wie sein Buch *Meditation für Anfänger* es formulieren würde, auf ‚die Frische hinten an der Kehle' und murmelt dann: „Stell dir einfach vor, dass hier eine freundliche Seele für uns Räucherstäbchen angezündet hat."

Räucherstäbchen? Mit der delikaten Dioxin-Duftnote? Dem belebenden Benzol-Bouquet? Das ist ja wohl das allerdämlichste Beispiel für Positivdenken, das ich jemals gehört habe. Denn über seinem elchbullengeschändeten Gemütssee hängen mittlerweile dicke, schwarze Rauchwolken.

Am Ende des Kattwykdamms biegen wir links ab. Die Gegend wird nicht unbedingt besser. Offensichtlich orientiert sich der hiesige Bebauungsplan stilistisch an der Formensprache albanischer Bunkerkonstruktion. Hier kommen Güterzüge als weitere Lärm- und Qualmquellen hinzu.

„Durch solche Gegenden kommt man ja sonst eher selten", meint er.

„Das ist in diesem Fall auch völlig berechtigt."

„Wer oder was lässt sich hier wohl nieder?", fragt er.

„Kali", lese ich auf einem Schild.

„Kali?", fragt er. „Die hinduistische Göttin des Todes und der Zerstörung? Im Industriegebiet? Marvin, wie tiefgründig! Du hast Recht. Kali ist die Gattin von Shiva, der männlichen Gottheit, beide sind das Elternpaar des Universums. Wie Leben und Tod, wie Shiva und Kali bilden Natur und Industriegebiet eine untrennbare Einheit. Ohne Zerstörung ist keine Erneuerung möglich. Hindus sehen Kali sogar als Beschützerin, als göttliche Mutter Kalima, die negative Kräfte und Ungerechtigkeit zerstört und den Geist befreit."

„Was für ein bescheuertes Gefasel. Ich meine natürlich Kalium, die Gattin von Chlorid, beide sind das Elternpaar landwirtschaftlich genutzter Düngemittel. Links ist der Kalikai und riesige Kalispeicher. Und da vorne ein Schild der Kali Transport GmbH. Ich nehme mal an, das ist nicht Shivas Taxiservice."

„Uh."

Er trottet einige Minuten lang schweigend weiter, bis seine Aufmerksamkeit von etwas in Anspruch genommen wird. „Nanu", sagt er, „ist das etwa das, was ich denke?"

„Ein ‚Jucken im Schritt, Jucken im Schritt'?"

„Nein, dieser graue Betonklotz da hinten. Ich glaube, das ist ein Getreidespeicher."

Es ist ein Getreidespeicher.

„Inmitten dieser Benzindämpfe hier?" Er klingt eher entrüstet als freundlich aufmerksam.

„Da kriegt das Wort Puff-Reis doch gleich eine neue Bedeutung", kalauere ich.

Gleich hinter diesem Duftreislager liegt eine weitere Brücke auf unserem Weg: die Rethe-Hubbrücke. Ihr Name klingt ein wenig nach Großmutter aller Hubbrücken – und genau so sieht sie auch aus. Wahrscheinlich werden die Zahnräder ihres Getriebes mit Corega Tabs gereinigt. Wir schaffen es ohne Gehhilfe hinüber.

Direkt dahinter schließt sich aus unerfindlichen Gründen eine laaaange Schlange Lkws an, die dort auf unserer Straßenseite stehen und sich keinen Millimeter fortbewegen. Wir laufen. Die Lkw-Motoren auch. Die Luft ist schlechter als in einer vollbesetzten mazedonischen Kellerkneipe.

Aus aller Herren Ostblockländer haben sich die Fahrer hier zusammengefunden. Manche sind ausgestiegen und halten ein Schwätzchen. So wird der Bürgersteig zu einem Laufsteg für Brummifahrerfunktionsklamotten: atmungsaktive Feinripp-Unterhemden mit großzügigen Ventilationsbereichen an Achsel und Bauchmitte, Trainingshosen, deren reflektierende Handflächen-Hygienezonen für höchsten Tragekomfort und funktionelles Design stehen und eine Körperbehaarung, die auch bei Minusgraden noch die optimale Balance zwischen Wetterschutz und Klimakomfort gewährleistet.

Wir verstehen zwar keine osteuropäischen Idiome, aber die beredte Körpersprache der Kollegen ist eindeutig. Ich denke mal, wir fallen in ihren Augen in die Kategorie Gefahrgut, ätzende Stoffe mit Reizwirkung.

Wie mit dem Auspufftopf gepudert laufen wir an der Parade vorbei. Nach einigen hundert Metern passieren wir die Grenzkontrollstelle am Neuhöfer Damm und betreten den Freihafen. Kein Zöllner beachtet uns oder hält uns gar an. Anscheinend fallen wir nicht in ihr Beuteschema. Muss ich mir merken. Könnte einmal nützlich werden.

An den Neuhöfer Damm schließt sich der zweispurige Rossdamm. Hier entlang führt kein Bürgersteig oder Radweg, dafür aber zwei mit schwerlastigem Straßenverkehr überfrachtete Fahrspuren. Auf dieser Güterverkehrspipeline zu laufen wäre lebensgefährlich. Zum Glück versteckt sich daneben eine Parallelstraße, auf der wir laufen können. Sie dient als Zufahrt zu den Unternehmen, die sich hier aus nicht direkt ersichtlichen Gründen an den Ufern des Elbarms Reiherstieg angesiedelt haben.

Als wir fast bis an ihr Ende gekommen sind, sehen wir einen hohen Zaun, der sie vor uns komplett abriegelt. ‚Platzhalter, Platzhalter', flucht er, bemerkt aber sofort seinen Fauxpas, begibt sich auf die meditative Metaebene und wiederholt stattdessen ‚denken, denken'. Gleich danach etwas hektischer ‚planen, planen'.

Und erreicht schließlich zum ersten Mal auf dieser Tour einen Zustand kompletter geistiger Leere. Man könnte es natürlich auch geistige Lähmung nennen.

Als wir näher heranlaufen, sehen wir zum Glück, dass auf der rechten Seite des Zauns eine Pforte geöffnet ist. Hier können wir hindurchschlüpfen.

Hinter der Pforte wurschteln wir uns unter Brücken und an einer Polizeistation vorbei und stehen schließlich wieder vor einem Zaun. Diesmal gibt es keine Pforte, sondern ein breites Tor. Das ist jedoch verschlossen. Hinter dem Zaun verlaufen eine Menge Gleise.

Was nun, fragt er sich.

„Rechts von uns ist eine Unterführung. Die sollten wir nehmen“, biete ich an.

„Wer weiß, wo die hinführt.“

Er schaut nach rechts. Dort scheint eine Möglichkeit zu sein, durch den Zaun zu schlüpfen. Auch auf der gegenüberliegenden Seite könnte es möglich sein.

„Denk nicht mal dran“, sage ich. „Was ist, wenn ein Zug kommt?“

Er denkt nicht nur daran, er setzt seinen verkorksten Gedanken auch in die Tat um. Schlüpft rechts durch den Zaun und schaut sich vorsichtig nach Zügen um. „Gilt das Gebot der rechten Fahrspur eigentlich auch für Züge?“, fragt er.

„Das kann doch jetzt nicht wahr sein, oder?“, wimmere ich und ziehe mir die Bauchdecke über die Ohren.

Er marschiert über die Gleise. Rechts von uns ist eine uneinsichtige Kurve. Dahinter rumpelt etwas. Plötzlich zerreißt eine markerschütternde Höllenfanfare die Luft. 120 Dezibel sind für das menschliche Ohr die Schmerzgrenze. Das Signalhorn einer Diesellokomotive erreicht mit über 130 Dezibel etwa den Schalldruck eines Pistolenschusses in Ohrnähe, ist nur wesentlich durchdringender. Nur wen dieses Geräusch jemals unmittelbar nah und unvermittelt ereilte, kann nachvollziehen, wie brutal der Übergang von freundlicher Aufmerksamkeit zu bösartiger Schockstarre wirklich sein kann.

Ein eisiger Hagelschauer von Adrenalin prasselt durch unseren Körper. Mein Leben zieht so schnell an mir vorbei, das ich nicht mehr hinterherkomme. An die nächsten Augenblicke kann ich mich beim besten Willen nicht mehr erinnern. Von einer Sekunde auf die andere hängen wir auf der gegenüberliegenden Seite der Gleise in den Maschendrahtzaun gekrallt. Hinter uns rumpelt ein Güterzug vorbei. Irgendjemand scheint etwas zu rufen.

Sein Gemütsweiher ist, pardon, im Platzhalter. Diese tonnenschwere Güterlokomotive ist gewissermaßen von der Reiseflughöhe des Ozonlochs dort eingeschlagen, so dass der Morast bis in den Himmel spritzte. Nun ist die spiegelglatte Idylle ein geologisch instabiler Klärschlamm-Krater und strahlt die heitere Ruhe einer Slumkloake aus.

Er weiß gar nicht, was er zuerst benennen soll, Herzrasen, Bluthochdruck, Zittern, Hyperventilieren oder Kieferstarre. Sich jetzt auf seinen Atem zu konzentrieren, wäre, als versuche man, eine fliehende Wüstenspringmaus im Fadenkreuz eines Zielfernrohrs zu halten.

Irgendwann zwängen wir uns durch den Zaun und laufen mit wackeligen Knien weiter. Würden wir einen Pulsgurt tragen, hätte die dazugehörige Uhr eben einen neuen Rekordwert beim Maximalpuls registriert. Jetzt ist es schon etwas besser, auch wenn unser Herzschlag immer noch Free Jazz improvisiert und unser EKG als Tageschart des DAX zum ‚Hexensabbat' durchgehen könnte. Langsam quetscht sich das Blut wieder in die vom Schock verengten Kapillaren und schwemmt saures Laktat durch die Muskeln.

Wir sind auf dem Reiherdamm, der Zielgeraden zum Alten Elbtunnel. Von hier aus sieht man schon die Türme der Stadt, ein schöner Anblick.

„War das eben eigentlich lebensgefährlich?", fragt er.

„Aber hallo."

„Ich glaube, ich habe mich noch nie so erschreckt." Diesen Gedanken benennt er mit ‚denken, denken', und wartet, dass er verschwindet.

Nach irritierend kurzer Zeit ist sein üblicher Geisteszustand aus kindlicher Unbedarftheit wieder hergestellt. Das mag auch am Alten Elbtunnel liegen, der immer eine kleine Attraktion ist. Uniformierte Wärter weisen Autos, Radfahrer und Fußgänger in moderne Fahrstühle, mit denen auch wir die 24 Meter in die Tiefe fahren.

Der gute Alte Elbtunnel eröffnete 1911, ist knapp 430 Meter lang und mit sechs Metern so hoch dimensioniert worden, dass eine Kutsche mit aufgestellter Peitsche hindurch passt. Unten ist es angenehm kühl, angenehm windstill und angenehm nostalgisch. Es gibt zwei Fahrspuren für Autos (beide sind gerade leer) und je Fahrspur zwei Bürgersteige, die wegen ihrer hohen Kanten entlang der schmalen Fahrspur auch als Felgenkiller bekannt sind.

Dieses Problem kann uns egal sein. Er trabt hindurch und nimmt am Ende nicht den Fahrstuhl, sondern die Treppen. Oben sind wir an den St. Pauli Landungsbrücken und damit in einer anderen Welt. Hier gilt Promenieren statt Transportieren. Nobelherberge statt Ölspeicher. Büro statt Kalilager. Und es gibt hier Menschen, die entspannt zu Fuß unterwegs sind. Davon haben wir bisher nicht einen gesehen.

Bis ins Büro sind es jetzt noch zwei bis drei entspannte Kilometer in die Innenstadt. Wir treffen viele Pendler, und er erkennt sich in ihnen wieder. Und auch wieder nicht. Denn wir haben uns zu Fuß durchgeschlagen.

„Bilde dir bloß nichts darauf ein", warne ich. „Sonst willst du am Ende heute wirklich noch zurücklaufen."

„Natürlich laufen wir zurück!", ruft er.

Ich ertappe mich dabei, wie ich mit der Stirn wiederholt gegen die Darmwand schlage.

Als er in der firmeneigenen Dusche den warmen und kalten Schweiß des Industriepark-Landschaftslaufs abwäscht, ist das Gefühl nicht so frisch wie nach den morgendlichen Alsterrunden. Leider können wir nicht die Lungenbläschen abseifen und den Feinstaub ausspülen.

Mehrmals an diesem Tag diskutieren wir über den Sinn und Unsinn der Wiederholung eines Trips durch die industrielle

Unterwelt nach Hause. Schließlich meint er, dass wir ihn ja gar nicht wiederholen würden.

Eine winzige Sekunde lang schöpfe ich Hoffnung, dann übermannt mich die Vorahnung von Verzweiflung. Berechtigterweise, denn er schließt an: „Wir variieren die Strecke auf dem Rückweg ein wenig. Das schlimmste Stück zwischen Argentinienbrücke und Rethe-Hubbrücke lassen wir aus und machen stattdessen einen Umweg über Wilhelmsburg. Das ist zwar drei bis vier Kilometer länger, aber wir müssen dafür keine Gleise überqueren und an den Lkw-Schlangen vorbei."

„Wer sagt, dass es dort besser sein wird?"

„Es wird zumindest anders."

„Was reizt dich denn bloß an diesem stinkenden Freihafen?"

„Wir haben dort viel, viel mehr gesehen und erlebt als sonst auf dem Weg zur Arbeit. Was passiert an einem normalen Arbeitsmorgen denn schon Aufregendes? Wir könnten auf Spielzeug im dunklen Flur treten. Die S-Bahn könnte zwei Minuten Verspätung haben. Unser Lieblingssender könnte statt Musik irgendeine mittelmäßige Komik-Einlage spielen. Es könnte regnen. Ich meine, wir sind nie wirklich in der Gegenwart, von Genuss ganz zu schweigen, wir funktionieren, aber nehmen den Moment gar nicht richtig wahr. Heute Morgen aber, das war neu, das war exotisch, das war..."

„... Platzhalter", ergänze ich. „Schädlich und gefährlich. Und dann dein weltfremdes Gefasel von wegen freundliche Anteilnahme und so. Das ist ja wohl der größte Quatsch."

„Verbessern können wir uns immer. Es geht tatsächlich nicht darum, alles gut zu finden, sondern es überhaupt zu finden, zu erleben. Um Anteilnahme ohne Wertung. Und das müssen wir auf dem Rückweg besser machen."

„Müssen tun wir das überhaupt nicht. Und schon gar nicht in der Nähe von Kalilagern, Brummitrassen und Kohlekraftwerken."

„Aber wir können das doch nicht einfach so verdrängen. Wir nutzen ja die Waren, die dort umgeschlagen werden, das Benzin, den Strom, dann müssen wir uns auch mit den Konsequenzen arrangieren."

„ Wer keine Wahl hat, hat die Qual", seufze ich und werde ignoriert.

Nach Feierabend schlüpfen wir also in unsere immer noch verschwitzten Laufklamotten und rennen los. Heute Abend ist es sonnig und viel wärmer als am Morgen.

Wir ernten einige mild neugierige Blicke von Pendlern in Anzügen und Business-Kostümen, fallen aber nicht wirklich auf. Einige schattige Straßenzüge später erklimmen wir die Treppen zur Elbpromenade und laufen in der Sonne. Hier herrscht ein Treiben, als feiere die Stadt jeden Tag Hafengeburtstag.

„Ist das nicht eine einmalige Stimmung hier?", schwärmt er.

Recht hat er. Aber deswegen muss man ihn ja nicht unbedingt bestätigen. „Ach, wenn es doch auf der anderen Seite der Elbe auch so wäre", seufze ich.

„Wieso? Einmalig ist es dort doch auch."

„Stimmt auch wieder…"

„Joggenderweise hier entlang zu promenieren ist gar nicht so übel", meint er.

‚Übel, übel', wiederhole ich. Aber das hilft mir rein gar nichts. Habe ich ja gleich geahnt.

Weil oben am Alten Elbtunnel mit uns zusammen ein Fahrstuhl ankommt, nutzen wir ihn. Im Tunnel sind viele Fußgänger, Fahrräder und auch einige Autos unterwegs.

„Hier unten wirkt die Entfernung bis zum anderen Elbufer viel geringer als oben", stellt er fest.

„Typisch. Kaum versenkst du dich in etwas, ist deine Wahrnehmung schon getrübt."

Auf der anderen Seite nimmt er wieder die Treppen nach oben. Als wir das Eingangsgebäude der südlichen Elbseite verlassen, blendet uns eine gewaltige, weiße Wand: Ein Kreuzfahrtschiff aus der Karibik liegt unmittelbar neben uns im Dock einer Werft. Die Fassade strahlt im Sonnenlicht.

Diese Art der Erleuchtung ist für ihn Anlass für einen neuen bildhaften Vergleich. Der Gemütssee hat ja nicht so gut funktioniert, jetzt kommt er also auf die Idee: „Unser Bewusstsein ist wie der Kapitän eines Kreuzfahrtschiffes. Von Strömungen oder Wind getrieben oder aus eigenem Antrieb, ist er ständig im Fluss. Neue Gäste kommen an Bord, neue Routen und Häfen liegen voraus. Immer geht sie weiter, die Reise. Aber inmitten des Wandels steht er oben auf der Brücke in seiner Mitte."

„Aha. Kann sein. Oder hängt in seiner Kabine rum und pichelt sich einen an."

Er ignoriert mich. Während das Kopfsteinpflaster des Reiherdamms uns auf neue Routen zu optischen und olfaktorischen Tiefpunkten einstimmt, schwadroniert er weiter: „Sein Schiff heißt Voyager of the Seas. Entspannt und offen legt er ab zu neuen Ufern. Gewinn und Verlust, Segen und Fluch, Gutes und Schlimmes, all das gehört zu einer Reise dazu. Er weiß es. Und er steht dem nicht gleichgültig gegenüber, er freut sich darauf. Nimmt die Herausforderungen an. Und kümmert sich in kluger und den Umständen angepasster Weise um sein Schiff und die wichtigen Dinge, so wie wir uns um unseren Körper und die wichtigen Dinge kümmern."

„Das ist ja wohl glatt gelogen. Sonst würden wir unseren Körper doch nicht durch dieses Bermuda-Dreieck quälen, oder?"

„Marvin, wir können nicht nur unberührt wie eine spiegelnde Seeoberfläche sein. Dieser Gedanke war schlicht falsch. Es gibt immer Dinge, die wir nicht aufhalten oder beeinflussen können, die in unsere Idylle einbrechen. Der Kapitän weiß, dass er Wind und Meeresströmungen nicht lenken kann. Aber er kann lernen, mit ihnen umzugehen, vielleicht sogar, mit ihnen zu treiben, um so die Welt, in der er lebt und fährt, besser zu verstehen. Es ist ganz einfach. Wichtig ist nur die Fähigkeit, für alles gegenwärtig zu sein."

Er schweigt zum Glück und versucht sich wieder an der freundlichen Aufmerksamkeit. So konzentriert ist er bei der Sache, dass er beinahe die Glasscheibe eines Bushäuschens übersieht, die hier weit auf den schmalen Bürgersteig ragt. Im letzten Moment kann er ausweichen, streift sie aber mit dem rechten Arm. Fast wäre er der erste Mensch gewesen, der vom Meditieren eine Gehirnerschütterung bekommen hätte.

„War das jetzt ein Lehrstück in der Fähigkeit, gegenwärtig zu sein?", stichele ich.

Wir nähern uns wieder dem Gleisgelände, wo der Herr Flottillenadmiral heute Morgen noch halbtot überm Zaun hing. Mit Rücksicht auf die Unversehrtheit unseres Kreuzfahrtschiff-Körpers riskieren wir hier keine weiteren Abenteuer und nehmen stattdessen die Argentinienbrücke. Ihre Fahrbahn zu überqueren ist allerdings kaum weniger gefährlich als unten auf den Gleisen. Mit dem Unterschied, dass die Laster und Autos gar nicht erst hupen, sondern gleich zügig draufhalten. Über ein paar Treppen und Schleichwege schaffen wir es unversehrt zum Zolldurchgang bei der Ernst-August-Schleuse.

Dahinter beginnt der Reiherstieg-Hauptdeich, ein grüner Streifen inmitten der Asphaltwüste.

Hier weidet tatsächlich eine Herde Schafe.

Die Idylle hat angesichts der ökologisch dubiosen Lage einen etwas faden Beigeschmack. Nun ja, es muss eben nicht immer Kobe-Beef sein, manchmal geht auch Diesel-Hammel. Und den hier produzierten ‚Kalisalpeta'-Feta könnte man wegen des hohen Molybdän-Anteils notfalls direkt dem Stahlveredelungsprozess zuführen.

„Mehr Anteilnahme bitte", doziert er. „Durch Spott distanzierst du dich nur von den Dingen."

„Genau. Was bleibt mir denn sonst übrig?"

„Versuch es doch mal mit Herzensgüte."

Danke, das überlasse ich gerne ihm. Allein schon wegen des potenziell hohen Spottwertes. Schließlich verstand er unter Herzensgüte bis vor kurzem nur Dinge wie maximale Sauerstoffaufnahme und niedrigen Ruhepuls. Und nur, weil er sich eben selbst ein Ad-Hoc-Planschbecken-Kapitänspatent verliehen hat, wird er nicht von einer Sekunde auf die andere zum Gesandten Buddhas. Schon gar nicht im Freihafen Hamburgs.

Hier auf der Wilhelmsburger Elbinsel, auf der wir gerade laufen, soll einmal ein aufstrebender Stadtteil entstehen. Bislang haben sich schon Containerhalden, Verladerampen und Hundehaufen angesiedelt. Wir laufen am Fuße des Deiches auf der rechten Straßenseite auf dem Bürgersteig, obwohl dies wegen des enormen Aufkommens von Lkw-Abgasen hohe Anforderungen an die Herzensgüte stellt. Als ein entgegenkommender Brummifahrer uns einen brennenden Zigarettenstummel vor die Füße wirft, wechseln wir schließlich nach oben auf den Deich. Hier ist der Weg allerdings etwas holpriger. Hundehalter führen ihre Liebsten offensichtlich sehr gerne hier oben spazieren, wie die vielen Tretminen beweisen. Also nehmen wir die nächste Treppe zurück auf den Bürgersteig.

So kommen wir an eine Kreuzung. Gutes Timing, die Fußgängerampel springt gerade auf Grün. Von rechts braust ein Tanklaster heran, viel zu schnell, um an seiner roten Ampel noch anhalten zu können. Aber hupen geht noch. Mit lautem Getöse rast er um Haaresbreite an unseren Fußspitzen vorbei. Eine Dieselwolke weht uns durch die aufgestellten Nackenhaare.

Mr. Kapitän zur Nussschale braucht einen Moment, um sein Gemüts-Kreuzfahrtschiff durch tückische Sturmwellen der Erregung zu navigieren. Er schafft es aber.

Dass seine Gegenwärtigkeit allerdings noch etwas leidet, beweist eine zerbrochene Bierflasche vor uns auf dem Trottoir. Erst im letzten Moment kann er ihr ausweichen.

„Bestimmt hat die so ein Lkw-Fahrer hier hingeworfen", entrüstet er sich.

„Herr Kapitän, das ist nicht ganz vorurteilsfrei, wenn ich mir die Bemerkung erlauben darf."

„Hm", grummelt er.

Einige hundert Meter weiter müssen wir die Straßenseite wechseln, weil der Bürgersteig rechts aufhört und links weiterführt. Ein gut ausgeschilderter Zebrastreifen markiert den Übergang. Wir bleiben stehen und schauen nach links. Ein Lkw donnert vorbei, ohne abzubremsen. Geschenkt, wir stehen ja auch erst wenige Sekunden hier. Nach dem Lkw betreten wir den Fußgängerübergang. Ein Truck mit Containeraufliegern braust von rechts heran. Abzubremsen hält er offensichtlich für unwirtschaftlich, stattdessen drückt er auf Gas und Hupe. Wir haben keine andere Chance und springen auf den Bürgersteig zurück.

Da platzt Herrchen der Kragen. Er schreit: „Der spinnt ja völlig! So ein dämliches Platzhalter! Wohl benebelt von den Methandämpfen seiner Sesselpupserei, oder was?!" Er schickt dem Laster ein Handzeichen hinterher, das in den meisten Kulturkreisen nicht als Ausdruck von Herzensgüte interpretiert wird.

Nachdem Herr Konteradmiral dem schwer arbeitenden Kapitän der Landstraße so viel freundliche Aufmerksamkeit hat zuteil werden lassen, kann ich nicht anders und rezitiere: „Der Kapitän weiß, dass er Wind und Warenströme nicht lenken kann. Aber er kann lernen, sie zu umzugehen, sie vielleicht sogar zu ignorieren, um so nicht plattgefahren zu werden in einer Welt, von der er eh nichts versteht."

Ach, wie golden klingen seine folgende Worte in meiner Erinnerung nach: „Schnauze, du Platzhalter!" Dieser seltene Moment des Glücks hilft mir locker über die nächsten hundert Meter. Dann ist leider wieder alles beim Alten.

„Eigentlich ja auch arme Schweine, die Brummifahrer", philosophiert er schon wieder etwas anteilnehmender gestimmt, als wir uns dem Zentrum von Wilhelmsburg nähern. „Termindruck, Kostendruck, Bluthochdruck..."

Ich wünschte, er würde mehr Anteil nehmen an der Tatsache, dass wir schon einige Kilometer in den Knochen haben, bald an die dreißig heute, und noch einiges an Strecke bewältigen müssen. Außerdem ist es recht warm, und wir haben nichts zu trinken dabei. Auf seinen Streifzügen durch das eigene Befinden scheint ihm das bisher noch nicht aufgefallen zu sein.

Gleich neben dem recht imposanten Rathaus von Wilhelmsburg schlägt die Georg-Wilhelm-Straße eine schnurgerade Bresche für den sozialen Wohnungsbau. Maximal dreistöckige Wohnkomplexe, Bushaltestellen, Alleebäume, Kneipen, Restaurants und das ein oder andere Lager für Baustoffe oder Autoersatzteile bestimmen das Straßenbild.

Hier setzt ein Prozess ein, in dessen Verlauf sich seine Konzentrationsfähigkeit zunehmend schärft. Zum ersten Mal fällt es mir bei einem portugiesischen Restaurant auf. Der Name auf dem Schild ist ihm egal. Aber daneben, da prangt das Logo einer Biermarke. Jever, in diesem Fall. Unter normalen Umständen hätte er dem so gut wie keine Beachtung geschenkt. Jetzt aber nimmt er es geradezu wissbegierig zur Kenntnis.

Zieht sich ganz schön hin, diese Georg-Wilhelm-Straße. Unser Rachenraum fühlt sich so trocken an, als hätten wir uns mehrere Beutel Silica-Gel als Läufernahrung zugeführt. Normalerweise um diese Tageszeit hat er schon mit großem Appetit ein umfangreiches Abendbrot verzehrt. Heute dagegen haben wir seit dem eher schmalen Mittagessen nichts mehr zu uns genommen.

Mit der Notwendigkeit der Askese vor Augen versuche ich, mich abzulenken. Weil auf der anderen Straßenseite gerade die sekundären Geschlechtsmerkmale einer entgegenstöckelnden Blondine meine Primärinstinkte wecken, gelingt mir das ganz gut.

„Hey", sage ich, „hast du die gesehen?"

„Wen?"

„Da drüben, blond, große Oberweite, ca. 1,70 Meter..."

Er hat sie nicht gesehen, murmelt aber anerkennend: „Wow, 1,70 Meter *ist* eine große Oberweite."

„Kann es sein, dass die Lauferei dir inzwischen ein wenig das Hirn vernebelt hat?"

Nein, hat es noch nicht ganz. Wir passieren ein Hotel mit Gaststättenbetrieb. Er nimmt das ‚Warsteiner'-Schild sehr deutlich wahr.

An einer größeren Kreuzung biegen wir rechts ein in die Straße Hohe Schaar. Hier gibt es eine Tankstelle. Vier uniform frisierte, junge Wilhelms-Bürger, deren Stylingakzente sie nicht als Anhänger großer Volksparteien ausweisen, haben sich dort gerade verproviantiert.

Sie haben Bierdosen in der Hand.

Holsten.

„Wie wär's denn, wenn wir mal ‚durstig, durstig' vor uns hin wiederholen?", schlage ich vor. „Vielleicht vergehen ja dann diese Phantasien über das frische Zischen des Kronkorkens, das eiskalte Kondenswasser auf der Flasche und den schäumenden Abgang der endlosen Serie von Schlucken, die unsere Kehle hinabrinnt..."

„Wäre ich Kapitän eines Kreuzfahrtschiffes, würde ich dir nur sagen: stell dich dieser Situation und nimm sie als Herausforderung an."

„So ein Platzhalter. Wäre ich jetzt auf einem Kreuzfahrtschiff, würde ich dem Anbieter die Kalkulation für die Getränkepauschale in Grund und Boden saufen."

Wir sind dehydriert, die Gegend ist denaturiert, ich bin deprimiert. Wie lang ist diese Hohe Schaar denn noch? Wann kommen endlich die ersehnten Ölsilos und Raffinerieschlote und verheißen die Nähe des Kattwykdamms?

Immerhin dröhnt gerade ein Geschwader Tankwagen an uns vorbei Richtung Raffinerie. In ihren gelbweißen Firmenfarben sehen sie aus wie Drohnen auf dem Weg in ihren Bienenstock. Leider riechen sie eher nach Naphta und Dieselruß als nach Nektar und Blütenstaub.

Inmitten der Betonwüste versucht er, durch Meditation sein Inneres zu einer grünen Spielwiese werden zu lassen. Und scheitert. Das einzig Tröstende an dieser Gegend: Sie ist so hässlich, dass man einfach laufen muss, weil Gehen noch viel schlimmer wäre.

Heute Morgen war es einfach nur entsetzlich. Jetzt ist es anders. Doppelt so entsetzlich: Jetzt ist nicht nur das Umfeld das Letzte, sondern auch der Körper am Ende. Unser Schiffsdiesel stottert. Die Muskelmannschaft meutert. Leider kann er nicht einfach deutsche durch philippinische Mitochondrien ersetzen.

Während er sich absichtlich einen Zustand von Extremsituation aufzwingt, faselt er: „Jetzt gilt es, Marvin. Jetzt müssen wir uns richtig einbringen. Behaupten. Beides sein: Ursache und Wirkung. Unser eigenes Karma."

Okay, scheinbar ist nicht nur sein Körper am Ende. In dieser Verfassung sollte er besser kein Vorstellungsgespräch bei einer Kreuzfahrtreederei führen.

Der Kapitän kann kaum noch steh'n, aber wir biegen ein in den Kattwykdamm zu den Ölspeichern. Die sind, jedenfalls dem Geruch nach zu urteilen, voll. Unsere Speicher dagegen sind leer.

War diese Straße heute Morgen auch schon so lang? Von hier aus sind es noch knapp zehn Kilometer bis nach Hause. Noch eine gute Schulstunde lang. Fragt sich nur, welche Lektion man da lernen soll. Transzendentale Dialektik für Körpersprach-Legastheniker?

Als wir heute Morgen hier entlang gelaufen sind, hatten wir einen ersten Eindruck von der Gegend. Erste Eindrücke können sich auf einen Schlag offenbaren oder durch eine langsame Entfaltung. Mein erster Eindruck des Kattwykdamms war auf Anhieb schrecklich. Wenn man etwas Neues zum zweiten Mal sieht, schaut man schon etwas analytischer hin und ist nicht mehr der chaotischen Mannigfaltigkeit des ersten Eindrucks ausgeliefert. Man kommt der Erkenntnis näher, ob man etwas wirklich mag. Ich komme zu der Erkenntnis, dass ich den Kattwykdamm wirklich gar nicht mag.

Er meint dazu: „Aber wenn man etwas wieder und wieder sieht, steht man ihm am Ende oft positiv gegenüber. Funktioniert sogar mit Städten wie Frankfurt. Dann sollte es eigentlich auch mit dem Hamburger Freihafen klappen."

„Ach, deine Wahrnehmung ist ja durch eine körperliche Extremsituation vernebelt. Menschen, die sich in solchen Situationen kennen lernen, haben bekanntermaßen keine gute Basis für eine Beziehung."

„Meine Wahrnehmung ist tatsächlich anders als heute Morgen. Weniger weitschweifend. Zum Beispiel ist mir gar nicht aufgefallen, wie ebenmäßig die Pflastersteine sind. Und dass hier Gräser und Büsche wachsen. Es ist, als blicke man durch ein Mikroskop. Ist das jetzt eine Schärfung der Wahrnehmung?"

„Wenn ein Kapitän sich solche Fragen stellt, ist es Zeit zu meutern."

Als wir die Kattwykbrücke erreichen, schließt sich davor eine Schranke. Autos dürfen jetzt nicht weiter. Fußgänger schon. Die Frage ist: Hebt sich jetzt die Brücke, womöglich während wir hinüberlaufen, oder wird die Fahrbahn für Autos gesperrt, damit ein Güterzug durchfahren kann?

Letzteres ist der Fall. Langsam rumpelt der Zug rechts von uns vorbei und verdeckt den Ausblick auf das Containerterminal Altenwerder. Er denkt: Falls wir wollten, könnten wir aufspringen. Ich denke: Wenn der Lokführer jetzt pfeift, mache ich ihn kalt. Herzensgüte hin oder her.

Er pfeift nicht, und wir schaffen es über die Süderelbe. Damit haben wir den schlimmsten Teil des Industriegebiets hinter uns. Wenn man mal von dem Kraftwerk Moorburg absieht. Hier wird gerade nicht mehr gehämmert; die Geschlechtertürme des Energie-Adels hüllen sich in graublütiges Schweigen. Wahrscheinlich machen die Bauarbeiter gerade Pause. Bei einem Kasten Bier.

„Marvin, bist du gemein", krächzt er mit trockener Kehle.

„Stolpere nicht über das tote Kaninchen auf dem Bürgersteig."

Während der Herr Tretbootkommodore davon phantasiert, sich in kluger und den Umständen angepasster Weise ein Partyfass Pilsener hinter die Binde zu kippen, laufen wir in Moorburg ein.

Die Sonne scheint, es ist bestes Kreuzfahrtwetter. „Wenn man bloß mit einem kühlen Blonden im Liegestuhl liegen könnte", seufze ich.

Er kräht heiser: „Also, um es mal mit dem Hamburger Umland auszudrücken: Hör bloß auf zu Winsen, das bringt Reinbek gar nichts!"

„Ha, ha. Ich muss gleich Uelzen."

In einem verwunschenen Garten vor einer kleinen Moorburger Villa kündet ein ‚Keramik'-Schild davon, dass sich mehr als zwanzig Maler, Bildhauer, Musiker und andere freischaffende Künstler – von der kreativen Atmosphäre Moorburgs angezogen – hier niedergelassen haben.

Wir senden ihnen einen kollegialen Gruß. Denn sein Laufstil ist mittlerweile eine motorische Hommage an die Dada-Bewegung.

Quatsch, meint er, wir kämen doch gut voran.

„Ein wenig dadaistisch finde ich das hier schon", sage ich. „Nur dass wir statt Lautmalerei auf völlig sinnentleerte Laufquälerei setzen."

Er sagt: „Dada war nicht sinnentleert. Mit ihren Tongedichten protestierten die Künstler gegen eine Sprache, die vom Journalismus verwüstet worden ist. Sie mussten sich zurückziehen in die tiefste Alchemie des Wortes, um so die Dichtung zu bewahren."

„Und du protestierst hier also gegen die industrielle Verwüstung? Indem du dich zurückziehst in die tiefste Alchemie der Fortbewegung, um so die Natur zu bewahren?"

„Äh, was?" Er kapiert nicht, was ich meine. Typisch für ihn. Er setzt einen hehren Gedanken in die Tat um, ohne ihn jemals gedacht zu haben.

Ausgangs des Moorburger Kirchwegs befindet sich eine Gaststätte. Der Beschilderung nach zu urteilen wird hier die Biersorte Astra ausgeschenkt.

„Wenn es mit der inneren Einkehr nicht klappt, sollten wir vielleicht lieber hier einkehren?", schlage ich vor.

Er schweigt. Unheilvoll.

„Was ist?", frage ich. „Oh, beobachtest du mich gerade?"

Tatsache. Er tut es. Er konzentriert sich gerade mehr auf mich als auf der bisherigen Tour zusammengenommen. Murmelt er gleich: ‚Übel, übel'?

Nein, er denkt erschreckend wenig. Ist ja ein ekliges Gefühl, wenn man von einem Stalker so fixiert wird. „Hallo!", rufe ich, „hör' auf mit dem Mist!" Ich fühle mich ausgegrenzt wie ein Fliegenbein auf einem Objektträger. Und ein Fliegenbein auf einem Objektträger ist kein gleichberechtigter Gesprächspartner, auf dessen Ratschlag man hört.

„Nein", sagt er schließlich. „Wir kehren da nicht ein. Wir laufen durch bis nach Hause." Schweren Schrittes, aber bestimmt, biegt er auf den Asphaltweg entlang der Spülfläche ein. Er fühlt sich doch tatsächlich gut. Jedenfalls mental.

Das muss eine schwere Selbsttäuschung sein.

Auf den letzten Kilometern vertieft er seinen mikroskopischen Tunnelblick. Er kann sich genau erinnern an Risse im Asphalt, Bodenwellen, Kleidung entgegenkommender Jogger, Graffitis an Brückenpfeilern und Biermarken auf Restaurantschildern. Aber die Gegend hätte überall sein können.

Erst als wir nach der S-Bahn-Unterführung die Bundesstraße überqueren, wird es anders. Hier kommen wir wieder in den Wald, und er schwelgt in der plötzlichen Kühle, in der belebenden Klarheit der Luft. Eine Sekunde lang denkt er, der ganze Lauf heute wäre nur für diesen Moment gewesen, um diese Gegend, in der wir wohnen, so intensiv zu erleben. Der Kapitän hat es in den Heimathafen geschafft.

„Hilft uns die Zivilisation dabei, dass wir uns am Leben fühlen, oder verhindert sie es?", fragt er glücklich und glaubt, die Antwort zu kennen.

Ich sage nichts mehr. Ich bin ja sowieso abgemeldet.

Zuhause warten K.u.K. auf uns. Nur die kleine Linea schläft schon. Nachdem er die Jungs ins Bett gebracht hat, gönnt er sich ein kühles Astra. Die Beine sind müde. Die Lunge ist nachhaltig eingeschnappt. Erleuchtung haben wir nicht erlangt.

Aber das ‚Astra Rotlicht' ist auch nicht ganz verkehrt, denkt er.

‚Per aspera ad astra.'

Eine ganz neue Interpretation.

***

Am nächsten Morgen nehmen wir wieder die S-Bahn. Wir lassen die Eindrücke auf uns wirken. Er fühlt sich gelöst. Mit freundlicher Aufmerksamkeit schaut er ab und zu aus dem Fenster, wo wir die Hafengegend sehen, durch die wir gestern noch gelaufen sind. Von hier aus erkennt man tatsächlich die Türme des Kohlekraftwerks San Gimignano. Ist uns bisher gar nicht aufgefallen. Seine Erinnerung fängt bereits an, die schlimmen Erfahrungen von gestern auszublenden.

Dann sagt er: „Wir werden es wieder tun, Marvin. So lange, bis wir es verstehen. Und annehmen können. Genauso wie dich, Marvin."

Oh Platzhalter.

7. La Push: Expeditionen ins Tiersein

„Not gonna happen!" Gregg, der Ranger im Visitor Center des Olympic National Parks, schüttelt bestimmt den Kopf. „Nicht machbar."

Himmel, bin ich erleichtert. Denn diese Worte bedeuten, dass wir das neueste Glied in einer Kette haarsträubender Laufvorhaben nicht in die Tat umsetzen können.

Wir sind in Forks, einer 3.000-Seelen-Gemeinde im US-Bundesstaat Washington, bekannt für seine Nähe zu beeindruckenden Landschaften aus Steilküsten, Stränden und Regenwäldern, seinen Regenreichtum (viermal soviel Niederschlag wie in Hamburg, durchschnittlich drei Meter im Jahr) sowie als Schauplatz der erfolgreichen *Twilight*-Serie, der zufolge es hier von sympathischen Vampiren und Werwölfen nur so wimmelt.

Greggs Ablehnung ist die überraschend energische Reaktion auf unsere Eröffnung, dass wir gerne die South Coast Beach Route im Olympic National Park in einem Tag zurücklegen wollen. Und dazu noch einige Fragen hätten.

Ist es Trotz, dass mein Schweinehundeherrchen die Worte des Rangers nur registriert, aber nicht weiter ernst nimmt? Natürlich nicht, es ist schlichte Dummheit, gepaart mit einer gehörigen Portion Ignoranz und Realitätsverleugnung. Gregg, der durchaus vernünftig und kompetent aussieht, wird nun unfreiwillig mit den Details unseres Vorhabens konfrontiert: Morgen wäre um 7.17 Uhr die Tide mit minus 2,1 Fuß niedriger als an vielen anderen Tagen, so dass man, wenn man gegen 6 Uhr morgens von Süden begänne, knapp – aber genug – Zeit hätte, die nur bei Ebbe passierbaren Wegstellen zu meistern. Dabei ginge es im Wesentlichen um ein breites Feld von Felsblöcken in der Nähe der Mündung des Hoh Rivers, durch das man klettern muss, das Durchwaten der Flüsse Mosquito Creek und Goodman Creek, deren Wasserstände stark tiden- und niederschlagsabhängig sind, sowie die Umrundung von Scotts Bluff, wo die Steilküste nah ans Wasser ragt. Wir würden nicht versuchen, die Steilküstenabschnitte um den Hoh Head, Goodman Falls und Taylor Point an der Küste zu passieren, denn das wäre mit zu gefährlichen Klettereien oder gar Schwimmen verbunden. Stattdessen würden wir uns an den bereitgestellten Leitern die steilen Felsen emporarbeiten und uns oben im Landesinneren einige Kilometer durch den Regenwald schlagen, bis es wieder sicher ist, an den Strand hinunter zu klettern. Im Übrigen würden wir den Weg nicht gehen, sondern laufen und wären daher schneller als Wanderer.

Gregg mustert ihn nur unergründlich.

‚Jetzt merkt er, dass wir uns ausführlich mit der Strecke auseinandergesetzt haben und ist beeindruckt', lässt Herrchen mich im Stillen wissen.

‚Quatsch, jetzt überlegt er, ob er zuerst die Sanitäter oder das Psychologenteam alarmieren soll', gebe ich zurück.

„There is a window of opportunity", sagt Gregg schließlich. Amerikaner sind in ihrer Ausdrucksweise meist etwas weniger direkt als Deutsche. Kritische Beurteilungen können sie außerordentlich diplomatisch verpacken. Insofern müsste man Greggs Bemerkung etwa so übersetzen: ‚Wenn man etwas unbedingt will, dann kann man es auch schaffen. Klar. Auch du. Die Wahrscheinlichkeit, dass du damit durchkommst ist … vorhanden. Sie ist zwar vergleichbar mit deinen Erfolgsaussichten, in einer Boxrunde zwei Klitschkos auszuknocken, aber sie ist da. Theoretisch.'

Dann merkt er wohl, dass er aus seiner Sicht ein etwas zu optimistisches Signal gesendet hat und schiebt nach: „But you'd need to be a physical animal to do it."

Physical animal? Damit verlässt Gregg eindeutig das Feld der Diplomatie, ein ungewohnt deutliches Alarmzeichen!

Übersetzt heißt das: „Du musst tierisch bescheuert und hirnloser sein als die meisten Wirbellosen, um das zu versuchen."

Ungerührt erkundigt sich Herrchen bei Gregg nach weiteren Details. „Wie tief ist denn gerade der Mosquito Creek?"

„Wade", ist die knappe Antwort.

„Und Goodman River?"

„Hüfte."

„Strömung?"

„Mh-hm." Gregg schaut sehr neutral drein. Dann erbittet er sich einen Moment, um zwei Wanderern einen Plastikcontainer zu überreichen, der wie ein kleines Bierfass aussieht.

„Was ist denn das?", frage ich.

„Bärencontainer", meint Herrchen fröhlich. „Sind hier Pflicht auf den Wanderwegen im Hinterland. Zum Verpacken der Nahrungsmittel. Damit der Geruch die Bären nicht anlockt. Wir brauchen keinen, denn wir werden ja kaum Nahrungsmittel dabei haben."

„Du willst diese Strecke nicht wirklich laufen, oder?"

„Schau mal Marvin", balzt er wie eine vernarrte Waldohreule.

„Was?!"

„Ich will dir etwas zeigen. Jetzt arbeite nicht schon wieder auf so eine Edvard-Munch-Grimasse hin. Das hier muss dir gefallen."

Er breitet die detaillierte Karte der South Coast Beach Route (Maßstab 1:62.500) aus, die er eben von Gregg für vier Dollar erstanden hat.

Nacheinander deutet er auf einzelne Punkte der Karte: halbmondförmige Buchten, bewachsene ‚Haystack Mountains', die wie Kathedralen aus den Wassern des Pazifiks ragen, und vor engliegenden Höhenlinien strotzende Küstenwälder. „Entlang dieses knapp dreißig Kilometer langen Küstenstreifens warten auf uns schwerzugängliche Strände, fantastische Felsen und rauschende Regenwälder. Niemand hat sich je getraut, dort Straßen zu bauen, also gibt es keine Autos. Und Boote wagen sich auch nicht in die Gegend.“ Dann fangen seine Augen an zu glänzen. „Und dabei ist das einer der atemberaubendsten Abschnitte der gesamten amerikanischen Westküste! Da müssen wir einfach hin.“

„Erinnerst du dich an Dänemark, wie fertig du warst nach nur fünfzehn Kilometern Strand?“, frage ich. „Und das hier ist viel, viel härter.“

„Weißt du doch gar nicht.“

„Und dann noch die Strecken durch den Regenwald! Das wird mindestens so schlimm wie auf Vancouver Island, wo wir auf diesem fürchterlichen West Coast Trail durch Matschlöcher und über Wurzeln, Bäume und Felsen gekrabbelt sind. Da waren wir mit nur ein bis zwei Stundenkilometern unterwegs, und dabei haben wir uns noch beeilt, um dem Schwarzbären zu entkommen, der uns am Strand begegnet ist.“

„Stimmt. Aber heute sind wir fitter.“

„Die meisten Wanderer nehmen sich für die South Coast Beach Route drei oder sogar vier Tage Zeit!“

„Warte mal eben“, ignoriert er mich, weil Gregg sich uns wieder zuwendet. Eine Frage hätte Herrchen noch. Es gäbe noch eine kritische Stelle entlang des Weges namens Scotts Bluff. Laut Karte kommt man dort nur bei Niedrigwasser von maximal einem Fuß Höhe durch. Bis wir von Süden an diese Stelle kommen, dürfte das Wasser jedoch höher gestiegen sein. Ob man denn auch im Landesinneren Scotts Bluff umgehen könne?

„Ich denke schon“, meint der Ranger und deutet auf unsere Detailkarte. „Dort ist ein Weg eingezeichnet.“ Er kenne ihn allerdings nicht, denn bisher habe er diese Stelle stets am Strand passiert.

„Danke, dann ist ja alles klar", meint Herrchen und verabschiedet sich.

Gregg sieht uns besorgt an. „Es ist wirklich die Natur, die da draußen das Sagen hat, weißt du."

„Mh-hm."

Gregg sieht uns außerordentlich besorgt an. „Ich hoffe, ich konnte dir helfen…"

Wir danken nochmals, versichern, dass er uns sehr geholfen habe und verlassen das Besucherzentrum.

„Ist dir klar", zische ich, „dass uns gerade massiv davon abgeraten wurde, diese Tour zu unternehmen?"

Aber ihn durchprickelt nur der Champagner der Herausforderung. Weit über der zulässigen Promillegrenze. „Physical animal", murmelt er. „Was er damit wohl meint?"

Wir werden es herausfinden. Am nächsten Morgen klingelt der Wecker um 5.30 Uhr. Das ist früh, stört aber nicht weiter, weil wir erst drei Tage in den USA und immer noch ein bisschen auf deutsche Zeit eingestellt sind. Er springt munter aus dem Bett. K.u.K. zum Aufstehen zu motivieren, ist allerdings nicht ganz so einfach. Bis alle angezogen und bereit zum Aufbruch sind, vergeht etwa eine halbe Stunde. Er nutzt sie für ein kleines Frühstück: Wasser und eine Menge Mini-Brioches, von denen noch eine ganze Tüte aus dem Reiseproviant übrig geblieben ist. Die restlichen wandern in den Rucksack und leisten dort der gefüllten Wasserblase, dem Poncho, der leichten Hose sowie einer Jacke nebst einigem Kleinkram wie Kompass, Taschenmesser und Karte Gesellschaft.

Angezogen hat er kurze Laufshorts, ein Funktionshemd und einen Pullover. Schließlich ist es draußen noch etwas frisch.

Etwa eine halbe Stunde dauert die Fahrt von Forks zum sogenannten Oil City Trailhead. Es ist trocken, aber bewölkt, die Temperatur beträgt vielleicht zwölf bis fünfzehn Grad Celsius.

Zuerst geht es südlich auf der US 101, von der am Hoh River eine Stichstraße zur Küste abbiegt. Bald wird die schmale Teerstraße zu einer schmalen Schotterstraße. Manchmal sieht man einzelne, baufällige Häuser rechts und links, bei denen nicht ganz klar ist, ob sie noch bewohnt sind. Meist jedoch fahren wir durch den Wald.

Der Name Oil City verheißt nicht unbedingt die Nähe zur unberührten Natur, aber das ist irreführend. Tatsächlich gibt es hier weder eine Stadt noch Öl. Um 1920 herum entwickelten eine Reihe neugegründeter Explorationsfirmen den Plan, in dieser Gegend nach Öl zu bohren. Abenteuerlustige, aber ahnungslose Aktionäre hatten ihnen dafür ausreichende Geldmittel zur Verfügung gestellt. Regelmäßig nährte man ihre Hoffnung durch Meldungen, nach denen der ‚Gusher', die meterhohe Ölfontäne, unmittelbar bevorstünde. Nur gebe es hier oder da noch ein unvorhergesehenes Problem, das kurzfristig zusätzliche Barmittel erfordere. Die Aktionäre schickten fleißig Geld.

Unklar ist, ob die Unternehmen überhaupt jemals durch den dichten Regenwald bis hierher vorgedrungen sind. Jedenfalls sprudelte allein das Geld der armen Aktionäre. Nach kurzer Zeit waren das Geld, die Hoffnung auf Öl und die Ölfirmen verschwunden.

Wir sind also in einer Gegend für glücklose Glücksritter. Wie passend.

Etwa zehn Meilen hat sich unser Geländewagen von der Bundesstraße 101 Richtung Pazifik vorgearbeitet. Hier endet die Straße in einer Kehre. Links sieht man durch die Bäume das breite und steinige Flussbett des Hoh Rivers. Vor uns ist nur undurchdringlicher Wald, vom Pazifik sieht und ahnt man noch nichts. Aber in der Kehre parken eine Handvoll Autos. Heute ist der Sonntag vor Memorial Day, und an diesem letzten Maiwochenende ist man traditionell in den USA viel unterwegs. Einige Ausflügler scheinen also bereits gestern angekommen zu sein und auf dem Wanderweg zu übernachten. Oder aus sonstigen Gründen nicht wieder zurückgekommen zu sein.

‚Not gonna happen', klingt es mir in den Ohren.

K.u.K. kennen den Drill mittlerweile: Er verlässt den Fahrersitz, macht Dehnübungen, schultert den Rucksack, Kirsten macht Fotos, übernimmt dann das Steuer, und Thilo, Julian und Linea winken beim Davonfahren. Und wir stehen allein am Oil City Trailhead.

6.30 Uhr. Es ist nahezu windstill.

Ihn überkommt ein kurzer Moment der Andacht.

Mich ein langer Moment der Angst. ‚Not gonna happen', hallt es laut in meinem Kopf. Ich kneife die Augen zu. Ich wünsche mich weit weg. Es hilft nichts. Als ich die Augen wieder aufmache, laufen wir schon.

Während unsere Schritte durch einen schmalen und schlammigen Waldpfad entlang des Hoh Rivers schmatzen, muss er sich seinen Gefühlsüberschwang wieder einmal von der Seele sabbeln: „Sind diese ersten Schritte nicht wie der erste Kuss beim Vorspiel?", geht es schnurstracks unter die Gürtellinie. „Die Gefühlsintensität nimmt zu, es wird leibhaftig und körperlich. Ob es das ist, was Gregg mit ‚physical animal' gemeint hat?"

Was er da sagt, ist nicht nur dämlich, sondern geradezu abartig. Ich gebe zurück: „Fängst du demnächst an, Sitkafichten zu kraulen, Hemlock-Tannen zu beturteln oder gar Huckleberry-Büsche zu schänden? Was soll das hier werden? Pflanzen-Petting?" Vielleicht ist er ja so was wie ein Forst-Frotteur?

„Du klingst eifersüchtig", meint er trocken und konzentriert sich dann auf den Weg, der uns nun direkt ans Flussufer und über große Flusskiesel führt. Obwohl es nicht wirklich komfortabel ist, läuft er hier. Ab und an müssen wir über einige von aller Rinde kahlgewaschene Baumstämme springen.

Man sieht bereits die Flussmündung und ahnt dahinter die Weite des Pazifiks.

Auf der anderen Seite des Flusses liegt die winzige Hoh Indian Reservation. Mit nicht einmal zwei Quadratkilometern ist sie etwa so groß wie Monaco, mit dem sie sich auch die weltpolitische Bedeutsamkeit teilt. Ihren eigenen Legenden nach wurden die Vorfahren der Hoh-Indianer dort drüben vom mächtigen K'wati erschaffen. K'wati, zwar klein und glatzköpfig, hatte dennoch die gottähnliche Schaffens- und Vorstellungskraft, das ganze Gebiet des heutigen Olympic National Parks in seine jetzige, so wunderschöne Form zu bringen. Er zauberte Berge, Steilküsten und Flüsse. Wilde Wölfe verwandelte K'wati in die Vorfahren des Schwesterstammes der Hoh, die Quileute. Bei den Hoh-Indianern selber ist die Legende weniger wildromantisch. K'wati kam, sah und entdeckte, dass die Ur-Hoh beim Gebrauch ihrer Gliedmaßen noch Entwicklungspotenzial hatten: Sie gingen nämlich auf den Händen und fischten mit den Füßen. Kein Wunder, dass sie ein eher mageres und unterernährtes Volk waren. K'wati hielt sich nicht lang mit Zauberkunst auf und gab ihnen einfach nur einen Tipp: Sie sollten es doch mal anders herum versuchen: mit den Füßen laufen und mit den Händen fischen. Dann zog er schnell weiter.

„Irgendwie eine wenig rühmliche Schöpfungsgeschichte", findet er. „Was will uns die Legende damit sagen?"

„Vielleicht, dass es manchmal Umstände gibt, in denen der Mensch einfach zu schief gepolt ist, um zu merken, wie schwer er sich das Leben macht. Und dass man sich ruhig einmal selber daraufhin überprüfen könnte."

„Hm?", tut er geistesabwesend und übersieht meinen Wink mit dem Zaunpfahl.

„Vielleicht bräuchtest du auch mal K'wati-Besuch", setze ich nach.

„Um animalisches Wolfsblut in unsere Adern zu zaubern? So ähnlich fühlen wir uns doch gerade schon."

„So ein Quatsch. Du bist wie einer dieser alten Hoh-Vorfahren. Du tust Dinge, die nicht sein müssen, die viel zu anstrengend und vollkommen bescheuert sind."

„Mir sagt die Legende eher, dass wir langsam in eine Gegend kommen, in der Menschen, Tiere und der Rest der Natur enger miteinander verwoben sind als an den meisten anderen Orten dieser Erde. Toll, was?"

„Warum können wir uns nicht enger verweben und endlich einmal ein Gespräch mit befriedigendem Ausgang führen?"

Er antwortet nicht und lässt mich in meiner Frustration allein. Wir erreichen den Pazifik, und seine Gefühle werden groß. Die nächsten Sekunden sind praktisch nicht mit Worten vermittelbar.

Aber ich versuche es einmal.

Wie in einem Parabelflug gleitet er schwerelos dahin. Sein Bewusstsein ist zu eingenommen von den Eindrücken, um Schwerkraft und Naturgesetzen irgendwelche Beachtung zu schenken.

Was wir gerade sehen, ist im wahrsten Sinne des Wortes einmalig. Die Szenerie aus Strand, Wasser, Wolken, die Farben, all das existiert nur in diesem Moment; es kann und wird in der nächsten Stunde ganz anders aussehen. Wir erleben eine unwirkliche Landschaft, die nur hier, nur jetzt und dann nie wieder ist und sein wird. Als hätte K'wati, der Verwandler, sie nur für uns hier hin gezaubert. Weit enthüllt hat sich das Meer und gibt den Blick auf seinen Grund frei. Für ein, zwei Stunden können wir Moses spielen und dort laufen, wo sonst selbst Schwimmen zu gefährlich wäre. Diffus strahlt das Sonnenlicht zwischen grauweißen Wolken und der riesigen, feuchten Sandfläche hin und her.

Und in diesem Moment, grenzenlos, zeitlos, maßlos in seiner Weite, hören wir den Schrei eines Adlers. Ein Weißkopf-Seeadler erhebt sich von einem Fels in der Brandung vor uns und steigt mit majestätischen Flügelschlägen zum Himmel empor.

Es scheint, als folge er uns. Wie ein Ausrufezeichen der Freiheit.

Oder wie ein Geier.

Während ich mich unsicher nach Schwarzbären umschaue, saugt Herrchen die Eindrücke auf. Zum ersten Mal hat er das Gefühl, die Landschaft nicht ganz erfassen zu können. Das liegt wahrscheinlich daran, dass sie alles andere als statisch ist. Wasser, Wolken, Strömung, Farbspiele, alles bewegt sich. Wir laufen hinein in eine Unermesslichkeit, die räumlich und zeitlich ist. Ab und an hält sich der Blick fest: an den Monolithen, die steil aus dem Wasser ragen, an dem überhängenden Regenwald an der Steilküste etwas weiter landeinwärts, an ‚Tide Pools', Vertiefungen, in denen bei Ebbe ein Stückchen Ozean einschließlich seiner Bewohner zurückgeblieben ist. Aber das gibt keinen dauerhaften Halt in dieser grenzenlosen Weite. Menschen sehen wir nicht. Bären übrigens auch nicht, wie ich erleichtert feststelle.

Er hält an, zieht den Pullover aus und stopft ihn in den Rucksack. Das leichte Shirt reicht bis auf weiteres. „Dieser Ort ist ja wohl…", er ringt nach Worten, „…unglaublich." Na, da ist er ja richtig einfallsreich. „Ich meine, nicht im klassischen Sinne schön, sondern… ergreifend. Als höre man zum ersten Mal ein Klavierkonzert von Rachmaninoff."

„Was willst du mir damit sagen?"

„Ich will dir gar nichts sagen. Ich versuche, es selber zu begreifen."

„Da hast du dir ja einiges vorgenommen."

„Lass uns weiterlaufen." Er läuft weiter durch die entblößte Strandlandschaft. Der Untergrund auf den ersten hundert

Metern ist dafür phantastisch geeignet, findet er. Der Sand des Meeresbodens ist fest, aber dennoch etwas federnd.

„Wenn das so weitergeht, werden wir viel schneller sein als erwartet", frohlockt er.

Es geht nicht so weiter. Ein Feld schwarzgrauer Felsen versperrt den Strand. Manche sind groß wie Kleinwagen, andere klein wie Wassermelonen. Alle sind feucht, von Seetang und Muscheln bewachsen und glitschig. Viele sind außerdem recht scharfkantig und sehen aus, als wären sie aus Hunderten von einzelnen Steinen zusammengebacken. Herumlaufen können wir nicht, das Feld erstreckt sich von der Steilküste bis ins Wasser. Wie weit es sich in Laufrichtung fortsetzt, können wir von hier aus nicht sehen. Wie dieses Hindernis entstanden ist, ist nicht ganz klar. Klar ist nur, dass die Gefahr, sich hier die Beine zu brechen oder den Knöchel zu verrenken von nun an stark ansteigen wird.

„Wo ist wohl die beste Route?", fragt er sich.

„Zurück und ein Taxi zum Hotel nehmen?", schlage ich vor.

Wortlos fängt er an zu klettern. Wir müssen aufpassen, nicht nur, damit wir nicht abrutschen, sondern auch damit wir nicht allerlei Meeresgetier zertreten. Die meiste Zeit ist diese Stelle wahrscheinlich unter Wasser, jedenfalls klammern sich überall rote Seesterne, grüne Anemonen und unzählige Muscheln an den Fels.

Die haben auf jeden Fall besseren Halt als seine Schuhe (342 Gramm pro Schuh im neuwertigen Zustand). Ich sehe uns schon die Krone der bizarrsten Läuferverletzungen erobern. So könnten wir beispielsweise abrutschen, uns an einer Kolonie von California Mussels den Hosenboden wegraspeln und eine unschuldige Seegurke dorthinein rammen, wo die Sonnenfinsternis der Tiefsee herrscht. So hätte unsere Hausärztin auch endlich mal die Möglichkeit zu einer eindeutigen Diagnose, spätestens wenn ihr auf dem Ultraschallbild eine

Seegurke entgegengrinst. Ich sehe das Foto schon in der nächsten Ausgabe unseres Laufmagazins unter der Rubrik ‚Laufpartnerschaften'. Vielleicht werden die Gurke und er ja auch als Laufteam beim Comrades Marathon zugelassen. Das wäre dann sicher sogar einen Artikel in der Laufzeitschrift wert.

„Marvin", sagt er, „ich verstehe dein Dilemma, dass du dich niemals selber ausleben kannst. Aber deine Phantasien beunruhigen mich manchmal schon etwas."

„Grmpf."

„Ist das dein Kommentar als Außenstehender zum Thema Sex?"

Ich schweige.

„Dich reizt bestimmt mal so eine richtig sexy Schweinehündin, oder?", tut er kumpelhaft.

Ich antworte nicht.

„Eine richtig schweinemäßige?", bohrt er weiter.

…

„Marvin?"

…

„Marvin??"

„Äh, ja?"

„Wo warst du?"

„Ach, nur mal kurz die Zirbeldrüse durchrammeln."

„Igitt. Ist es so schlimm?"

„Eigentlich die meiste Zeit."

„Heftig."

„Konzentriere dich aufs Klettern und verschone mich mit deinem Gesabbel."

Und er klettert weiter. In seinen leichten Shorts fühlt er sich schutzlos, denn die Beine geraten häufig in Kontakt mit dem Fels.

Und jetzt fällt ihm auch noch die Karte aus dem Hüftgurt. Sie landet im Sand zwischen den Felsen. Wir heben sie auf und stecken sie zurück. Nach einigen Metern fällt sie zum zweiten Mal heraus. Diesmal ins Wasser zwischen den Steinen. Er schüttelt sie aus und hält sie von nun an in der Hand. Der Nachteil ist, dass es sich so etwas mühseliger klettert. Aber immerhin zeigt ihm der Vorfall, dass es wohl cleverer wäre, weiter oben am Strand über die Felsen zu kraxeln, wo man, sollte man doch einmal ausgleiten, in den Sand und nicht ins Wasser rutscht. Gibt auch weniger Seegurken da.

Wir schaffen es ohne größere Blessuren hinüber, bis auf einen blutenden Kratzer an der rechten Handfläche ist nichts weiter passiert.

„Puh", meint er, „wenn noch mehr davon kommen, wird es länger dauern als geplant."

„Ich höre hier immer Plan", antworte ich. „Du kannst hier nicht wirklich planen, es gibt zu viele Unsicherheiten. Überleg mal, was alles dazwischenkommen kann!"

„Hm", macht er nur und steckt die Karte in den Bauchgurt. Eine schlechte Idee, wie sich später herausstellt.

Die Bucht, durch die wir nun weiterlaufen, heißt Jefferson Cove. Hier stehen ein paar Zelte, allesamt knapp hundert Meter entfernt von uns am oberen Rand des Strandes, außerhalb der Reichweite der Flut. Einige Camper stehen gerade auf und entzünden ein Feuer aus Strandholz. Vielleicht war die Nacht kälter als … geplant.

„Warum zelten die hier?", fragt er sich. „Ich meine, so nah am Oil City Trailhead? Entweder sind sie nicht besonders weit gegangen oder hätten das letzte Stückchen noch locker gehen können."

„Locker?", frage ich zurück. „Bist du sicher?"

Nach wenigen Minuten haben wir die Zelte und den Geruch des Feuers hinter uns gelassen. Es ist noch immer nahezu windstill.

Unser Körper wird wieder vom Laufrhythmus erfasst. Dazu tönt der Schrei unseres Begleiters, des Weißkopf-Seeadlers über uns. Herrchens Gefühle fliegen ebenso hoch.

Der Pazifik rauscht sanft, aber rechts von uns liegen die Zeugen seiner Kraft: Wälle von Baumstämmen türmen sich an der Unterkante der Steilküste.

An flacheren Abschnitten ragt der Wald bis dort hinunter, meist ist der schwarzgraue Fels jedoch nahezu senkrecht, so dass sich keine Vegetation halten kann. Auf jeder halbwegs waagerechten Fläche da oben sprießt üppiges Grün. Bald werden wir uns dort hinaufarbeiten.

Noch federt unter uns der flache Strand, der hier von einem dünnen Wasserfilm überzogen ist. Auf der glatten Fläche spiegeln sich Wolken, die vollgesogen mit frischer Feuchte vom Pazifik herantreiben und ihre Arme nach der Küste ausstrecken. Es ist, als liefen wir über eine Fata Morgana.

Vor uns hebt der Hoh Head herrisch sein Haupt. Seine felsige Flanke sagt: ‚Hier kein Durchgang.' Auf unserer Karte ist diese Stelle einfach nur mit ‚Danger' bezeichnet. Sie auf der Wasserseite zu umrunden wäre lebensgefährlich. Deswegen halten wir nun nach der Leiter Ausschau, mit deren Hilfe wir hinauf in den Regenwald klettern können. Wie gefährlich *das* ist, steht nicht auf der Karte.

Die Passagen durchs Landesinnere werden hier mit kreisrunden, vielleicht dartscheibengroßen Holzschildern markiert, auf denen Viertelkreise abwechselnd rot und schwarz ausgefüllt sind. Das Ganze wirkt eher wie ein Warnzeichen für Biowaffentests als ein freundlicher Hinweis für eine Landpartie.

Das Schild sehen wir nicht, dafür die Leiter. Sie besteht aus meterlangen, mit Seilen zu Sprossen verknüpften Holzpalisaden und schmiegt sich eng an Fels und Geröll. In der Mitte hängt ein loses Seil herunter, wohl zum Festhalten. Oder

Abseilen. Jedenfalls hätte man ohne die Leiter keine Chance, dort hinaufzukommen.

Oben wartet unbekannter Regenwald. Der Weg über den Hoh Head ist der längste und Berichten zufolge härteste Abschnitt durch den Dschungel. Jetzt wird's schmutzig.

‚Not gonna happen!', tönt es in meinen Ohren. Erwähnte ich schon, dass Mobiltelefone in diesem gesamten Küstenabschnitt keinen Empfang haben? Forks ist der letzte Außenposten mit Handyempfang, selbst in La Push, unserem Ziel für heute, weit hinter diesem mächtigen ‚Headland'-Felsen, herrscht Funkstille. Laut der Zeitschrift *Backpacker* ist das Mobiltelefon mittlerweile Rettungsutensil Nummer Eins für Outdoor-Abenteurer. Nun, wir werden hier darauf verzichten müssen. „Ich will da jetzt nicht rauf", fasse ich das Ergebnis meiner Überlegungen zusammen.

„Wir gehen da jetzt auch nicht rauf", antwortet er.

Nanu, ist das etwa ein Hoffnungsschimmer?

Er isst zwei seiner Mini-Brioches. Dann pinkelt er landwärts.

„So, jetzt gehen wir da rauf", eröffnet er anschließend, nunmehr bereit für den Urwald.

Wir erklimmen die Leiter. Die untere Hälfte ist steil und sauber, die obere nicht ganz so steil, aber schlammig. Ein kleiner Bach fließt hinunter und setzt die Leitersprossen unter Wasser. Schöne Vorzeichen dafür, was uns ganz oben erwarten wird.

Am Ende der Leiter geht es noch ein Stück weiter nach oben, auf einem äußerst matschigen und rutschigen Pfad. *Äußerst* matschig und rutschig. Das hält ihn nicht davon ab, schon wieder in einen Laufschritt zu verfallen, was auf diesem Untergrund vollkommen unökonomisch ist.

Er hält auch nicht an, als wir das Plateau des Hoh Heads erreicht haben, sondern sagt nur: „Oh!"

Botanisch betrachtet liegt vor uns ein biodiverses Ökosystem der gemäßigten Klimazone, in dem die Kronenschicht durch *Picea Sitchensis* (Sitkafichte), *Pseudotsuga menziesii* (Douglastanne), *Tsuga heterophylla* (Hemlocktanne) oder *Acer Macrophyllum* (Großblattahorn) gebildet wird. In der Bodenschicht dominieren *Polypodium glycyrrhiza* (Lakritzfarn), *Polystichum munitum* (Schwertfarn), *Athyrium felix-fernina* (Wald-Frauenfarn) und epiphytische Moose wie *Isothecium stoloniferum* (Katzenschwanz-Moos).

Laienhaft ausgedrückt stecken wir im Wald.

In einem Wald, der so dicht ist wie eine grüne Höhle und in dem es nur so wimmelt von entfesselter Flora. Alles hier scheint zwei- bis dreimal überwuchert zu sein. Es gibt Bäume, die auf umgefallenen Baumstämmen zu voller Höhe gewachsen sind, noch bevor ihr armer, gekippter Kollege vermodert ist.

Der Pfad vor uns ist gut zu erkennen: Inmitten dieser Chlorophylllawine markiert er den feuchtesten und schlammigsten Untergrund. Zuerst sehen wir links von uns noch ab und zu den Pazifik durch Baumstämme und Blattwerk schimmern, doch schon bald hat uns die Vegetationsstampede vollkommen überrollt.

„Jetzt noch ein tropischer Regenguss", wünscht er sich.

„Um den Schlamm vom Körper zu spülen?"

„Um die Stimmung perfekt zu machen."

„Soll ich kurz erläutern, was meine Stimmung perfekt machen würde?"

„Nein."

Er läuft. Durch Pfützen, Rinnsale, über Wurzeln, durch Schlammlöcher und kommt sich leichtfüßig vor. Wir gewinnen noch etwas an Höhe, und der Weg wird besser, weniger schlammig, noch immer voller Wurzeln, dazwischen aber fest und federnd.

„Ist das toll!“, schwärmt er. „Was für eine Explosion von Leben um uns herum! Und diese Luft! Mal überwiegt der Waldgeruch, mal die See. Das ist ja wohl der Cocktail der zwei besten und frischesten Luftsorten, die es auf dieser Erde gibt!“

Wir müssen über einen Baumstamm balancieren, der über einen stark bewachsenen Graben führt. Man kann nicht erkennen, welcher Untergrund unter dem dichten Bewuchs lauert. Oder welche beißenden, giftigen Bewohner. Hier sollte man besser nicht die Balance verlieren.

Tun wir auch nicht. Dafür haben wir die Karte verloren, wie ein Kontrollgriff an den Hüftgurt zeigt. „Uh“, kommentiert er und überlegt, was nun zu tun ist. Dabei läuft er weiter.

Brauchen wir die Karte wirklich? Und wozu? Sie sagt uns, wo die Überlandstrecken durch den Regenwald vom Strand abbiegen und anhand wichtiger Landmarken, wie weit wir sind. Auf der anderen Seite ist der Weg bisher ganz gut zu finden gewesen, so richtig vermisst hätten wir die Karte bislang nicht. Zudem haben wir noch zwei Flüsse zu durchqueren, und die Flut steigt höher und höher. Und je höher sie steigt, desto schwieriger werden die Flusspassagen. Für eine lange Kartensuche haben wir eigentlich keine Zeit.

Soweit zur rationalen Abwägung. Er läuft weiter. Horcht in sich hinein. Ich richte ihm aus, dass ich einfach nur so schnell wie möglich ankommen möchte. Aber er bezieht mich natürlich nicht in seine Überlegungen mit ein.

Plötzlich kehrt er um und läuft den Weg zurück, die Augen suchend auf den Boden gerichtet.

Das ist ein Gefühl wie damals als Kind, als man gezwungen wurde, auf dem Rücksitz festgeschnallt entsetzlich lange Urlaubsfahrten zu unternehmen. Und dann kommt auch noch eine Panne dazwischen.

Als wir schon fast wieder am Rande des Hoh Heads sind, finden wir tatsächlich die Karte. Sie liegt auf dem Weg im

Matsch. Er hebt sie auf, wischt sie notdürftig an einer der weniger schmutzigen Stellen am Oberschenkel ab und hält sie von nun an in der Hand.

„Gut, dass wir umgekehrt sind“, meint er. „Jetzt fühle ich mich besser.“

Die arme Karte hat einiges mitgemacht, mittlerweile ist sie durchtränkt, vollgeschwitzt, schmierig und schlammig. Genau wie wir. Umtauschen werden wir sie wohl nicht mehr können. Egal, sie erfüllt noch ihre Funktion. Genau wie wir. Und deswegen laufen wir weiter.

Auf dem Rückweg springt uns an einer entwurzelten Sitkafichte plötzlich ein strenger Wildgeruch an. Der war eben, als wir zum ersten Mal an dieser Stelle vorbeigelaufen sind, noch nicht dagewesen.

Ich habe Angst. Etwas, das so stinkt, kann nur groß und gefährlich sein. Und wahrscheinlich hat es hier sein Revier markiert.

Wir bleiben stehen.

Ich schicke bange Blicke in den Urwald.

Er zieht sein T-Shirt aus.

„Himmel, was soll das jetzt?“, zische ich. Jetzt trägt er nur noch Shorts und Schuhe.

„Mir ist warm.“

„Aber nur weil wir hier im Urwald sind, musst du ja nicht Tarzan spielen!“

„Ich Tarzan, du Schweinehund“, sagt er.

„War das eine Liebeserklärung?“

„Nein, Revierverhalten.“

Bevor er völlig peinlich wird und sich womöglich mit den Fäusten den Brustkorb betrommelt, breche ich die Diskussion lieber ab und konzentriere mich darauf, das Unterholz aufmerksam zu beobachten. Einen Plan, was wir bei einer Begegnung mit einem Bären tun sollen, haben wir nicht. Auch nicht für andere Notlagen wie Umknicken, Schlangenbisse, Abstürzen oder die Begegnung mit japanischen Wanderern, die dann wahrscheinlich aufgeregt versuchen, uns mithilfe eines ‚Tiere in Wald und Forst'-Buches zu klassifizieren.

Trotzdem laufen wir weiter. Wildgeruch fällt uns dabei erst mal nicht mehr auf. Wir überspringen Steine, Wurzeln und Flüsschen ohne Namen. Der Weg ist relativ eben, auch wenn es hier und da kurz steil hinab und gleich wieder hinauf geht. Langsam lichtet sich der Wald etwas, als wir wieder näher an die Küste kommen.

Von hier oben blicken wir auf einen makellosen und menschenleeren Strand. Der Pazifik dahinter scheint unendlich weit. Schiffe sieht man keine. Einen Weg hinunter gibt es nicht.

„Wie lange hat dieser Strand wohl schon so ausgesehen?", fragt er. „Hunderte von Jahren? Tausende? Das Wasser kommt und geht, das Wetter kommt und geht, das ist es. Industrie – kennt er nicht. Computer – was ist das? Twittern – wozu? Hier funktionieren nicht mal Handys."

„Ja – und?"

„Er ist ohne uns völlig im Gleichgewicht. Länger, als wir es jemals sein werden."

„Insbesondere, weil er nicht durch die Gegend joggt."

„Wir sind doch auch im Gleichgewicht. Lust und Erleben halten sich genau die Waage. Dieses Gefühl ist wahrscheinlich noch älter als der Strand. Ist das nicht ein phantastischer Zustand?"

„Nein. Bei mir halten sich gerade Unlust und Qual die Waage. Auch ein Wrack am Boden ist im Gleichgewicht. Leider."

So leichtfertig wie leichtfüßig trabt er weiter. An einigen Stellen ist der Weg vielleicht etwas schwierig, findet er, insgesamt kommen wir jedoch gut voran. Größere Tiere bekommen wir kaum zu Gesicht, wenn man einmal von drei Rehen absieht, die unten am Strand entlang trotten.

Kurz vor Mosquito Creek durchlaufen wir ein Camp. Man erkennt es nur daran, dass hier drei Zelte errichtet wurden; der Untergrund unterscheidet sich kaum vom Rest des Dschungels, von etwas lichterem Bewuchs einmal abgesehen. Es wirkt, als feierten ein paar Sitkafichten ein Sit-In mit bunten Lampions. Die Camper scheinen noch in den Schlafsäcken zu liegen, nur einer von ihnen steht vor seinem Zelt und knotet an einem Essensbeutel herum. Man grüßt sich mit einem breiten Lächeln.

„Wow", meint er, „das ist ein toller Platz für eine Nacht im Wald, oder Marvin? Mitten unter den Baumwipfeln, geschützt vor Wind und Flut, aber nah genug am Wasser, um nachts am Lagerfeuer bei den Pazifikwellen zu sitzen."

Ich denke, lieber wäre ich in der Kapartenkaschemme ‚Zur kompostierenden Knoblauchknolle' Kurgast, antworte aber gar nicht erst.

Der Weg führt uns zum Strand und zum Mosquito Creek hinunter. Auch hier müssen wir über einen Wall aus Baumstämmen klettern, um an den Strand zu kommen.

Der Mosquito Creek schneidet sich hier, aus einer Klamm im Regenwald fließend, fast kerzengerade zum Pazifik. Eine Gruppe von vier Wanderern läuft weiter unten am Strand auf unserer Uferseite entlang; scheinbar versuchen sie, dort eine flache Furt zu finden.

Er schaut auf den Bach und meint: „Das sieht ja gar nicht so schwierig aus. Klares Wasser, vielleicht acht Meter breit, aber nicht sehr tief. Und das Flussbett ist mit kuscheligem Sand bedeckt."

„Und wie fest ist der Sand?"

„Keine Ahnung. Aber ich denke, die Tüten werden wir nicht brauchen."

Ach ja. Die Tüten… In irgendeinem Outdoor-Buch hat er also gelesen, dass man Flüsse trocken und komfortabel durchwaten könne, wenn man die Beine dabei in eine Mülltüte steckt. Also, eine für jedes Bein. Leider hatten wir keine Mülltüten zur Verfügung, so mussten die Einkaufstüten von Forks Thriftway herhalten. Immerhin die aus Plastik, nicht die aus Papier. Die Funktionsfähigkeit von amerikanischen Supermarkttüten als Wathose testete er am und im Hotelpool. Kernproblem der Watscheltüten: Sie sind wesentlich kleiner als deutsche Müllbeutel und reichen, wenn man sich hineinstellt, knapp über den Fußknöchel. Goodman River (und der Hotelpool) sind jedoch hüfttief. Die Tüten müssen also am Wadenbein luftdicht abschließen. Zwei Methoden könnten funktionieren, dachte er: (i) Methode Titanic: Tüte mit einem einfachen Haushaltsgummi über dem Knöchel fixieren. (ii) Methode Hindenburg: Schuh in die Tüte stellen, Henkel zusammendrehen und in den Schuh stopfen, dann mit dem nackten Fuß in den Schuh schlüpfen und hoffen, dass die Sohle sich an der Tüte im Fußbett so festsaugt, dass kein Wasser dort hindurchdringt.

So stand er also am Rand des unbescholtenen Hotelpools mit Tüten an den Füßen, bereit für ein Experiment, für das sich jeder Jugend-Forscht-Vorschüler in Grund und Boden geschämt hätte. Dabei sah er aus wie ein Holländer, der voller Stolz seine Do-It-Yourself-Interpretation von empfängnisverhütenden Holzpantinen vorführt. Als missratene Hommage an die alte Heimwerkerserie *Zugeschaut und Mitvermurkst* stelzte er ins Wasser.

Um es kurz zu machen, es blieb nicht nur kein Auge trocken, an beiden Füßen lief der Laufschuh auch gleich schnell und schon auf der Treppe in den Pool voll Wasser. Aber er bildete sich ein, dass Methode Hindenburg besser funktioniert hätte und hat deshalb vier Supermarkttüten mit auf die Tour genommen. Zum Glück bleibt uns hier am Mosquito Creek also diese entwürdigende Übung erspart.

Wir durchwaten den Bach schuh- und problemlos. Auf der anderen Seite setzt er sich auf einen Baumstamm, putzt die Füße ab und zieht die Laufschuhe wieder an. Einige Outdoor-Ratgeber empfehlen, die Füße auf Wanderungen nicht ins Wasser zu halten, weil das die Haut aufweichen und die Entstehung von Blasen fördern würde. Ihm ist das egal. Wahrscheinlich hat er sogar Recht: Seine Schweißfüße sind auf bisherigen Lauftouren nach kurzer Zeit bereits ebenso nass gewesen wie hier im Mosquito Creek. Das hat viele negative Folgen, aber Blasen gehörten bisher nicht dazu.

Die vier Wanderer scheinen indes noch mit der Durchquerung am Meeresufer beschäftigt.

Wir haben eine weitere kritische Stelle gemeistert und laufen wieder los. Und prompt ist er wieder da, der Weißkopf-Seeadler-Schrei hoch in der Luft über uns.

„Ein Zeichen!", ruft er überschwänglich.

„Für was?", frage ich.

„Egal!", ruft er.

Vor uns liegen gut dreieinhalb Kilometer einer namenlosen Bucht. Die Flut ist schon etwas weiter gestiegen, wir müssen in etwas tieferem Sand laufen. Trotzdem, meint er, seien die Strände bisher wegsamer als erwartet. Wir sind jetzt deutlich schneller als im Regenwald.

Menschen begegnen wir hier nicht.

Landtieren auch nicht.

Der Himmel klart etwas auf, die Sicht ist phantastisch. Wir haben gut ein Drittel des Weges zurückgelegt. Die Kondition ist noch so frisch wie am Start. „Eigentlich noch besser", meint er. „Laufen scheint die ideale Form des Vorwärtskommens zu sein. Schöner kann man sich nicht durch diese Gegend bewegen."

Ich ertappe mich dabei, wie ich den Blinddarm mit Stevie-Wonder-Witzen schikaniere.

Unsere Karte verrät uns, dass der nächste Umweg durch den Regenwald nicht mehr weit sein kann, er zweigt ein Stückchen vor dem nächsten Headland rechts ab. Die Holzscheibe mit den Viertelkreisen sehen wir nicht, dafür aber ein Seil, das den Abhang hinunterhängt. Das müsse ja wohl der nächste Aufstieg sein, meint er. Also hinauf.

Nur mit einem Seil ist es deutlich schwieriger als mit einer Leiter, aber wir schaffen es. „Wie machen das bloß die Wanderer mit ihren schweren Rucksäcken?", fragt er sich. Die Idee, dass vielleicht etwas nicht stimmen könnte, kommt ihm nicht. Noch nicht.

Oben ist ein kleiner Pfad, kaum schlammig. Die Vegetation ist hier wesentlich lichter als zu Beginn des Hoh Heads. Nach wenigen Minuten sehen wir, warum. Mit einer Schlammlawine ist ein großer Teil des Waldes abgerutscht und liegt jetzt wahrscheinlich irgendwo unter uns am Strand. Leider wurde mit dem Erdrutsch auch der Pfad wegrasiert. Was nun?

Er versucht es geradeaus durch die Lawinenzone. Gegenüber geht tatsächlich so etwas wie ein Pfad weiter. Der verliert sich jedoch im Unterholz. Wir gehen zurück. Schmale Trampelspuren führen rechts über den Erdrutsch. Wir laufen hinunter. Schon bald wird es ungemütlich, wir müssen über allerlei Geröll und Baumstämme klettern. Der Pfad, der kaum mehr als eine Andeutung von Spuren ist, geht steil bergab und endet schließlich an einer senkrechten Abbruchkante. Wir müssen höllisch aufpassen, dass wir nicht hinunterfallen.

Er kehrt um. Der Rückweg ist schwierig, der Untergrund steil und weich.

„Das kann doch nicht sein", meint er. „Irgendwo muss es schließlich weitergehen."

Ich habe mich in der Bauchhöhle zusammengekauert und wippe nervös hin und her.

Er geht den Weg zurück in Richtung Seil. Links von uns versucht er einen anderen Pfad, der von der Richtung her überhaupt nicht passt. Zum Glück endet auch der im Busch.

Dann geht er ganz zurück bis zum Seil. Schaut auf seine wiedergefundene Karte. Denkt, dass dies hier doch der richtige Aufstieg sein müsse. Kehrt um. Macht das Gleiche wie eben: versucht den Pfad durch den Erdrutsch in den Regenwald. Kehrt um. Versucht den Pfad bis an die Steilküste. Kehrt um.

Überlegt. „Sehr viel mehr Verspätung können wir uns nicht leisten“, sagt er. „Schließlich müssen wir noch Goodman Creek durchqueren, und das soll mit zunehmender Flut zunehmend schwieriger werden.“

Wir stecken also in einem Dilemma. Was macht er? Läuft zum dritten Mal den Weg seiner ersten Wahl über die Schlammlawine in den Regenwald. Bis dorthin, wo der Pfad an einem umgestürzten Baum aufhört. Und dann weiter.

Ich schrecke hoch. „Waswaswas?!“ Er läuft ohne Weg mitten durch den Regenwald! Das kann ja wohl nicht wahr sein! Uns verschlucken Farne, Büsche und die Zweige querliegender Bäume. Von dem unsicheren Untergrund ganz zu schweigen. „Bist du jetzt völlig übergeschnappt? Was machst du da?“

„Ich laufe durch den Regenwald.“

„Aber hier ist kein Weg. Hier sind nur Zweige, Dornen, Matsch und Fußfallen!“ Ich bin verzweifelt.

„Goodman Creek muss ganz nah sein. Ich glaube, ich höre ihn schon rauschen. Er wird unsere Auffanglinie.“

„Wir werden uns verirren!“ Schlimmer noch, bibbere ich, wir werden verrecken, zerstochen, gefressen, vermodern. Für das hier sind wir einfach nicht gemacht. Und niemand wird uns jemals hier finden, wenn etwas passiert.

Es ist wirklich furchteinflößend: Man sieht keine fünf Meter weit, der Untergrund ist tückisch, uneben und voller Hindernisse, ich habe schon nach wenigen Schritten völlig die

Orientierung und jeden Halt verloren. Jeden Moment kann uns durch einen Blättervorhang hindurch ein Bär oder ein Puma anspringen. Sein Bein wird von einer Pflanze zerkratzt, die überraschend viele Dornen hat.

Und er läuft. Ich meine, er läuft. Er findet einen Rhythmus mitten durch den unwegsamen Dschungel, hopst über die Stellen, die er für trittsicher hält.

„Das kann doch nicht wahr sein", lamentiere ich, aber das stört ihn nicht im Geringsten. Hier und da schrammt er gegen etwas, aber er läuft. Mitten durch den Regenwald. Ab und an wird das Dickicht undurchdringlich, oder ein umgestürzter und wieder bewachsener ‚Nursing Log' liegt im ‚Weg', aber er klettert und zwängt sich hindurch. Links wähnt er das Meer und vor uns das Rauschen des vermeintlich nahen Flusses. Ein Schlammloch oder eine Schlangengrube, in die wir jederzeit hineinstolpern können, macht dagegen keine Geräusche.

Ich dachte eben schon, ich wäre verzweifelt. Doch nun hat mich das Entsetzen eiskalt umklammert. Ein Würgereiz krallt sich in meiner Kehle fest, ich habe metallischen Geschmack im Mund. Und was er jetzt sagt, macht es noch weitaus schlimmer:

„Der Eisbär erfriert nicht. Der Wal kentert auch nicht im schlimmsten Sturm. Sie sind für ihren Lebensraum gemacht. Und wir? Wofür sind wir gemacht?"

„Nicht hierfür!" Ich gebe zu, ich kreische. Das Schlimmste ist die Angst vor dem Verirren, denn es ist unmöglich, in diesem Dickicht die Richtung zu halten.

„Wie viel Zivilisation brauchen wir?" Er steht auf einer kleinen Anhöhe und hofft, von hier aus Goodman Creek sehen zu konnen. Aber wir sind nur von dichtem Regenwald umgeben. Am linken Bein krabbelt etwas.

„Jede Menge!", weine ich.

„Um die Natur zu lieben, musst du selber zur Natur werden. Ein physical animal."

Hilfe, hört mich denn keiner? Ich bin im Körper eines Verrückten gefangen, der russisches Roulette mit dem Regenwald spielen möchte!

„Einmal im Leben sollte man dieses Gefühl schmecken", denkt er. „Und dann immer wieder."

Dann stellt er die geistige Aktivität weitgehend ein. Es geht ihm jetzt darum, hier durch zu laufen. Tief durch. Dreckig und schmutzig wie er ist, handelt er nach Instinkt, als wäre er nur vom Stammhirn geleitet.

Ich schalte um auf Survival-Programm: fahre meine Krallen aus und nage daran herum.

Irgendwann treffen wir auf einen Weg. Er sieht genauso aus wie der schlammige Pfad über den Hoh Head, und uns beiden ist klar, dass wir wieder auf der South Coast Beach Route sind.

Ich weine vor Erleichterung.

Der Moment ist winzig kurz, diffus, aber spürbar: Für eine dunkle Lichtsekunde lang enttäuscht ihn das Wiederfinden des Weges. Dann gibt auch er sich erleichtert.

Wir sind fast senkrecht auf den Weg gestoßen. Nun geht er nach links, in die Richtung, die er für richtig hält. Nach wenigen Minuten kommen uns Wanderer entgegen. Vier an der Zahl. Er grüßt und läuft vorbei. Undeutlich spukt ein Gedanke durch seinen Kopf, dass ihm diese Begegnung eigentlich etwas sagen müsse. Aber er läuft weiter.

Am Meeresrauschen erkennt er dann endgültig, dass wieder einmal etwas falsch gelaufen ist. Und wenige Momente später stehen wir an der Steilküste. Hier ist eine Leiter. Und eine Holzscheibe mit roten und schwarzen Viertelkreisen. Ihm wird klar, dass wir vorhin den falschen Aufgang genommen haben. Und dass die vier Wanderer eben die gleichen waren, die wir vor einiger Zeit am Mosquito Creek gesehen haben.

Dass sie den Weg offenbar besser gefunden haben als wir. Und dass wir eben, beim Wiedererreichen des Weges, rechts herum hätten gehen sollen.

Also kehrt er um und läuft diesmal in die richtige Richtung. Als er die Wanderer überholt, unterhält er sich kurz mit ihnen. Es sind vier Schüler oder Studenten unbestimmter Nationalität. Sie sind gestern von La Push zum Mosquito Creek gelaufen und haben dort übernachtet. Jetzt wären sie auf dem Rückweg.

Daher kannten sie wahrscheinlich auch den richtigen Aufgang, mutmaßt er. Der Gedanke, dass die vier die Karte und das Gelände besser interpretiert hatten als er, kommt ihm gar nicht erst.

Nun geht es gefühlt sehr schnell zum Goodman Creek, abgesehen von Scotts Bluff der vorletzten kritischen Passage.

Sehr abschüssig klettert der Wanderweg ins Flusstal des Goodman Creeks hinab. Dabei legt er sich noch einmal ins Zeug, so schlammig und wurzelig wie möglich zu sein. Als man den Fluss schon sehr deutlich rauschen hört, müssen wir uns an einem Baum, der neben dem Pfad liegt, festhalten, um nicht einfach eine Schlammrinne hinunterzurutschen.

Wir schaffen es heil an das Ufer des Goodman Creeks. Diesmal findet die Furt im Regenwald und nicht am Strand statt. Warum die Flut bis hierher, also weit bis ins Hinterland, so einen großen Einfluss haben soll, ist nicht ganz klar. Jedenfalls ist der Goodman Creek wesentlich breiter und tiefer als der Mosquito Creek. Der Grund, soweit man ihn sehen kann, scheint aus Sand und Flusskieseln zu bestehen. Auf der anderen Uferseite formen Flusskiesel einen breiten Strandwall. Dort steht ein Mann und schaut zu uns herüber.

Herrchen zieht Schuhe und Socken aus und begibt sich in die Furt. Auf den Flusskieseln ist es unangenehmer als im Sand des Mosquito Creeks, aber es geht. Die Strömung ist schwach. Das Wasser ist auffallend kalt und reicht uns bald weit über die Oberschenkel. Aber gefährlich kommt es uns in keiner Weise vor. Drüben setzen wir uns auf die Kiesel und ziehen die Schuhe wieder an.

„Hi", begrüßt er den Herrn vom anderen Ufer, der uns die ganze Zeit kaum aus den Augen gelassen hat.

„Hiy'all", oder so ähnlich gibt der Mann zurück. Er sieht etwas sauertöpfisch aus, vielleicht ist er enttäuscht, dass wir nicht ins Wasser gefallen sind.

Während wir an der Fußbekleidung arbeiten, erzählt er, dass er hier von jeher viel wandere.

‚...und herumstehe?', ergänzt Herrchen in Gedanken.

Von woher wir denn kämen, will der Mann wissen.

„Oil City."

„So weit?" Der Mann gibt sich erstaunt. Dann erzählt er, dass er schon länger nicht mehr über den Hoh Head gewandert sei. Ob es dort sehr schlammig gewesen sei?

„Ziemlich", meinen wir. Dann sitzen die Schuhe wieder, und wir empfehlen uns. Der Mann, der seinen Namen nicht gesagt hat, bleibt weiter auf dem Kiesbett stehen.

Um ein weiteres Hindernis erleichtert und auf dem richtigen Weg laufen wir die diesseitige Böschung des Goodman Flusstals hinauf.

Und als wir endlich oben sind, geht es auch gleich wieder hinunter. Dort erleben wir ein *déjà vu*: Denn hier fließt noch ein Goodman Creek. Eine Sekunde lang fürchte ich, dass wir wieder falsch gelaufen sind. Doch das kann nun wirklich nicht sein. Laut Karte sollen hier die ‚Goodman Falls' sein, und etwas weiter oben rauscht tatsächlich ein recht ansehnlicher Wasserfall. Schon wieder müssen wir die Schuhe ausziehen und waten. Vom anderen Ufer aus hat man einen bezaubernden Blick auf den Wasserfall, den wir fotografieren.

Leider liegt auf dieser Seite des Flusses kein Kiesbett, sondern nur brauner Matsch. Unsere Schuhe und Beine sind mittlerweile so verdreckt, dass man kaum noch erkennen kann, wo der Schuh aufhört und das Bein anfängt.

„Ein idyllisches Plätzchen, nicht wahr?", sagt er.

Ich stelle mir zwei Amazonen mit Schiller-Glocken beim Schlammcatchen vor und stimme zu: „Ja, sehr idyllisch."

Es dauert ein bisschen, bis wir uns sicher sind, wo der Weg weitergeht, aber schließlich kommen wir auf seine schlammige Spur. Jetzt ist es nicht mehr weit, bis wir wieder an den Strand hinabsteigen werden; ein weiterer Fluss liegt nicht mehr dazwischen.

„Diese Goodman Headlands haben uns ziemlich viel Zeit gekostet", stellt er fest.

„Mh-hm", mache ich.

„Aber jetzt sollten wir die Problemstellen hinter uns haben."

„Mh-hm", seufze ich und denke an Scotts Bluff.

„Wir wissen doch jetzt, wie wir uns da notfalls direkt durch den Dschungel schlagen können", meint er dazu fröhlich.

„Mh-hm", knurre ich.

Die nächsten Minuten sind so etwas wie ein Antiklimax: Wir haben den Regenwald überlebt und die schwierigste Flussdurchquerung der Strecke ohne jede Schwierigkeit gemeistert. Dagegen kommt uns dieser Waldweg hier schon fast komfortabel vor. Immer noch leichtfüßig springt er über Schlamm und Wurzeln und denkt dabei an nicht viel.

Mehrere steile Leitern zum Strand hinunter wartet aber schon der nächste Höhepunkt dieser Strecke: Toleak Point.

Flut und Sonne sind mittlerweile deutlich höher gestiegen; der Ozean umglitzert eine in den Wellen dröhnende Meute von Haystack Rocks, die sich hier wie zu einem gigantischen Harleytreffen eingefunden haben.

Weiter hinten im Fluchtpunkt der Szenerie erinnert Toleak Point an die Sixtinische Kapelle: Ein besonders mächtiger Fels steht nackt wie Adam dort, wo der Strand seinen Finger weit aufs Meer hinausstreckt und ihn fast berührt, als wolle er ihn zum Leben erwecken.

Hier müssen wir im weicheren Sand des Strandes laufen, aber die Kulisse entschädigt dafür. Anderthalb Kilometer sind es bis Toleak Point. Kurz bevor wir ihn erreichen, sehen wir auf einem kleinen Felsen im Meer einen Weißkopf-Seeadler sitzen, als hätte er dort auf uns gewartet. Als wir näher kommen, fliegt er auf und weiter in unsere Richtung.

„Sorry, dass es so lange gedauert hat", lächelt er dem Adler zu.

„Du glaubst doch nicht im Ernst, dass uns hier immer der gleiche Adler folgt, oder?"

Doch, er glaubt es.

Und lässt sich von diesem Gefühl an den Zelten vorbeitragen, die hier stehen. Schätzungsweise sechs Parteien scheinen sich hier letzte Nacht eingerichtet zu haben. Jetzt gerade genießen sie das Strandleben, spielen Frisbee oder klettern in den Felsen herum. Er stellt sich vor, wie sie gestern alle in großer Runde um ein osterfeuergroßes Strandfeuer herumgesessen haben.

Drei Buchten lang, knapp vier Kilometer, führt von hier der Weg bis zum Scotts Bluff. Die Strände sind hübsch, aber nicht mehr ganz so beeindruckend wie um den Hoh Head herum. Das Laufwetter ist nach wie vor ideal. Ab und an sehen wir andere Wanderer, sind aber meistens für uns. Wenn man von dem Adler absieht, der uns tatsächlich zu folgen scheint.

Wir sind seit Stunden unterwegs. Er meint, er könne ewig so weitermachen. Ihm scheint, als wäre er elektrisch aufgeladen von der Reinheit der Luft, als zaubere sie unsichtbare Elmsfeuer auf der nackten Haut bis hinein in die Lungenbläschen.

Ich denke bloß mit Schrecken an den Rest der Strecke. Noch zweimal müssen wir in den Dschungel. Und der Strandlauf wird immer anstrengender, der Sand tiefer, die unwegsamen Kiesbetten häufiger.

Wir erreichen Scotts Bluff, eine steile Landzunge, deren Spitze bereits weit im Wasser liegt. Keine Chance, da am Strand vorbeizukommen.

„Diesmal schauen wir, dass wir die Holzscheibe finden!“, sagt er.

„Und wenn nicht?“, frage ich. Doch meine Angst ist unbegründet. Man sieht die Scheibe sehr deutlich, und auch der Weg ist unzweifelhaft zu erkennen. Er führt steil nach oben, dafür verzichtet er auf eine Leiter.

Oben auf Scotts Bluff hält er ganz kurz an und blickt hinunter auf den Strand, den Ozean. Wir stehen auf dem letzten wesentlichen Hindernis, das dem glücklichen Ausgang dieser Tour hätte im Weg stehen können, und er weiß, dass er es so gut wie geschafft hat. „War doch gar nicht so schwer, oder?“, fragt er leise.

„Doch“, maule ich, „und es ist ja noch nicht einmal vorbei.“

„Zum Glück“, freut er sich und läuft weiter.

Der Rest der Strecke bis zum Third Beach, immerhin gut drei Kilometer, ist nichts weiter als Selbstbeweihräucherung, ein Delektieren an eingebildeter Kraft und Kondition. Mir wird geradezu schlecht, wenn ich nur daran denke. Ob Sand, Kies, Schlamm oder Holzstege, federnden Schrittes bringen wir sie hinter uns. Nur selten schweift sein Geist ab, die meiste Zeit schwelgt er sich von Moment zu Moment, genießt das konzentrierte Erleben.

Die Innigkeit des Kontaktes zur Natur nimmt obszöne Ausmaße an, der Rhythmus dieses Spiels ist unaufhörlich, weiter und weiter, der Atem haucht, tiefer, der Puls pocht, schneller, der Schweiß strömt, heißer, und als wir die letzte der Leitern zum Third Beach hinuntersteigen, gehen die Pferde mit ihm durch.

Er hat Regenwälder durchquert und Steilküsten erklommen, ist mit den Wellen am Strand geritten und mit den Wolken und dem Adler gezogen. Das glückliche Finale dieser Tour steht direkt bevor. Von hier aus ist es nur noch eine halbe Meile den Strand entlang, bis der Weg zum Third Beach Trailhead abzweigt. Und der ist so gut wie geteert und lediglich 2,2 Kilometer lang. Kaum etwas könnte ihn jetzt noch stoppen, er wird diese Route demnächst bewältigt haben, soviel ist sicher.

Er läuft schwerelos, in Trance, davongetragen. Wie ein physical animal. Kein Geld des Globus könne es kaufen, keine Ware der Welt es vermitteln, dieses Gefühl, meint er. Wenn er könnte, würde er es wie ein Adler herausschreien und das letzte Stück des Weges fliegen.

Ich bin hin- und hergerissen zwischen dem Drang, den Kopf in den Sand zu stecken oder mich einfach zu übergeben. Beides gleichzeitig wäre wohl zu gefährlich.

Was soll ich hier eigentlich noch? Ich werde verniedlicht, verachtet, verhöhnt. Meinen Job bin ich schon lange los. Einst konnte ich sie ziehen, die Fäden, an denen er hing wie an einer Marionette. Und jetzt? Dringt er in Dimensionen vor, die weit außerhalb meiner Vorstellungskraft liegen. Wie konnte das geschehen? Was mache ich falsch? Zum ersten Mal denke ich über psychologische Betreuung nach.

Der Weg vom Third Beach nach La Push oder besser zum Parkplatz an der Straße nach La Push ist landschaftlich schön und so komfortabel ausgebaut, dass man darauf größtenteils auch eine Kinderkarre schieben könnte. Eigentlich hatten K.u.K. geplant, ihm hier entgegenzugehen und ihn am Third Beach zu treffen. Aber wir sind weit vor der vereinbarten Zeit angekommen und laufen nun auch noch diesen Rest des Weges.

Oben am Parkplatz, dem Third Beach Trailhead, setzen wir uns auf einen Bordstein und warten darauf, dass K.u.K. uns abholen.

Endorphinvernebelt sagt er: „Gregg hatte Recht: Man muss ein physical animal sein, um diesen Lauf genießen zu können. Er ist schweißtreibend, körperlich, instinktiv und animalisch wie…“

„Sag's nicht, bitte, im Namen der Zirbeldrüse, sag's nicht.“

8. Glaskogen I: Trapper auf Irrwegen

Pfeilschnell schießt die Kreuzotter nach oben und verbeißt sich in meine rechte Pobacke, ich will sie abschütteln, doch sie wehrt sich, beißt fester und fester zu… Schweißgebadet wache ich aus dem Albtraum auf. Wo bin ich? Die Uhr auf dem Armaturenbrett funzelt 4.32. Ein trüber Blick durch die Windschutzscheibe zeigt, dass im Osten erste Lichtreflexionen gerade über das Morgengrauen nachdenken. Viel zu früh für Deutschland. Bin ich wirklich dort, wo ich fürchte, dass ich bin? Kaltes Entsetzen überrollt mich, diesmal im Wachen. Lange Zeit kann ich nicht wieder einschlafen. Himmel, wir sind tatsächlich im Begriff, es zu tun, mein Gott, kann das wirklich wahr sein?

Dunkle Erinnerungen treiben an die Oberfläche: die nächtliche Fährfahrt von Frederikshavn nach Göteborg. Wir haben auf einer Sitzbank geschlafen, mit einer auf der Fähre erstandenen Tüte schwedischer ‚Bilar'-Marshmellows als Kopfkissen. Zum Glück haben wir im Duty-Free-Laden keine Dose Drops gekauft. Die Ankunft am Göteborger Fährterminal um 2.15 Uhr in tiefster Nacht. Der Kaffee aus der Thermoskanne. Von Ikea. Die Thermoskanne, nicht der Kaffee. Die leere Autobahn zwischen Göteborg und Uddevalla. Nach einer Stunde der Parkplatz nördlich von Uddevalla. Sah jedenfalls im Dunklen aus wie einer. Wirkte allerdings ungewöhnlich groß. Fahrersitz zurückgestellt. Eingeschlummert.

Irgendwann dämmere ich wieder ein.

„Guten Morgen, Marvin!", weckt Herrchen mich fröhlich. Es ist kurz nach sechs, er fühlt sich erfrischt von den wenigen Stunden Schlaf im Auto. Draußen ist es hell. Ich stöhne. Ich wünsche mich weit weg.

Er öffnet die Fahrertür und tritt hinaus in den kühlen Augustmorgen in Mittelschweden. Erledigt die Morgentoilette gegen einen Stein, der hier Parkplätze begrenzt. Vor uns breitet sich das großzügige Areal eines Sportplatzes aus. ‚Lanevallen' erkennen wir auf einem Schild.

„Hier sind ja überall Hufabdrücke", wundert er sich. „Hat hier heute Morgen eine Reitergruppe aufgesattelt, ohne dass wir etwas mitbekommen haben?"

Ich krächze mit unsicherer Stimme: „Oder hat vielleicht der Leibhaftige heute Nacht einen Freudentanz um uns aufgeführt, weil er uns bald holen kommen wird?"

„Ach, sei doch nicht immer so begeisterungsresistent", antwortet er und setzt sich wieder ins Auto. Deutet zufrieden aus dem Autofenster und tönt wie der Elmar Gunsch der Staubsaugervertreter: „Schau mal, Marvin."

„Bitte nicht", hauche ich.

„Ich muss dir etwas zeigen. Und jetzt spiel bloß nicht wieder Drama-Queen, die in eine Bärenfalle getreten ist. Das hier wird dir gefallen."

„Ich bin nicht sicher, ob die Bärenfalle nicht die bessere Alternative wäre."

„Schau dir mal diese winzigen Wölkchen am Himmel an. Das sieht nicht nach dem Starkregen aus, der vorhergesagt war. Vielleicht haben wir Glück."

„Sehr wahrscheinlich nicht."

Dann fangen seine Augen an zu leuchten. „Auf geht's, Marvin, zu unserem größten Laufabenteuer bisher!"

„Habe ich eine Wahl?"

„Natürlich nicht."

Er startet den Motor und fährt zurück auf den Länsweg 172 zwischen Uddevalla und Arvika. Bei der vorgeschriebenen Höchstgeschwindigkeit von 70 bis 90 Stundenkilometern sind wir zwar nur unwesentlich schneller als die Hausboote auf dem nahen Göta-Kanal, dafür ist die Landschaft aber recht hübsch.

Es ist Zeit für Wegzehrung. Kirsten hat uns ein ganzes Backblech voll Serrano-Rauke-Büffelmozzarella-Pizza eingepackt. In erschreckend kurzer Zeit frisst er die ganze Portion auf. „Herrlich, oder?“, mampft er und spült mit dem Kaffee aus der Thermoskanne, frisch von gestern Abend, nach. Bald wird dieser letzte, konservierte Rest Zivilisationsvorrat verbraucht sein.

Wann werden wir uns jemals wieder so herrlich satt essen können, frage ich mich bang. Die Antwort auf diese Frage ist verstörend ungewiss.

Kurz hinter einem Städtchen namens Bengtsfors kommen wir an Alcatraz vorbei. Jedenfalls steht dieser Name über einem Areal, das sich ein Zeltplatz mit einem Kanuverleih teilt. „Komischer Name für ein Outdoor-Camp“, murmelt er.

„Ich finde es passend“, entgegne ich. „Denn was ist Outdoor-Sport schon anderes als Freiheitsberaubung?“

„Wohl eher das Gegenteil, oder?“

„Ist das, was du die nächsten drei Tage vorhast, etwa nicht ein kalter Entzug all dessen, was schön, wahr und gut ist? Von Sinnhaftigkeit will ich gar nicht erst sprechen...“

„Wir werden höchstens auf ein paar liebgewordene Gewohnheiten verzichten müssen.“

„So wie Essen und Schlafen zum Beispiel.“

„Wenn der Hunger zu groß wird, können wir immer noch innerhalb weniger Stunden zum Auto zurücklaufen. Und falls die Nacht im Wald zu kalt wird, können wir auf die Reservatshütten ausweichen. Weißt du doch alles.“

„Das wird so dermaßen schief gehen, sage ich dir.“

Er nimmt den letzten Schluck Kaffee und ignoriert mich einfach.

Und ich bin allein mit der Erinnerung an meinen Albtraum. Und an diesen Tag im Hayburn State Park. Das ist ein kleines Areal nahe der Stadt Coeur d’Alene im ‚Pfannengriff‘ Idahos und war Indianerstämmen der Prärie einst heilig. Vor ein paar

Wochen diente er uns als Übernachtungsstätte. Ein – wie er fand – anrührend schöner Laufpfad führte hinauf auf die ‚Indian Cliffs' zu einem – wie er fand – anrührend schönen Ausblick über den Lake Coeur d'Alene und die angrenzenden, bewaldeten Höhenzüge.

Die Sonne glitzerte über die ruhige Wasseroberfläche. „Sonnentanz", flüsterte er.

Ich antwortete nichts und hechelte stattdessen vor mich hin, sein Aufstiegstempo war hoch gewesen.

Er fuhr fort: „Der war und ist eines der wichtigsten Rituale der Prärieindianer hier. Mehrere Tage lang Fasten und Tanzen in der Natur. Ein Test für die eigene Ausdauer. Um der Geisterwelt zu zeigen, dass man ihrer Führung würdig ist. Um sich spirituell zu erden und zu regenerieren."

„Regenerieren", japste ich, „gute Idee." Und merkte zu spät, dass er wieder im Begriff war, eine seiner hanebüchenen Ideen auszubrüten.

„Nicht wahr? Genau so etwas sollten wir auch tun. Natürlich auf unsere Art. Unsere Ausdauer testen, um diese indianische Art der Regeneration zu erleben."

„Moment." Plötzlich war ich hellwach. „Du redest hier von Fasten und durch die Natur toben, bis du Geisterstimmen hörst?"

„Ich rede davon, dass wir einige Tage lang mit minimalistischer Ausrüstung durch die Natur laufen."

„Aber wozu?"

„Habe ich doch gerade gesagt."

„Um Befehle von Geistern zu hören? Du willst laufen bis zur paranoiden Schizophrenie? Um in dieser Welt besser zurechtzukommen? Werd' mal erwachsen, schon die Indianer hat dieser Quatsch geradewegs in die Reservate geführt."

Aber Häuptling Crazy Horst meinte bloß: „Wir haben bisher unseren Körper gestärkt und unsere Ausdauer. Von einer solchen Tour aber erwarte ich eine Entwicklung der Persönlichkeit. Grenzen ausloten. Die Rückbesinnung auf das Wesentliche. Die Entdeckung neuer Kräfte."

„Du bist doch schon voll entwickelt. Mehr als völlig durchgeknallt geht halt irgendwann nicht mehr."

Nun, augenscheinlich geht es doch. In Södra Ström biegen wir rechts ab und lassen Teerstraße und Zivilisation hinter uns. Auf einer äußerst gewundenen und hügeligen Schotterpiste legen wir die letzten 17 Kilometer bis Lenungshammar, dem Zentralort des schwedischen Natur-Reservats Glaskogen, zurück. Und stehen wieder einmal vor einem läuferischen Schierlingsbecher, einer laienhaft gepanschten Cuvée aus indianischem Selbsterfahrungsritual und mörderischem Survivaltrip.

„Oh Gott, müssen wir das wirklich tun?", jammere ich.

Ungerührt reitet er die Familienkutsche durch das weite Land. In dem Örtchen Lenungen haben wir von der Straße aus einen weitschweifenden Ausblick auf seine Jagdgründe für Naturromanzen.

Unsere Ankunft in Lenungshammar kommentiert er mit den Worten: „Sind wir schon da, oder was?"

Das ist schwer zu sagen, für ein Naturparkzentrum gibt es hier auffallend wenig Infrastruktur. Immerhin aber ein Haus. Und einen kleinen Campingplatz.

Wir parken. Lenungshammar ist eine lauschige Basisstation für Naturentdecker, so idyllisch wie eine rot-grün gemusterte Picknickdecke, auf der Mama und Papa mit Naschkram warten, während die Kinder ein wenig Indianer spielen dürfen. Unter den Outdoorsport-Zentralen dieser Welt ist Lenungshammar die Bullerbü-Version von St. Moritz.

Es ist kurz nach 9 Uhr morgens, und nach der ganzen Fahrerei und dem reichhaltigen Frühstück hat er das dringende Bedürfnis, den Sitting Bull zu machen.

Neben dem Campingplatz versteckt sich ein schattiger Spielplatz, zu dessen Attraktionen auch ein aus Brettern gezimmertes Klohäuschen zählt. Das Plumpsklo ist nicht besetzt. Kein Wunder, denn dieses Pipi-Tipi stinkt, als läge darin der letzte Mohikaner. Was für eine Ouvertüre für die folgenden drei Tage auf abartigen Aborten. Wenn wir hier zu lange sitzen bleiben, werden wir tatsächlich Visionen haben.

Jemand hat an die Wand in schwarzer Schrift einen Bibelvers gekritzelt, Offenbarung Kapitel 13, Vers 18, auf Englisch: ‚This calls for wisdom: If anyone has insight, let him calculate the number of the beast, for it's a man's number. His number ist 666.'

„Ein Omen", rufe ich.

„Für was?", fragt er.

„Der Teufel wird uns holen!"

„Na, hier sind wir wohl vor ihm sicher. Ich glaube nicht, dass er sich hier rein traut. Wahrscheinlich hat man hier die letzten 666 Tage nicht sauber gemacht."

Schnell treten wir wieder nach draußen. Hier ist die Luft wesentlich besser. Das Wetter ist sonnig, mit Temperaturen um mittlerweile 20 Grad Celsius. Perfektes Laufwetter, freut er sich.

Auf der grünen Wiese des Campingplatzes steht eine grüne Wasserpumpe, willkommen zum Händewaschen. Jemand hat aus unerfindlichen Gründen eine abgeschnittene Plastikflasche über den Wasseraustritt gestülpt.

„Steckt hinter dieser Maske vielleicht der Darth Vader der Schwengelpumpen?", witzelt er und beugt sich hinunter zum maskierten Hahn, verfremdet mit der Faust vor dem Mund seine Stimme und krächzt: „Ich bin dein Vater!"

„Das ist bestimmt eine Aktion für Safer Quellwasser", sage ich. „Wer kann schon wissen, was die Leute so alles anstellen, wenn sie aus der Wildnis zurückkommen und die Geister die Führung übernommen haben und hier so ein Schwengel in der Landschaft steht, wo jeder mal pumpen darf, bis es spritzt."

„Aha. Interessante Phantasien, Marvin." Er zieht die Flasche ab, pumpt mit einer Hand und wäscht die andere. Die nassen Hände wischt er an seiner Jeans ab. „Bevor du jetzt wieder die Zirbeldrüse vergewaltigst, gehen wir lieber das Administrative erledigen."

Er steckt die Flasche zurück (der Gedanke, dass die Flasche ein Zeichen für mangelnde Funktionstüchtigkeit oder Wasserqualität sein könnte, ist ihm nicht gekommen) und begibt sich in das rote Holzhäuschen, das gleichzeitig Parkverwaltung, Campingbüro und einen kleinen Lebensmittelladen beherbergt. Außerdem gibt es hier sehr reinliche Spültoiletten und Wasserhähne.

An einem Tresen flirten zwei Porschefahrer vom Stamm der Cayenne mit einer blonden Glaskogen-Squaw, die recht Ogalàlà aussieht im Gegensatz zu dem Reservatskassenwart, der sich um uns kümmert. Immerhin wirkt er so entspannt als hätte er zum Frühstück drei Friedenspfeifen Marke Eigenanbau geraucht. Lässig knöpft er uns 30 Schwedenkronen pro Aufenthaltstag und 50 Schwedenkronen pro Angeltag ab.

Ob wir noch irgendwelche Fragen hätten, will der Kassenwart wissen.

Hätten wir. Zum Beispiel, wo die besten Angelgewässer lägen. Oder wie das Wetter werden soll. Oder wo es überhaupt langgeht. „Nein danke", meint Herrchen stattdessen und will sich keine Blöße geben. Tapferer Indianer kennt keine Planlosigkeit. Als er sich mit „Hej då!" verabschiedet, klingt es ein bisschen wie „Hugh!"

Draußen auf dem Campingplatz steht tatsächlich ein Tipi, oder wie es in Skandinavien heißt, ein Lavvu, die moderne Adaption der traditionellen Zelte der Samen.

Wir müssen unseren Wagen noch einige Meter bewegen, um ihn auf einem Dauerparkplatz abzustellen. Hier sind schon automobile Pferdestärken aus Deutschland und Holland angehobbelt. Keine Spur eines eingeborenen, schwedischen Fahrzeugs. Das sollte uns etwas sagen. Die Frage ist nur: Was?

Ich kann mich aber nicht auf die Antwort auf diese Frage konzentrieren, denn gerade werde ich von Verlustängsten gebeutelt. Gut, die letzte Nacht im Auto war unbequem, aber wahrscheinlich um Längen besser als das, was uns die nächsten zwei Nächte droht. Außerdem lassen wir hier Essens- und Getränkevorräte zurück und rüsten uns mit dem Wenigen, das wir auf die Tour mitnehmen werden: Statt Pfeil und Köcher schultern wir unseren Rucksack und mit ihm eine gefüllte Zwei-Liter-Wasserblase, ein Poncho-Notzelt, eine Daunenjacke, eine ultraleichte Isomatte, einen dünnen Pullover, eine lange Hose, Ersatzunterhosen und Funktionsshirts, eine Überlebensfolie, Angelutensilien, ein Paar Vibram Five Fingers-Schlappen und allerhand Kleinkram, der unterwegs nützlich sein könnte. Statt Penisköcher legen wir eine nicht minder figurbetonte, kurze Laufhose an. Und statt Mokassins Laufschuhe in der aktuellen Modefarbe Schwarzfuß. Ein Hemd oder Shirt trägt er nicht. Glücklicherweise hat er darauf verzichtet, die indianisch glattrasierte Brust mit Kriegsbemalung zu verzieren.

Was wir nicht dabeihaben, sind Zelt, Schlafsack und jegliche Art von Nahrungsmitteln. Wenn überhaupt, will er sich unterwegs von Hecht und Blaubeeren ernähren.

„Noch können wir einfach hier bleiben und uns auf dem Campingplatz einmieten“, flehe ich.

„Nope“, knurrt er.

„Oder wenigstens etwas Essen einpacken!“

„Je nach Füllstand der Wasserblase wiegt unsere Ausrüstung um die sieben Kilogramm, das ist das Äußerste, was wir beim Laufen tragen können. Für Essen ist da kein Platz.“

Das ist natürlich Blödsinn. Bei der Reichhaltigkeit des verfügbaren Trinkwassers an der Strecke können wir gut einen Liter einsparen und dafür zum Beispiel zehn Tafeln Ritter Sport, von mir aus sogar in der Geschmacksrichtung Pemmikan einpacken, aber das wäre ja gegen seine Regeln.

Es ist 10.00 Uhr, Mitte August. Die Sonne scheint auf uns und die Landschaft. Uns erwarten bewaldete Hügel, funkelnde Seen und abstruse Abenteuer.

Er läuft los. Und weil er ohnehin nicht so genau weiß, wo wir eigentlich sind, lässt er sich zunächst von seinem Instinkt leiten und nicht von der detaillierten Glaskogen-Landkarte, die er in der linken Hand hält. Keine gute Idee.

Zuerst locken ihn das Grün der Wiesen und das Rot der Häuser Lenungshammars. Die Sonne scheint, die Farben leuchten, der Schritt ist federnd, einige Campingplatzbewohner lächeln uns zu. Voller Aufbruchstimmung schwelgt er: „Ah! Wenn ich die Wahl hätte zwischen einem Ferienhaus am Meer und der Fähigkeit, mit unserer Minimalausrüstung durch Canyons, entlang Meeresküsten oder hier hindurch zu laufen, dann hätte ich lieber Letzteres!"

„Ich sage dir, du wirst dir demnächst noch ein Ferienhaus wünschen!"

Nun, als erstes gilt es, die richtige Fährte zu finden. Das ist selbst mit der Glaskogen-Karte gar nicht so einfach, wenn man nicht weiß, wo genau man eigentlich ist. Sein Aufbruch in die Persönlichkeitsentwicklung startet mit Verwirrung.

Sein unverbindlicher Plan sieht vor, zunächst nach Osten, entlang des Sees Stora Gla in eine Siedlung namens Gängene zu laufen. Dort gibt es wieder Trinkwasser. Doch das Glaskogengebiet zeichnet sich durch ein umfangreiches Netz von Wanderwegen aus, das hier in Lenungshammar verwirrend verwickelt ist. Wir laufen zunächst am Campingplatz vorbei durchs Dorf. Dabei kommen wir an ein, zwei Wohnhäusern vorbei, jeweils mit rotgestrichener Holzfassade und weißen Fensterrahmen.

Vor einem mäht ein Einwohner den Rasen mit einem Aufsitzmäher. Gelassen trägt er den aufgeräumten Gesichtsausdruck eines Wärters im Affengehege oder einer Reinigungskraft im Kontakthof. Skurrile Erscheinungen sind für ihn Alltag. Er würdigt uns keines Blickes.

„Den fragen wir besser nicht nach dem Weg", entscheidet Herrchen. „Das wäre unsportlich. Und wer weiß, wo der uns hinschicken würde."

„Wenn du nicht mal selbst genau weißt, wo du eigentlich hin willst, wie soll er es denn wissen?"

Das lässt er unkommentiert und arbeitet sich einen kleinen Hügel hinauf. Oben lockt das Café Karl XII mit einem ‚Geöffnet'-Schild, was er selbstverständlich ignoriert. Außerdem zweigen hier gefühlt mehr Wanderwege ab als Straßenzüge vom Place de la Concorde. Mit Hilfe der Karte identifizieren wir einen, der ungefähr in die gewünschte Richtung führt. Die Unterquerung einer Hochspannungsleitung deutet an, dass die Wahl offenbar stimmte.

Langsam versteht er die Karte: Als wir eine Schotterpiste überqueren ist klar, dass unser Parkplatz nur wenige hundert Meter links von uns liegt und wir einen riesigen Umweg gelaufen sind. Das Fährtensuchen muss er noch etwas üben.

Fürs Erste erleichtern dies die Markierungen der Wanderwege. Davon gibt es hier zwei: orangefarbene Ringe um Baumstämme und Holzpfähle oder weiße Ringe um Baumstämme und Holzpfähle. Auf diesem Teilstück sind sie häufig direkt untereinander angebracht. Die Unterscheidung zwischen oranger und weißer Route ist nicht ganz klar. Genauer gesagt, ist ihm nicht ganz klar. Außerdem sind die Markierungen überall großzügig verteilt, so dass es fast einfacher wäre, einem unmarkierten Weg zu folgen.

Dafür hat der weiße Mann hier eine veritable Forstautobahn verlegt. Der Weg ist breit und komfortabel mit weißem Kies befestigt, so dass man auch mit dem Vatertagsbollerwagen auf Kriegspfad gehen könnte. Von unseren anderen Laufabenteuern sind wir erheblich schlechtere Wegbeschaffenheiten gewohnt. „Unter diesen Bedingungen werden wir ja die Strecke, die wir uns vorgenommen haben, schon am späten Mittag zurückgelegt haben“, rechnet er hoch. „Darauf bin ich gar nicht eingestellt.“

‚Das wäre zu schön, um wahr zu sein‘, denke ich und wage ein Quäntchen Hoffnung. Vielleicht ist es ja doch ganz nett hier. Die Natur, meist in Form von Kiefern, Fichten und Birken sowie einigen Heideflächen präsent, macht einen sehr gesunden und intakten Eindruck. Ab und an schimmert der Stora Gla, der Hauptsee des Glaskogens, durch die Bäume. Zahlreiche Panoramafotos im Internet künden von seiner Idylle.

Bald können wir uns in Wirklichkeit davon überzeugen, denn unser luxuriöser Weg führt direkt an den Ufern des Stora Gla entlang. An einer besonders beschaulichen Stelle lädt ein Picknicktisch zur Pause ein. Er hält an, holt seine Kamera aus dem Etui am Schultergurt und macht ein Bilderbuchbild von der weiten und glatten Seeoberfläche, geschmückt mit einer felsigen Landzunge und einem still durch den Hintergrund gleitenden Kanu.

Wie gerne würde ich jetzt Brote auspacken (die wir nicht haben), Limonade trinken (die wir schon gar nicht haben), mich setzen (was er nie tun würde) und mir die Zeit nehmen (die es bei ihm nicht gibt), ein Picknick zu genießen (was er nicht kann).

„Glaubst du, nur weil wir kein Essen dabei haben, könnten wir nicht picknicken?“, fragt er.

„Glaubst du etwa was anderes? Haben dich die Geister jetzt schon im Griff?“

„Wie wäre es mit einem Picknick ohne Picknick?"

„Du redest wirr."

„Was ist das Wesentliche an einem Picknick? Eigentlich ist es nicht das Essen. Sondern die Natur. Mal angenommen, man ließe das Essen weg – vielleicht wäre das Erlebnis sogar intensiver? Zumindest wird man nicht abgelenkt durch herumwehende Schokoriegelverpackungen. Darüber könnte man mal nachdenken."

„Bei Schokoriegeln die Verpackung wegzulassen?", frage ich irritiert.

„Darüber, bei den Dingen das Wesentliche, den Wesenskern herauszufiltern. Und sich von allem anderen zu befreien. Diese Art von Entscheidungen müssen wir auf dieser Tour treffen."

„Hilfe!", schreie ich. „Ein Irrer will mich zu einem Picknick ohne Picknick einladen! Hört mich denn niemand?" Aber es hört mich niemand.

Er steht ruhig da und sieht auf den See hinaus. Sein Puls sackt auf unter sechzig Schläge pro Minute ab. Eine Mücke sticht ihn in die linke Kniekehle. „Verstehst du es langsam?"

„Ich verstehe, dass du die Dinge nach Belieben verdrehst. Was ist das Wesentliche an… einer Regierung, beispielsweise. Die Demokratie oder die Politiker? Wohl die Demokratie. Aber wenn wir jetzt einfach die Politiker weglassen, dann wäre das schon übel… Na ja, vielleicht nicht so ganz übel… Äh, na gut, das war ein schlechtes Beispiel…" Während ich mich leider in meinen eigenen Gedankengängen verfange, nimmt er den Laufschritt wieder auf.

Der Weg ist immer noch hervorragend beschaffen, dafür sind die Markierungen nunmehr nur noch in Weiß gehalten. Was das bedeutet, ahnt er nicht. Noch nicht. Die Erkenntnis kommt, als wir zum zweiten Mal eine Schotterstraße kreuzen. Das ist laut Karte völlig in Ordnung, allerdings sollten wir diese zweite Straße überqueren und sie nicht, wie hier in Weiß ausgeschildert, entlanglaufen. Und warum steht vor uns auf einem Schild ‚Lakserud'? Da wollten wir doch gar nicht hin? Und was ist das hier für eine grün gepunktete Linie auf der Karte? Ergänzt durch dieses Handicap-Piktogramm? Und da erst fällt die Glasperle: Der edle Wilde ist den weißen Zeichen und damit dem Behindertenpfad gefolgt. Herzlichen Glückwunsch.

„Peinlich, peinlich", stichele ich. „Sucht die Survival-Grenzerfahrung und landet auf der Rollstuhl-Route. Und jetzt? Warten wir auf Der-Mit-Dem-Rolli-Trekkt, damit er uns den richtigen Weg weist?"

Er schaut wieder auf die Karte und erkennt, dass er sich hier weit ab unserer beabsichtigten Route bewegt. „Halb so schlimm. Wir müssen nur ein Stück zurück und dann diesen Zubringer nehmen, wo der Wanderweg kreuzt." Gesagt, gelaufen.

Bald kreuzen wir zum dritten Mal die Schotterstraße, die direkt nach Lenungshammar zu unserem Parkplatz führt. Der ist nur etwa zwei Kilometer entfernt, wir sind aber schon fast eine halbe Stunde durch die Gegend geirrt. Wir laufen ein Stückchen dorfauswärts. Die zweite Sackgasse links geht es wieder in Richtung Stora Gla. Und kurz vor Erreichen des Wendehammers kreuzen wir tatsächlich den Wanderweg. Die orangefarbenen Markierungen sind nicht zu übersehen.

Es geht einen Hügel hinauf. Der Anstieg macht mit meinem Quäntchen Hoffnung, dass diese Tour einfach werden möge, was Antimaterie üblicherweise mit Materie anstellt: Er annihiliert sie aufs Gründlichste.

Von nun an legen wir keinen ebenen Zentimeter mehr zurück, ständig geht es auf und ab. Schon bald hat uns der Wald so tief verschluckt, dass wir beim Fotografieren den Blitz einschalten müssen.

Von knorrigen und rutschigen Kiefernwurzeln durchwucherter Waldboden ist das Angenehmste, auf das wir hoffen können. Ansonsten erschweren Steinbrocken, sumpfige Passagen, Matschlöcher und Wildwuchs das Vorwärtskommen. Ein Terrain, mit dem Fußknöchel auf Kriegsfuß stehen.

Entsprechend dauert es eine Weile, bis er seinen Laufrhythmus findet. So muss sich ein Pianist fühlen, der von den Schlagern der Fünfziger übergeht zur Kunst der Fuge. Langsam bekommt er den Bogen raus und tänzelt durch dieses wohlondulierte Revier wie der Glenn Gould der Fußgelenksarbeit. Passenderweise führt die Strecke häufig genug durch einen Bach.

Während er so mit der Zeit einen Teil der für das Laufen notwendigen Konzentration ins Unbewusste verlegen kann, sammelt er Eindrücke. Zwischen Wurzeln, Steinen und Matschlöchern kostet er Impressionen der Landschaft und lässt sie im Laufen auf der Zunge zergehen. So denkt er bald, die Natur wäre sanft, verlockend, verträumt und einladend wie eine keltische Volksweise. Und er macht auf Groupie: „Die Kiefern wachsen hier, als durchströme das Harz sie duftender, als kosteten ihre Nadeln die Luft inniger, als wäre die Farbe ihrer Rinde frischer als überall sonst. Ist das nicht unheimlich schön?“, plappert er.

„Also, ich weiß ja nicht, was dich gerade durchströmt, aber es ist eher unheimlich als schön.“

„Sie kleiden sich sogar in pastellfarbene Flechten-Spitzen, die Insignien eines gesunden Teints.“ Er fährt fort mit ähnlich schöngeistigen und ähnlich kindischen Bemerkungen über den Waldboden, der mit sanften Moosteppichen ausgelegt ist, über Beeren, die rund und reif am Wegrand gedeihen und über das Wasser, dessen Klarheit diesem Terrain seinen Namen gegeben hat.

„Sag mir doch mal eins: Was hat dein Geseier nun mit Persönlichkeitsentwicklung zu tun?“, will ich wissen. „Ich meine, schöngeistigen Dünnsinn von sich geben kann jeder, das hat nichts mit Entwicklung zu tun. Aber wie hilft uns das in Bezug auf Charakter, Kraft, Wissen, Selbstvertrauen, Teamfähigkeit, Erfolg und so weiter?“

„Als wäre das dein Ding.“

„Was willst du eigentlich?“, frage ich angezickt.

Der Kiefernwald um uns ist licht, der Untergrund trocken und von Blaubeeren, Preiselbeeren und Flechtenpolstern bewachsen. Er hält das Laufen hier für vergleichsweise risikoarm, wenn man sich an Wurzelgeflechte und Steinhindernisse gewöhnt hat. Er sagt, als wäre es das Selbstverständlichste auf der Welt: „Wir machen eine Reise in uns selbst, zu unserem Wesenskern. So wie der Indianer, der hinausgeht in die Wildnis auf der Suche nach seiner Vision.“

„Vision, ja? Ich osage dir, wir sollten uns besser schoschonen und hier nicht auf Medizinmann komm’ raus herumirokesen und einen Flathead riskieren.“

„Und was willst du eigentlich?“, fragt er.

„Soll ich ehrlich sein?“

„Nur zu.“

„Dieser ganze Persönlichkeitsentwicklungsquatsch ist aus meiner Sicht ... Quatsch. Was ich mir wünsche, ist das genaue Gegenteil von dem, was wir hier tun. Einfach nur ein paradiesischer Zustand, eine kleine, gemütliche Insel der Glückseligkeit. Und da ist Persönlichkeit so unnütz wie ein Winterfell. Man braucht sie schlichtweg nicht.“

„In so einem Schlaraffenland, wo man rumliegt und immer satt, gesund und friedvoll ist?“

„Oh ja!!“

Um uns wird es dunkel. Wir tauchen ein in den Fichtenwald. Dünn und gerade wie Tipistangen verdüstern schmale

Fichten allein aufgrund ihres dichten Wuchses die Atmosphäre. Der Boden ist feucht, manchmal moosbewachsen und oft schlammig. Hier müssen wir ein Flüsschen durchqueren. Der Länge nach. Die Wildnis verdrängt das Gefühl von Weite und sorgt für einen unerwarteten Stimmungsumschwung. Schließlich rezitiert er: „‚Die Absicht, dass der Mensch in diesem Sinne glücklich sei, ist im Plan der Schöpfung nicht enthalten.‘ Sigmund Freud. Oder, um es in meinen Worten zu sagen: Eine solche Insel der Glückseligen ist nichts weiter als ein Traumrefugium für Schweinehunde.“

„Ein Traumrefugium…“, hauche ich. „Du solltest wissen, dass mich deine Einstellung gerade sehr deprimiert.“

„Jetzt krieg’ dich mal wieder ein. Was ist denn daran so schlimm?“

„Nichts weiter, als dass du meinen einzigen Hoffnungsanker im Leben einfach so und ohne Kette über Bord wirfst. Ich finde das sogar sehr schlimm.“

„Es gibt doch andere wundervolle Dinge, die viel eher auf das Menschsein zugeschnitten sind“, versucht er, mich zu beruhigen.

Das gelingt ihm nicht. Seine Dinge kann er sich von mir aus so zuschneiden, bis sie dahin passen, wo weder Milch noch Honig fließen.

Kann man sich gefühllos fühlen? Ich tue es gerade. Alles ist so taub. Alles ist so schrecklich. Alles ist so ausweglos. Ich kann nicht einmal mehr schmollen.

Schon einmal habe ich über psychologische Hilfe nachgedacht. Warum eigentlich nicht? Schlimmer kann es auch nicht mehr werden.

Warum tue ich es nicht einfach? Ich sollte es.

Wahrscheinlich ist der Doc ein wesentlich angenehmerer Gesprächspartner als Herrchen. Und wesentlich vernünftiger. Ich meine, wenn einer vernünftig sein sollte, dann er.

Man sagt, er wäre mein erbittertster Gegner. Aber schlimmer als Herrchen kann auch er nicht sein. Ich brauche Hilfe und fackele nicht länger.

Es muss sein.

Also gehe ich zum Doc.

Ich krieche über die Blut-Hirn-Schranke und gehe in dieses Penthouse im Oberstübchen.

Das Dekor hier ist Siebziger Jahre. Kein Wunder. Da ist es hier eingerichtet worden. Allerdings überwiegen neutrale Grautöne. Keine auffälligen Farben. Und eine irritierende Ruhe.

Der Doc öffnet beim ersten Bellen. „Du hier? Willkommen", sagt er in einem neutralen Grauton und schmunzelt: „Kasse oder Privatpatient?" Ganz schön abgebrüht, der Gute.

„Äh, hallo", nuschele ich. „Wie geht's?"

„Danke. Wie geht's dir?"

„Ähh…" Am besten, ich komme direkt zur Sache. „Nicht so gut. Genauer gesagt, ganz und gar nicht gut."

„Ich weiß."

„Ich muss mit dir reden."

„Das ist gut. Worüber denn?"

„Ich weiß nicht so recht, wo ich anfangen soll."

Er schaut mir direkt in die Augen. Das fühlt sich nicht unangenehm an, sondern fast… kameradschaftlich. „Soll ich für dich anfangen?"

„Ja, warum nicht."

Er legt die Fingerspitzen aneinander. Sein Blick wandert nach unten links. Bei einem Rechtshänder soll das etwas Bestimmtes bedeuten, mir ist aber entfallen, was. „Du fühlst dich ein wenig hilflos?"

„Mh-hm."

„Oder gar ausgeliefert?"

„Mh-hm."

„Niemand beachtet dich oder hört auf dich?“

Es ist schlimm, wenn einem jemand so mir nichts, dir nichts in die Abgründe der Seele schaut. Und dabei richtig sieht. Ich würde ihn gerne überheblich finden, aber das ist er nicht. Eher… Ich kann es nicht so richtig fassen. Er kennt sich jedenfalls erstaunlich gut aus. Ich druckse herum. „Es ist… Es… Naja, schon irgendwie…“

„Deine Daseinsberechtigung ist angekratzt?“

Kurz überlege ich, ob ich von diesem Traum heute kurz vorm Aufwachen erzählen sollte, dieser Passage, als das schwedische Bikini-Team in der Dusche… Aber das wäre wohl kaum hilfreich. „Angekratzt ist noch vorsichtig ausgedrückt“, sage ich also. „Ich weiß nicht mehr, was ich tun soll. Manchmal schikaniere ich den Kollegen Blinddarm. Hilft aber auch nicht viel weiter.“

„Schikanieren, aha. Gut. Erzähl weiter.“

„Tja… Früher tollte ich herum, heute bin ich an der Leine. Gekettet an ein idiotisches Wesen, das mir sagt, wo es langgehen soll.“

Er nickt. „Ich verstehe.“ Er erzählt etwas von posttraumatischem Stresssyndrom und narrativer Expositionstherapie.

„Und das hilft?“, frage ich.

„Man sagt, es solle helfen.“

„Du musst es ja wissen.“

Er schaut mich mit gesenktem Kopf an. „Eine Gruppentherapie kommt für dich ja wohl nicht in Frage.“

„Sehr witzig, Doc.“

„Mach den Anfang. Und dann komm wieder.“ Und dann winkt er mich mir nichts, dir nichts hinaus.

Was? Das war’s schon?

Etwas nachdenklich verlasse ich ihn. Ich kann mir nicht so recht erklären wieso, aber mir hat es gut getan, mit ihm zu sprechen. Erst jetzt fallen mir zwei Dinge auf: Erstens wollte er mir wirklich helfen. Er war auf meiner Seite. Das war nicht selbstverständlich. Und zweitens hat er mich gar nicht nach dem Grund, dem Auslöser für mein Befinden gefragt. Er ist direkt zur Diagnose gekommen. Ist das nicht ungewöhnlich? Ich nehme mir vor, ihn bei der nächsten Sitzung danach zu fragen.

Herrchen indes hat sich schon wieder verlaufen. In einer Gegend namens Majendal läuft er entlang einer Straße, auf der er schon seit längerem keinen orangefarbenen Ring mehr gesehen hat. Und nun taucht vor uns auch noch ein Haus auf. Ein Blick auf die Karte verrät, dass wir falsch sind und umkehren müssen. „Hey Marvin", trällert er, „findest du nicht auch, dass sich die schwedischen Häuser oft so hübsch und bunt in die Landschaft einfügen, als wollten sie Bienen und Schmetterlinge anlocken? Vermehren sich Schwedenhäuser eigentlich durch Bestäubung?"

„Tu' jetzt bitte nicht so, als wärst du diesen Umweg gelaufen, nur um mir dieses rote Holzhaus zu zeigen."

Er läuft den Weg zur letzten orangefarbenen Markierung zurück. „Deine Laune ist aber mies heute, Marvin."

„Meine Laune ist seit zwei Jahren mies."

„Und deswegen warst du eben beim Gewissen?", fragt er. „Beim Kollegen Über-Ich?"

„Was soll dieser Anflug von Spott?"

„Das war kein Anflug von Spott. Das war einfach nur Spott."

„Danke. Jetzt verspottest du mich also auch noch."

„War nicht gegen dich gerichtet."

„Gegen wen sonst?"

„Siehst du ihn wieder, den Doc?", fragt er.

„Vielleicht."

„Na denn." Er scheint nicht wirklich mit der Sprache heraus zu wollen. Meine Neugier ist geweckt. Irgendwo in seinem Verhältnis zum Doc schwelt etwas, und das ist nicht der Tabak der Friedenspfeife.

Wir haben die letzte Markierung gefunden (es ist ein Holzpfahl, der oben orange angemalt ist und recht schief in der Böschung zur Straße hinunter steckt). Hier standen wir schon einmal, und er hat sich gefragt, ob es wohl links oder rechts herum geht. In beiden Richtungen hat er keine Markierungen gesehen. Rechts war falsch, also probiert er es nun links. Nach wenigen Metern sehen wir die nächste orangefarbene Markierung.

„Ist doch ganz einfach, hier den Weg zu finden“, sage ich. „Meistens sieht man von einer Markierung aus schon die nächste.“

„Meistens“, knurrt er. „Eben aber nicht.“

„Zum Glück haben wir eine Karte. Denn dein Instinkt ist mit Abstand der schlechteste Wegweiser in diesem Gelände.“

„Grmbl.“

„Manchmal braucht man eben eine Karte, um das Wesentliche richtig zu erkennen. Wenn man sich selber verrannt hat.“

Statt einer Antwort knickt er die Karte nicht gerade pfleglich so um, dass unser aktueller Wegausschnitt zur Vorderseite wird. Auf diese Art wird sie bald zerfleddert sein. So geht er immer mit Karten um.

Ein paar Meter laufen wir über einen Schotterweg, dann geht es wieder in den Wald hinein, und er unterzieht seine Knöchel und Sehnen wieder einem ausgiebigen Elchtest.

Wo er gerade ein Problem mit der Autorität von topografischen Karten hat durchblicken lassen, versuche ich auf dem diplomatischen Weg, sein Verhältnis zum Doc zu eruieren: „Du und der Doc, das geht ja wohl gar nicht, oder?“ Leider ist Diplomatie nicht wirklich meine Stärke.

Er balanciert über zwei dünne Birkenstämme, die beim Durchqueren einer Matschpfütze nur wenig Hilfestellung leis ten. „Bist du dir eigentlich im Klaren darüber, wie stark unser Denken und Handeln geprägt ist von Ideen und Konzepten, die wir nie hinterfragt oder getestet haben?“

„Klar“, seufze ich. „Deswegen rennen wir ja hier herum, oder?“

„Im Gegenteil. Wir laufen, weil wir es wollen. Und nicht, weil uns suggeriert wurde, dass wir es sollen. Womöglich noch von schlecht recherchierten und auch manipulierenden Quellen wie oberflächlichem Journalismus oder Werbung. Das ist bestenfalls nicht individuell auf uns zugeschnitten und schlimmstenfalls vollkommen irreführend.“

„Willst du darauf hinaus, den Doc mit einem schlechten Journalisten zu vergleichen?“

„Er denkt, er habe die Weisheit mit Löffeln gefressen, aber erprobt hat er sie nun mal kaum. Wenn wir nicht hinterfragen, nicht experimentieren, werden wir nie herausfinden, was wirklich gut, richtig und wesentlich ist. Und welchen Ballast wir loslassen können. Und dass der Doc im Zuge dessen Federn lassen muss, kratzt wohl ein wenig an seinem Ego.“

„Wow. Dem Über-Ich ein Ego zu unterstellen, ist ja wohl ein Geniestreich der Selbstüberhebung. Ich dachte, er wäre dein Vorbild.“

„Ach ja? Warum ist es eigentlich so, dass man als Kind Typen wie Superman, Winnetou oder so als Vorbild hatte? Und als Erwachsener identifiziert man sich dann eher mit Persönlichkeitsidealen wie Krimikommissar Wallander oder dem Houellebecq-Neurotiker Michel. Denk mal darüber nach.“

„Ich denke die ganze Zeit darüber nach, welche Vorbilder dich eigentlich zu diesem Lauf animiert haben.“

Er sagt nichts.

Ich setze nach: „Der Doc war es nicht, ich war es schon gar nicht, wer dann?“

„Ich“, meint er schließlich.

„Oh. Na toll. Verlier’ bloß nicht wieder die Karte.“ Selbstentdeckendes Experimentieren im Wilden Westen seiner Persönlichkeit, murmele ich verächtlich vor mich hin. Das ist ja wohl das sinn- und spaßbefreiteste Vorhaben aller Zeiten.

„Vor den Spaß haben die Götter den Schweiß gesetzt“, sagt er.

„So ein Quatsch. Außerdem heißt es: ‚Vor den Erfolg…‘ und das macht den Spruch auch nicht wirklich besser.“

„Und vor die Gelassenheit haben die Götter das Selbstvertrauen gesetzt. Wie willst du dir selbst vertrauen, wenn du nicht weißt, wozu du fähig bist?“

„Ich vertraue dir sowieso nicht mehr, seit ich weiß, wozu du fähig bist!“

Er bleibt stehen und probiert die Blaubeeren am Wegrand. Sie sind süß und saftig (und voller Antioxidantien wie Vitamin C, E und Polyphenolen. Ihre ORAC, also Oxygen Radical Absorbance Capacity, liegt mit knapp 14.000 Mikromol Trolox-Equivalenten pro 100 Gramm höher als bei fast allen anderen Nahrungsmitteln. Gleiches könnte man übrigens auch über ihren Gehalt von Fuchsbandwurmeiern sagen). Genüsslich kauend meint er: „Habe ich dir eigentlich schon mal gesagt, dass ich deine Gesellschaft der des Docs bei weitem vorziehe?“

„Schleimer.“

„Du folgst dir selber. Natürlich immer in die komplett falsche Richtung, aber immerhin bist du dir selber treu. Aber der Doc, der hat gar keine eigene Persönlichkeit.“

„Das geh’ ich petzen.“

„Nur zu.“

Wir nähern uns einer Gruppe Birken. Sie sind die Vorboten des Moores. Er schiebt hinterher: „Dir fehlen einfach nur Besonnenheit und Gelassenheit. Und praktische Vernunft. Und natürlich gutes Aussehen. Und…“

„Naganaganaga“, unterbreche ich sein Gefasel. „Und Häuptling Gezerrte Pobacke ist natürlich die Besonnenheit in Person. Deswegen rennen wir ja hier auch ohne Nahrung durch die Wildnis. Begrab' doch deine Indianerphantasien an der Biegung des Flusses!" Wow, bin ich schlau. Immerhin zitiere ich gerade das Buch von Dee Brown, in dem er die schonungslose Vernichtung der nordamerikanischen Indianer schonungslos beschreibt. Auf der anderen Seite klang das jetzt fast ein wenig linksintellektuell.

„Ein passendes Stichwort", meint er. „Das Buch zeigt, wie viel Schönes und Gutes durch Gier und Verblendung vernichtet werden kann."

„Heute wäre es wohl zeitgemäßer, eine Fortsetzung namens ‚Begrabt meinen Bonus an der Biegung des Cashflows' zu schreiben." Okay. Ich bin wieder der Alte.

„Und es war damals nicht einmal gewissenlose Gier. Man hat sie moralisch gerechtfertigt. Oder es zumindest versucht. Kurz vor Weihnachten 1890, zur Zeit der letzten Indianerkriege, hat Lyman Frank Baum, später der Autor des Kinderbuches *Der Zauberer von Oz*, im *Aberdeen Saturday Pioneer* ein Editorial veröffentlicht. Darin steht, die Indianer seien doch nichts weiter als ein Haufen winselnder Hundesöhne. Die noblen Weißen dagegen seien durch das Gesetz der Eroberung und das Recht der Zivilisation Herrscher des Landes geworden. Das reiche doch wohl, um die totale Vernichtung der Rothäute zu rechtfertigen. Besser sollten sie sterben als ein erbärmliches Dasein zu fristen. Das war damals die Stimme des Gewissens. Unglaublich, oder?"

„Ganz unglaublich", antworte ich matt. „Erinnert mich irgendwie daran, wie mit manchen Schweinehunden so umgesprungen wird..."

Vor uns führt der Wanderweg durch eine sumpfige Niederung. Hier hat man zum Glück einen schmalen Steg aus zwei parallelen Planken verlegt. Interessant wäre es zu sehen, wie zwei entgegenkommende Wandergruppen es an solchen Stellen arrangieren, einander unfallfrei zu passieren.

Er balanciert über die Planken und fragt: „Wo waren wir stehen geblieben?"

„Du wolltest gerade umdrehen, per Anhalter in den nächsten Ort fahren und im Café das Verwöhnmenü bestellen."

„Gelassenheit. Das war's. Egal ob durch Schlamm, über Steine oder diese Planken hier, unser Weg ist das gelassene Tun, besser noch, das gelassene Entdecken."

„Mh-hm... Und nachher entdecken wir ganz gelassen, wie hübsch wir uns auf nüchternen Magen durch die Nacht frieren können?"

Er übergeht mich. „Würden wir beispielsweise jemals auf die Idee kommen, möglichen Gegenverkehr nach dem Gesetz der Eroberung zu behandeln und von den Planken in den Sumpf zu werfen?"

„Nicht den Gegenverkehr", grolle ich ihn an. „Aber mir würde jemand anders einfallen."

Auch das ignoriert er. „Nein. Diese Planken und dieses Reservat und diese Erde sind nämlich für alle da. Statt mit anderen auf Konfrontation zu gehen, verständigen wir uns, halten an und halten ein Schwätzchen. Verlieren Sekunden. Gewinnen Momente. Entdecken ein wenig. Wenn man das doch häufiger so sehen könnte!"

Was das Entdecken angeht, ist er wahrlich mit Kolumbus auf Augenhöhe. Schon der wusste weder, wo er hinfuhr, noch, wo er eigentlich gewesen war. Ich frage: „Können wir uns jetzt bitte wieder auf die praktischen Dinge konzentrieren? Da hinten mal anhalten und noch ein paar Blaubeeren essen? Ich habe nämlich Hunger."

„Machen wir, sobald wir diesen Sumpf hinter uns haben." Die schwammigen Moosteppiche (über die leider nicht immer Planken verlegt sind, wie wir mehr oder weniger gelassen entdecken müssen) scheinen für Mücken so etwas wie Wasserbetten zu sein, in denen sie sich wie die Fliegen vermehren.

Beim Laufen werden wir nicht behelligt, aber sobald wir stehen bleiben würden, fielen sie über uns her.

Etwas später erklimmen wir einen kahlen Hügel, der nur mit Heide und vereinzelten Bäumen bewachsen ist. Die anderen hat der weiße Mann durch gründlichen Holzschlag wegskalpiert. Hier stellt er fest, dass blühende Heide zwar ein idyllischer Anblick, aber der Heidebusch als solches ein recht zähes Gewächs ist. Unsere Schienbeine sind bald aufgeschrammt, weil die Büsche den schmalen Pfad meist komplett überwuchern und ständig auf die nackte Haut peitschen.

Aber für ihn scheint das nicht weiter wesentlich zu sein.

Andere Wanderer haben wir bisher so viele gesehen wie Büffelherden: nämlich keine.

Er meint, die Luft sei frisch und klar, ein wenig erdig, ein wenig waldig und durchweht von einem Hauch süßlicher Aromen, so, als schmelze Mutter Natur hier für ihre Kinder Bonbons aus Pinienharz-Karamell.

Etwas nüchterner meint seine Uhr mit Höhenmesser, dass wir hier in der Stunde zwischen 300 und 400 Höhenmetern zurücklegen. Das ist fast auf Grand Canyon Niveau und erklärt, warum es mit seinen Kräften eher talwärts als bergauf geht.

Ich habe Hunger. Diese Heidelbeeren helfen überhaupt nicht. Hier wachsen auch Unmengen von ähnlich großen, roten Beeren an kleinen Büschen mit dunkelgrünen, glänzenden Blättern, aber die kann er nicht richtig einordnen und probiert sie daher nicht.

Wir kommen an eine Wegkreuzung mit vier Hinweisschildern. Demnach kann man hier nach Stora Gla, Dammarna, Råtakan oder zurück nach Lenungshammar laufen. Dahin sind es angeblich nur zwölf Kilometer. Mir kam die Strecke wesentlich länger vor.

Nun müssen wir uns entscheiden, ob wir die Route in Richtung des Stora Gla oder ins Landesinnere fortsetzen.

„Mir egal", keuche ich. „Irgendwie geht es in alle Richtungen rauf und runter und durch den Wald. Das ist hier doch so, als würde man Kleister rühren: Egal, ob rechts oder links herum, es bleibt zäh und matschig."

Er entscheidet sich, nicht zur Übernachtungshütte Dammarna am Ostufer des Stora Gla zu laufen, sondern bei dem ursprünglichen Ziel Gängene zu bleiben. Dazu müssen wir noch kurz dem Wanderweg folgen und nehmen dann eine Schotterstraße entlang des Glåtjärn.

Und so springen wir bald aus dem Wald, die Straßenböschung hinunter wie ein Tier. Die Straße liegt verlassen vor uns. Hier werden wir wesentlich schneller vorankommen als auf dem Wanderweg. Wenn nur diese zunehmende Erschöpfung nicht wäre.

Er verdrängt sie bis auf weiteres mit einem eher gemächlichen Trott.

So kommen wir bald an einen Rastplatz für Autofahrer. Hier sind noch einige Urinale frei; wir haben die Auswahl zwischen verschiedenen Kiefern und Birken. Er entscheidet sich für eine Birke.

„Dieser Rastplatz ist ziemlich nichtssagend, oder?", meint er. „Da haben wir auf dem Weg eben aber bedeutend Schöneres gesehen. ‚Entdecke die Möglichkeiten' gilt in diesem Gebiet wohl eher für Wanderer. Was wiederum ein Beweis dafür ist, dass es manchmal etwas Mühe kostet, das Schöne zu entdecken."

Notiz ans Selbst, denke ich, Drive-In Burger können wir in der nächsten Zeit wohl vergessen.

Morgens halb zwölf in Schweden: Er kennt keine Pause und rennt weiter. Dabei sind wir jetzt schon im Nachmittagstief.

Etwa fünf Kilometer rennen wir diese Straße entlang. Wir sind zwar wirklich schneller als auf dem Wanderweg, aber Herrchen kommt sich deplaziert vor. Kurz bevor wir die orangefarbenen Marierungen wieder kreuzen, erreichen wir rechter Hand am Ufer eines mittelgroßen Sees den ersten Windschutz auf dieser Tour.

Windschutze, Notunterkünfte für Zeltvergesser, sind eine der zwei zentralen Strukturen der im Glaskogen errichteten Übernachtungsstellen. Sie bestehen aus drei Blockhauswänden mit einem Pultdach darüber und haben eine Liegefläche aus rohen Holzdielen, die vielleicht neun Quadratmeter groß ist. Das Ganze bewegt sich architektonisch in etwa auf dem Niveau einer Anasazi-Erdhöhle. Hier im Glaskogen hat man die Windschutze an der offenen Vorderseite mit einer aus Findlingen gemauerten Feuerstelle samt Dreibein und Grillrost nebst umlaufenden Bänken ausgestattet. Im Sterne-System der offiziellen deutschen Hotelklassifizierung würde sich der Windschutz damit zwar nur die Kategorie ‚Weltraumschrott' verdienen, verbreitet aber immerhin bei Touristen wie Herrchen ein wohliges Gefühl von Abenteuerlichkeit.

Normalerweise liegen Windschutze abseits der Straßen im Wald, dieser hier ist jedoch auch von unserer Schotterpiste aus zugänglich. Außerdem zählt eine behindertengerechte Angelplattform am Seeufer zu seinen Attraktionen.

„Das wäre ein idealer Platz, um uns warm zu angeln", sagt er und begibt sich zu der Plattform.

„Und was, wenn wir etwas fangen?"

„Dann machen wir hier Mittag."

„Au ja", freue ich mich. In Schweden sollen die Hechte ja geradezu beißwütig sein. Aber schon nach einigen Minuten ist klar, dass hier nicht einmal lebensmüde Depri-Exemplare auf den Gnadenköder warten. Hechte beißen entweder bald oder gar nicht, so seine Erfahrung. Und bald ist leider bald vorbei. Sein bewährter Köder geht leer aus.

„Genauso gut hättest du Sartres *Das Sein und das Nichts* ans Ende der Leine binden können", stöhne ich.

„Das wäre nicht waidgerecht", witzelt er. „Zu brutal."

Immerhin hat die Pause gut getan. Aber mein Hunger ist stärker geworden. Er meint, das wäre alles halb so schlimm und freut sich auf die nächste Etappe nach Gängene.

Wir haben hier die Wahl, dem Wanderweg oder der Straße zu folgen. Er nimmt den Wanderweg. Es ist nur eine kurze Strecke bis Gängene, aber sie zeigt uns, dass so ein Wanderweg auch gerne einmal verwildert. Brusthohes Gras umwuchert ihn so dicht, dass Laufen unmöglich ist. Zum Glück sind wir bald wieder auf einer Schotterstraße. Der Wanderweg verschwindet gegenüber im Unterholz. An dieser Stelle parkt auf der Straße ein Kleinbus mit deutschem Kennzeichen. Links führt die Straße nach Gängene. Dort soll es Trinkwasser und eine Übernachtungshütte geben. Das schauen wir uns einmal an.

Die Hütte ist ein kleines, rotes Holzhaus. „Lillebo", liest Herrchen auf einem Holzschild an der weißgestrichenen Tür. „Das ist zusammengesetzt aus den Worten ‚klein' und ‚wohnen'. Wollen wir uns doch mal anschauen, wie klein man hier wohnt."

Wir öffnen die Tür und schauen hinein.

„Bist du sicher, dass deine Schwedischkenntnisse dich nicht im Stich gelassen haben?", frage ich säuerlich. „Und dass ‚Lillebo' vielmehr zusammengesetzt ist aus den Worten ‚obdachlos' und ‚Heim'?" Ich bin gemein. Es könnte hier fast gemütlich sein, wenn man etwas zu essen und nette Gesellschaft hätte.

„Wieso? Ist doch ganz nett hier."

„Diese Etagenpritschen mit den dünnen Matratzen?"

„Immerhin Matratzen. Und es gibt sogar einen Kaminofen. Und Brennholz. Einen Tisch. Holzstühle. An jeder Stirnseite ein Fenster. Und – ist nicht wahr – sogar eine Heizung und..." Er betätigt einen Schalter neben der Tür. „... elektrisches Licht. Wow, was für ein Luxus."

„Kennen wir ja von zuhause gar nicht", stichele ich. „Und, bleiben wir jetzt hier?"

„Nö. Heute übernachten wir in der Wildnis."

„Oh, wie schön ist Lillebo!", rufe ich. Vergeblich. Er macht sich bereits auf die Suche nach der Trinkwasserquelle.

Die ist gar keine Quelle, sondern ein Wasserhahn draußen an einem Schuppen, der wohl zu einem der Wohnhäuser in Gängene gehört.

Er kostet das Wasser. „Kalt und köstlich!", meint er. Dann fällt ihm auf, dass der Wasserhahn einfach ans Ende eines langen Schlauches, der sich über eine Wiese zu einer nicht erkennbaren Quelle schlängelt, geflanscht ist. „Hm, wo der wohl hinführt?", wundert er sich.

Vielleicht füllt er wegen dieser Unsicherheit die Wasserblase nicht wieder auf.

„Das könnte ein Fehler sein", meine ich. „Wasser kann man nie genug haben."

„Ein bisschen weniger Gepäck tut uns momentan ganz gut", antwortet er.

Und läuft wieder los.

Nur einen Kilometer weit ist es bis zur nächsten Übernachtungshütte. Sie ist noch kleiner als diese Libido-Hütte, oder wie sie hieß, kaum mehr als ein bis an den Boden reichendes Walmdach aus Holzbohlen. Die eine Firstseite ziert ein winziger, aus Natursteinen (fast Kieseln) gemauerter Kamin, gegenüber lässt ein hutzeliges, nicht ganz schließendes Fenster ein wenig Licht ins Innere.

Auf einem Holzschild davor steht: ‚Här kolades sista milan på Gängene bevakning År 1925'. Er meint, das hieße: ‚Hier wurde bis 1925 der letzte Kohlenmeiler in Gängene betrieben.' Er wäre sich allerdings nicht ganz sicher, vielleicht bedeute es auch: ‚Hier gab 1925 der letzte Milan unter Bewachung mehrerer Gruppen von Halbstarken den Löffel ab.'

„Bestimmt Letzteres", seufze ich.

Natürlich treibt ihn die Neugier dazu, auch die Tür dieser Hütte zu öffnen. Sie wird durch die Neigung der Seitenwand zugehalten, ist aber ansonsten nur angelehnt. Drinnen ist niemand. Bis auf einen Steinpilz, der aus dem mit Kieseln bestreuten Boden wächst.

„Das ist ja süß", ruft er. „Wie kommt der denn hier rein?"

„Ein Wandererfußpilz, der sich selbstständig gemacht hat?", mutmaße ich.

„Clever, das Hausinnere als landwirtschaftliche Nutzfläche zu verwenden."

„So neu ist das nun auch wieder nicht. Landwirtschaftliche Nutzfläche hat jede zweite Studi-WG in ihren Kleiderschränken."

Hier drinnen riecht es nach Rauch. Kaminfeuer meine ich jetzt. Außer dem Steinpilz gibt es nur zwei Holzbänke entlang der Dachschrägen, dazwischen ein Holztisch. Die Bänke, die wohl auch als Schlafstatt dienen sollen, und der Tisch belegen zwei Drittel des Innenraumes. Neben dem Kamin hat jemand einen Arm voll Brennholz deponiert.

„Spartanisch, aber reizvoll", meint er. „Sozusagen reduziert auf das Wesentliche."

„Stechender Geruch und Pilzbefall?"

„Ist das jetzt eigentlich eine Hütte oder eine Sauna?", fragt er.

„Würdest du entweder das eine oder das andere benutzen wollen?"

„Nö."

„Dann ist deine Frage wohl unerheblich."

„Auch wieder wahr."

„Siehst du. Auch ich kann mich auf das Wesentliche konzentrieren. Ich habe nur eine wesentlich gesündere Auffassung davon als du."

Er verlässt die Hütte und sagt: „Komm, wir laufen wieder“, und er läuft wieder. Trotz Nährstoffmangels und schwerer Beine.

„Warum quälst du dich so? Geh doch einfach mal ein Stückchen.“

„Was? Ich quäle mich doch gar nicht. Wir sind höchstens ein wenig ermüdet, aber das ist doch nicht weiter gravierend.“

„Irgendwie hast du eine gestörte Wahrnehmung. Mutter Natur ist keine Domina, weißt du?“

Er antwortet nicht. Der nächste Wegabschnitt zum Übernachtungsplatz am Åltjärn wird anspruchsvoll. Der Pfad ist schmal, uneben, rutschig und so steil, dass wir manchmal fast klettern müssen. Als Ausgleich dazu glitzert links unter uns der hübsche Åltjärn in der Sonne.

Er erwägt kurz, zu einer der kleinen Inseln im See hinüberzuschwimmen, um dort zu übernachten. Das wäre sicherlich romantisch, aber er entscheidet sich dagegen. Man darf im Glaskogen nur an den ausgewiesenen Übernachtungsstellen Feuer machen. Und was wäre eine Übernachtung in der Wildnis ohne Feuer? Schließlich brauchen wir das, um den Hecht zu garen, meint er.

„Wenn wir ihn denn überhaupt fangen“, sage ich.

„Ach, sei doch nicht immer so pessimistisch.“

Am Windschutz des Åltjärn treffen wir das erste Mal auf dieser Tour andere Wanderer. Ein Paar. Er hat sich auf einer der Bänke um die Feuerstelle ausgestreckt, sie liegt etwas abseits auf einer Isomatte im Gras.

Ich denke: Mann, Frau, Sonne, freie Natur, keine Zeugen, FKK-Temperaturen: Dafür wirkt die Nummer hier aber noch recht platonisch. Oder ist eine Art Uri-Geller-Petting.

„Hallo“, sagen wir. „Sprecht ihr Deutsch?“

Die Frau blinzelt zwar, bleibt aber liegen. Der Mann richtet sich auf; sein erster Eindruck von uns formt sich und entwickelt ein Eigenleben. Seinem Gesichtsausdruck nach zu urteilen, hat ihm sein erster Eindruck gerade ans Bein gepinkelt. Er fragt mit einem etwas missfälligen Blick auf unser Lauf-Outfit: „Hast du überhaupt Zeit, mit uns zu reden?“ Wir wissen nun, dass er Deutsch mit einem süddeutschen Einschlag spricht, aber nicht, ob er ein Witzbold oder ein Griesgram ist. Dass wir hier laufen, scheint ihn ziemlich zu irritieren.

Wie sich herausstellt, kommen die beiden seit vielen Jahren in dieses Gebiet. Ihnen gehört der Bus, den wir vorhin an der Straße gesehen haben. Von dort aus haben sie den Ausflug hierher gemacht, die Strecke als sehr schwer empfunden und ruhen sich jetzt aus.

Wir erzählen ein wenig von unserem Vorhaben.

„Joggen würde ich hier nicht“, meint der Bus-Fahrer.

„Ist auch nicht gerade leicht“, gibt Herrchen zu, „aber trotzdem toll. Mir gefällt es jedenfalls besser als Gehen.“

Wir ernten einen skeptischen Blick. Wo wir denn überhaupt Zelt und Schlafsack hätten, will er wissen, doch wohl nicht in unserem kleinen Rucksack.

Wir erzählen, dass wir für ein primitives Camp gerüstet wären, aber nichts zu essen dabei hätten.

Bei diesem Thema richtet sich auch die Frau von ihrer Matratze auf. Sie freue sich schon auf die Hanutas im Auto, sagt sie, und den Filterkaffee. Und grinst.

Sadistischer Humor sollte verboten werden.

Die beiden schwärmen eine Weile von ihrem Bus, er sei ihre Versorgungsstation, sie würden sich nie weit von ihm entfernen.

Herrchen will wissen, ob diese roten Beeren, die hier überall reichhaltig gedeihen, vielleicht Preiselbeeren seien.

„Ja“, meint die Frau. „Und sie schmecken gerade besonders gut.“

Immerhin scheint es so, als würden sich die beiden im Glaskogen gut auskennen. Und da wir uns nun entscheiden müssen, wo wir von hier aus hinlaufen (nach Norden zum Stora Gla, dem Hauptsee des Parks, oder eine weite Schleife durch den Süden des Gebiets), fragen wir sie noch ein wenig aus.

Der Stora Gla (den wir bisher kaum gesehen haben) wäre schön, aber gerade voller Kanuten und ungewöhnlich windig. Nach Süden wäre es vielleicht auch ganz nett. Jedenfalls für die nächsten dreieinhalb Kilometer.

„Was gibt's denn da Nettes?", will Herrchen wissen.

Der Weg wäre dort immerhin „relativ trocken".

„Und die weiteren dreißig Kilometer?"

Die beiden meinen, weiter würden sie sich nicht wirklich auskennen, und außerdem würde sich die Wegbeschaffenheit ohnehin ständig durch Holzschlag verändern.

Herrchen schaut auf die Karte und entscheidet sich nach einiger Überlegung für die längere Route durch den Süden. Na toll, damit verlieren wir heute Nacht jede Chance, notfalls in einer Hütte unterzukommen. Die gibt es dort nämlich nicht.

Ob das mit dem Laufen wirklich so toll sei, will Der-Sich-Mit-Dem-Bus-Voller-Hanutas-An-Die-Übernachtungsstellen-Für-Wanderer-Heranschummelt noch wissen.

„Ja", sagt Herrchen aus vollem Herzen.

„Nicht ein wenig stressig?"

„Im Gegenteil. Für mich ist es die entspannteste und schönste Art, Natur zu erleben."

„Du siehst jedenfalls entspannter aus jeder andere Wanderer, den wir bisher getroffen haben."

Dieses Kompliment nehmen wir zum Anlass, uns zu verabschieden. Der Plan ist nun, zum Übernachtungsplatz am Holmtjärn in dreieinhalb Kilometern Entfernung zu laufen und dort die Nacht zu verbringen. Weitab von jeglichen Hütten. Und Hanutas.

Der Weg führt eine Weile an den Ufern des Åltjärn entlang, bevor er sein mörderisches Auf und Ab fortsetzt. Bis zum Holmtjärn werden wir heute insgesamt zwischen 1.400 und 1.500 Höhenmeter zurückgelegt haben. Wie gewohnt, kommen die üblichen sumpfigen und matschigen Passagen hinzu. Die Blau- und Preiselbeerfelder rechts und links sind unglaublich. Die Zweige tragen mehr Beeren als Blätter. Himmel, schiebe ich Kohldampf.

„Die beiden eben nehmen auf ihre Wanderungen einen ganzen Bus mit", meint er, „wir dagegen nur einen leichten Rucksack."

„Ja, leider."

„Sie gehen nie den letzten Schritt über sich hinaus, sondern schleppen immer die Zivilisation wie eine Eisenkugel mit sich."

„Warum sollten sie das auch nicht?"

Er probiert die roten Preiselbeeren. Sie schmecken tatsächlich intensiv fruchtig. Aber den Hunger stillen sie nicht. Außerdem machen sie Durst, und unsere Wasserblase ist fast leer. Auf dieser Südschleife gibt es nicht nur keine Übernachtungshütten, sondern auch keine Trinkwasserquellen.

Von einer Anhöhe haben wir einen idyllischen Blick auf einen der zahlreichen kleinen Seen. „Wir können das Seewasser trinken", meint er. Langsam stecken wir richtig in der Wildnis. Zu tief im Wald für Hobbywanderer und Windschutz-Heranschummler. Auf dem matschigen Untergrund sieht man kaum noch Fußspuren.

Die Pause hat ihm gut getan, und das Laufen fällt ihm wieder leicht. Manchmal, wenn er sich unbeobachtet fühlt und in der Stimmung ist (beides ist hier der Fall), singt er beim Laufen. Gerade ist es *Thank You For The Music* von ABBA.

Meine Stimmung ist weniger dankbar. „Jetzt ist Zeit für Kaffee und Kuchen", seufze ich. „Den werden die beiden von eben sicherlich bald im Bus genießen."

„Deswegen sind wir nicht hier", sagt er.

„Weswegen sind wir noch mal hier?“, frage ich.

Er antwortet nicht, sondern horcht auf die Geräusche des Waldes.

Der Windschutz am Holmtjärn liegt einsam, still und leicht erhöht mit Blick über den See. Außer uns gibt es hier noch Unmengen von Beeren, einige Mücken und einen riesigen Stapel lagerfeuerfertig gehacktes Birkenholz, das mit einer grünen Plane abgedeckt ist. Hier beziehen wir Quartier.

Selten waren wir weiter weg von Familie, Freunden, Arbeit, Haus, Fernsehen, Kühlschrank, überhaupt allem einschließlich Hanutas. Unsere Isomatte wirkt auf dem Boden des Windschutzes etwas verloren.

Er streift die nassen und schlammigen Laufschuhe ab und legt sie zum Trocknen in die Sonne. Seine Zehen genießen es, in der frischen Luft zu spielen, ein Wohlgefühl, das nicht auf Gegenseitigkeit beruhen dürfte.

„Ist das nicht die absolute Idylle hier?“, murmelt er.

„Um es mal mit Ikea auszudrücken: Dieser Verschlag ‚Plattebo‘ geht mir jetzt schon mächtig auf das Accessoire ‚Klöten‘.“

„Weißt du, woran man erkennt, dass man endgültig im Familienidyll angekommen ist?“, fragt er und gibt gleich selbst die Antwort: „Aus ‚Baby, gib mir Tiernamen‘ wird ‚Schatz, gib mir Möbelnamen‘.“

„Sehr witzig. Soll mich das jetzt aufbauen? Lass uns lieber etwas zu essen besorgen.“

„Gleich.“ Zunächst zieht er sich die lange Hose und den Pullover über, eher zum Schutz vor Mücken als vor der Kühle. Als Camp-Schuhe hat er ein Paar Five Fingers dabei. Auf deren leisen Sohlen erkundet er die kleine Halbinsel, auf der unser Nachtlager gebaut ist.

Außer dem obligatorischen Plumpsklohäuschen und vielen Blau- und Preiselbeeren entdecken wir nicht viel. Auch keine

Spuren jüngster Hechtfänge, wie Schuppen oder abgeschnittene Köpfe.

Auf dem Rückweg schaffen wir ein paar Arm voll Brennholz zum Windschutz hoch. Die Birke ist trotz Abdeckung etwas feucht, aber mit einem großzügigen Feuernest aus ihrer eigenen Rinde brennt sie trotzdem an, so dass bald ein fröhliches Pagodenfeuer in der Feuerstelle des Windschutzes flackert.

Jetzt brauchen wir nur noch den Hecht, der darauf brät.

Er benutzt in unbekannten Angelgewässern eine geflochtene Schnur mit einer brachialen Reißfestigkeit von über 30 Kilogramm. Der Vorteil ist, dass diese Leine, sollte der Köder sich in einem Ast oder in Krautbetten verhaken, einfach alle Hindernisse aus dem Wasser reißt, statt selber zu reißen. Das schwächste Glied in der Kette, vom unfähigen Angler einmal abgesehen, ist der Palomar-Knoten, mit dem die Leine am Stahlvorfach des Köders befestigt wird, insbesondere, wenn er nachlässig geknotet ist.

Er wirft ein paar Mal erfolglos aus, wechselt den Standort auf einen hohen Felsen, wirft aus, der Köder verhakt sich, er zieht, fischt einen Ast aus dem Wasser, wirft wieder aus, der Köder verhakt sich, er zieht, der Widerstand ist unnachgiebig, er zieht stärker, nichts rührt sich, er geht mit vollständig zugedrehter Angelrollenbremse rückwärts, der Widerstand bricht ruckartig, er holt die nackte Leine ein. Der nachlässig gebundene Knoten hat sich gelöst, der Köder, das Stahlvorfach und die Hoffnung auf ein Abendessen haben wir im Holmtjärn versenkt.

„Oh. Jetzt heißt es wohl Beeren sammeln", meint er lapidar. Zwar hat er noch einen Ersatzköder dabei, möchte ihn aber in diesen unsicheren Gewässern nicht auch noch aufs Spiel setzen.

„Oh nein", hauche ich. „Ich habe es ja gewusst. Jetzt wird alles noch schrecklicher!"

Er geht zurück zum Windschutz und schaut nach dem Feuer. Legt nach. Wärmt sich, denn der Wind ist kalt.

Nach einigen Minuten schaut er, ob sein Handy hier Empfang hat. Es hat. Er ruft Kirsten an, und sie reden ein wenig miteinander.

Als er das Gespräch beendet, flaut der Wind etwas ab, und es ist sehr ruhig.

Nach einigen Minuten nimmt er einen Gefrierbeutel aus dem Rucksack und begibt sich auf Beerensuche. Es dauert ewig, bis er vielleicht ein halbes Pfund Preisel- und Heidelbeeren gesammelt hat. Damit setzt er sich ans Feuer und isst. Gefühlte drei Sekunden später ist die Portion verputzt.

Das ganze Prozedere wiederholt er noch zwei Mal. Dann hat er Durst.

Als er den Schlauch des Wasserbeutels zum Mund führt, fällt ihm an der Innenseite ein grünlicher Belag auf. „Ih!", ruft er. „Da sind ja Algen oder Schimmel oder so was!" Es sind tatsächlich Algen oder Schimmel oder so was. Und das an einer Stelle, an die man kaum herankommt, um sie sauber zu machen. Er entschließt sich, dieses Wasser nicht mehr zu trinken.

Na, das wird ja immer schöner hier. Wenn ich mich jetzt auf das Wesentliche konzentriere, fällt mir nur eines ein: Notruf absetzen, hier rausholen lassen und ab ins zivilisierte Leben.

Stattdessen nimmt er einen Wassereimer, der neben der Feuerstelle steht. Jedenfalls nimmt er an, dass es ein Wassereimer ist. Angesichts der beträchtlichen Entfernung bis zum Plumpsklo gäbe es da auch noch andere Interpretationen. Damit geht er zum See, holt Wasser und lässt es darin ein wenig setzen. Dann füllt er einen halben Liter davon in eine PET-Flasche.

Jetzt braucht er zum ersten (und wahrscheinlich einzigen) Mal auf dieser Tour sein Messer (60 Gramm). Denn die winzige Micropur-Entkeimungstablette ist für einen Liter Wasser vorgesehen, er muss sie also halbieren.

Dann wartet er einige Minuten, während die Tablette das Wasser entkeimt. Dann sieht der Flascheninhalt fast klar aus, hat jedoch einen leicht moorigen Einschlag.

Die Zeit vergeht. Ich habe schon wieder Hunger. Es wird kälter. Er zieht die Daunenjacke über und legt wieder Birke nach. Sie brennt schnell an und noch schneller weg.

Schließlich denkt er, dass die Keime im Wasser der chemischen Keule zum Opfer gefallen sein müssten. Statt Rotwein am Kamin genehmigen wir uns also chloriges Micropurwasser am Lagerfeuer. „Als tränke man Bruderschaft mit der Landschaft", sagt er.

„Klasse", maule ich. „Die Giardia-Würmer dürfen uns jetzt also duzen." Wahrscheinlich sind wir schon ein wahrer Indoor-Spielplatz für Parasiten: Fuchsbandwürmer von den Blaubeeren, Schimmelpilze aus der Wasserblase und jetzt auch noch Giardia aus dem Seewasser organisieren gerade in unserem Verdauungstrakt einen spontanen Christopher-Shit-Day.

Die Zeit vergeht. Die Sonne geht unter. Es wird deutlich kälter. Er legt Birke nach. Der Wind zeichnet ein Wellenmuster auf die stille Seeoberfläche. Es ist sehr einsam. Und kühl. Fische springen im See. Blöde Tiere.

Es dämmert, und ihm dämmert, dass sein Plan, die Nacht mollig warm in seiner Daunenjacke zu verbringen, nicht aufgehen könnte. Er hat diese Idee nie hinterfragt oder gar getestet. Die Tatsache, dass man in ähnlichen Situationen üblicherweise Schlafsäcke verwendet, hat ihn nicht stutzig gemacht. Schließlich wäre Spätsommer. Da sollte eine Jacke nachts unter freiem Himmel doch wohl reichen. Aus der schlecht recherchierten und auch manipulierenden Quelle der Werbung hat er jedenfalls geschlossen, dass die Jacke auch bei arktischen Temperaturen mollig wärmen würde. Das war wohl nicht individuell auf ihn zugeschnitten und schlimmstenfalls vollkommen irreführend, denn mollig warm ist ihm damit schon jetzt nicht. Und heute Nacht wird es bestimmt noch viel kälter.

„Wir sollten wohl doch die Überlebensfolie auspacken", meint er.

Die dünne, silberbeschichtete Plastikdecke knistert wie trockenes Espenlaub und flattert im Wind. So richtig sinnvoll ist so ein Windschutz auch nicht, wenn der Wind von vorne kommt, wo die offene Seite ist. Er muss die Isomatte auf die Folie legen, damit sie nicht wegweht.

Es wird dunkel.

Wenn wir die Augen schließen, sehen wir Blaubeeren.

Die Nacht gestern im Auto war längst nicht so kalt.

Über uns hören wir den pfeifenden Flügelschlag einer einzelnen Wildgans.

Die Zähne putzt er sich mit ‚magischer Seife'. Sie schmeckt zwar nach Pfefferminz, ist aber trotzdem gewöhnungsbedürftig.

Dann legt er sich auf seine Unterlage und schaut ins knisternde Feuer.

„Bist du jetzt glücklich?", frage ich.

„Nein."

„Dann lass uns doch bitte nach Hause gehen."

„Es kommt noch."

„Warum und woher?"

„Warte einfach ab."

Das hat nichts, aber auch gar nichts mit Glück zu tun. Und mir ist absolut schleierhaft, wie es jemals zu etwas Glücklichem führen soll. Insbesondere, wenn man morgen früh dreißig Kilometer durch mörderisches Terrain auf völlig nüchternen Magen laufen soll.

Es habe viele, viele glücklichere Momente in unserem Leben gegeben, meine ich.

Wir seien uns jedenfalls in diesem Moment sehr bewusst, meint er. Und wickelt sich in die knisternde Überlebensfolie, was umständlich ist und lange dauert. Just in dem Moment als er fertig ist, wird ihm sehr bewusst, dass er pinkeln muss. Also wickelt er sich wieder aus.

Fröstelnd schaut er auf den dunklen See hinunter. „Als wir gestern Nacht durch Dänemark gefahren sind und es in Strömen gegossen hat, war die Dunkelheit schwer wie Blei. Sie senkte sich auf die Landschaft, als wolle sie Himmel und Erde zusammenquetschen. Hier aber füllt die Dunkelheit den Raum, wird aufgesogen wie Wasser vom Wüstensand, so dass Dinge anfangen können zu blühen, damit Neues entstehen kann."

„Bitte achte darauf, dass deine Schuhe jetzt nichts aufsaugen."

„Ich bin froh, dass wir noch einmal aufgestanden sind." Er schaut noch längere Zeit in die Nacht hinaus und vergisst das Frösteln. Ich sollte wohl erwähnen, dass er die Hose zu diesem Zeitpunkt bereits wieder geschlossen hat.

Uns ist umso kälter, als wir uns wieder in die Überlebensfolie wickeln.

Sein letzter Gedanke vor dem Einschlafen ist: Es geht nicht ums Überleben, sondern ums Erleben. Wenn er damit mal hoffentlich nicht Unrecht hat.

9. Glaskogen II: Mentalitybuilding

Gestern Morgen bin ich aufgewacht wegen eines schrecklichen Traums. Heute wache ich auf wegen der schrecklichen Realität. Es ist 2.00 Uhr in der Nacht. Ich liege in einer schwedischen Behelfsbaracke mitten im Nirgendwo. Das Feuer ist ausgegangen. Es ist empfindlich kühl.

„Kannst du auch nicht schlafen?", fragt er.

„Wundert dich das?", zittere ich.

„Wir sollten aber. Versuch' es einfach. Morgen wird's nicht leicht." Er wickelt die Überlebensfolie noch ein wenig fester um uns. Das Thermometer seiner Uhr ist der Meinung, es wären 13 Grad Celsius. Mir kommt es bedeutend kühler vor. Die angeblich so mollig warme Daunenjacke ist der absolute Isolationsflop. Mit einem anderen Modell fühlten wir uns im tiefsten Winter ganze Outdoor-Abende lang pudelwohl, und da hatten wir nur ein T-Shirt drunter. Und dieses Ultraleicht-Modell macht schon bei mittelmäßig kühlen Spätsommernächten ultraschlapp? Das kann ja wohl nicht sein.

Nachtruhe hat mit dem hier so viel zu tun wie Taschenfederkernmatratze mit Streckbank. Ich kann unmöglich wieder einschlafen.

Irgendwann schaffe ich es doch. Nach gefühlten fünf Minuten wachen wir wieder auf. Es ist 5.00 Uhr. Und es ist schrecklich kalt und feucht. Bei Subprime-Temperaturen haben zwielichtige Nebelbänke unseren Windschutz in ein SPV verwandelt, ein Schleimiges, Pitschnasses Verlies, in dem wir liegen wie ein CDO, ein Castagnettenartig-klapperndes Durchgeweichtes Objekt, kurz: Ich krieg' die Krise.

Er beschließt aufzustehen. Das heißt, wir müssen unser Nachtlager verlassen und uns umziehen. Schon bei dem Gedanken daran zittere ich noch stärker. Zuerst wickelt er sich aus der Überlebensfolie, als wäre er ein Stück Eisschokolade.

Hüpfend und Hände reibend vor Kälte begibt er sich dann zum Toilettenstandort von gestern Nacht – oder jedenfalls dahin, wo er ihn vermutet. Feuchtigkeit dringt durch die Sohlen der Vibrams. Also haben wir entweder den Toilettenstandort gefunden, oder der Waldboden ist mächtig klamm.

Die Morgendämmerung ist in vollem Gang. Über dem Holmtjärn wabern feuchte Schwaden von Morgennebel wie die untoten Überreste doppelt verfluchter Seelen, Gespenster, die vom Rad der Wiedergeburt plattgefahren wurden.

„Sieht hübsch aus, oder?", krächzt er mit morgenrauer Kehle.

„Spinner", bibbere ich.

„Gleich wird uns warm."

„Spinner."

„Erst mal müssen wir allerdings in unsere nassen Laufsachen schlüpfen."

Ich verzichte auf eine Entgegnung, er hört mich ja doch nicht, und flüchte mich in Erinnerungen an einen Aufbruch, wie er wirklich sein sollte: Ich steige als einer der ersten Passagiere an Bord der Boeing 747. Gelassen schlendere ich die Wendeltreppe in die erste Klasse hinauf. Die letzten Vorbereitungen für den Transatlantikflug laufen. Dazu gehört, dass mich die Stewardessen mit einem Glas Champagner begrüßen.

Er nimmt gerade einige Schlucke chloriges Micropurwasser.

Vom Raumklima der Kabine und dem Lächeln der Stewardess gewärmt kuschele ich mich in die Weichheit meines First-Class-Fauteuils, auch ‚Sleeper Sitz' genannt. Die Schuhe kann ich ablegen und schlüpfe stattdessen in die bequemen Puschen, die für mich bereit stehen.

Er streift Jacke, Hose, Pulli, T-Shirt und Vibrams ab und steht in Unterhosen im Morgentau wie ein Guerilla im Nebel, als führe er einen kalten Krieg gegen sich selbst. Kann es noch unangenehmer kommen? Ja, es kann. Denn unsere Laufsachen sind in der Nacht nicht getrocknet und fühlen sich so klamm an wie kalte Wadenwickel. Er streift sie über. Als wir in die Schuhe steigen, quillt das Wasser aus dem Obermaterial. Mit Fingern, die steif vor Kälte und Feuchtigkeit sind, können wir sie kaum verschnüren. Zudem sind die Schnürsenkel so nass, dass der in Läuferkreisen propagierte ‚Ian-Knoten' kaum hält.

Schnell wünsche ich mir die Stewardess herbei, damit sie mir die Wartezeit bis zum Abflug mit Beluga-Kaviar versüßt. Ich lasse mir aus der großen Dose reichlich geben. Dazu kann ich zwischen Champagner und Wodka wählen. Ich nehme beides. Bevor das Flugzeug richtig in der Luft ist, bin ich schon breit.

Und bevor wir richtig losgelaufen sind, sind wir schon am Ende: Ohne Frühstück, ohne Kaffee, kaum ausgeruht, am Rande der Unterkühlung strengt es schon an, nur unsere Sachen in den Rucksack hinein zu pressen. Die Überlebensfolie, beim Auspacken noch ein schokoladentafelkleines Päckchen, knüllt er entnervt zu einem volleyballgroßen Wust zusammen. Geradezu rabiat stopft er die Jacke in die vordere Außentasche des Rucksacks.

Als er sich die Zähne putzt, überlege ich, ob man die Seife vielleicht essen könnte. Aber es würde wohl sowieso nicht viel nützen, weil wir nur ein Mini-Fläschchen davon dabeihaben. Etwas gehaltvoller ist da schon der Mückenstift, mit dem er jetzt die freien Hautstellen behandelt. Da ist immerhin Wachs drin. Leider auch DEET, ein Insektizid, das man wohl besser nicht essen sollte.

All diese Verrichtungen dauern quälend lange, und er stellt sich dabei selten tapsig und ungeschickt an. Erst gegen 5.30 Uhr laufen wir los. Das heißt, erst mal gehen wir einige Schritte, um auf Touren zu kommen.

Eine Boeing 747 hat beim Start eine Schubkraft von 276 Kilonewton pro Triebwerk. Das entspricht der Gewichtskraft von insgesamt 112,6 Tonnen oder gut einer Million Tafeln Schokolade oder geschätzten 200 Millionen Heidelbeeren.

Wir haben momentan eine Schubkraft von etwa einer Heidelbeere. Fuchsbandwurm nicht eingerechnet.

„Ach, hör doch auf", mault er dazwischen. „Mit diesem ganzen Jumbo-Quatsch lenkst du dich nur ab."

„Genau das ist ja auch meine Absicht."

„Das ist überhaupt nicht wichtig. Das Wesentliche ist jetzt, dass wir uns bewegen und spüren, wie die Wärme in unseren Körper zurückkehrt. Und dass wir vielleicht auf einem der Berge an unserem Weg noch etwas Sonnenaufgang erleben können. Darauf kommt es jetzt an – und auf nichts anderes."

Man soll ja jeder Situation das Beste abgewinnen. Aber muss man dabei dermaßen erbarmungslos mit der armen Situation umgehen?

Schon auf den ersten Metern zeigt der Wanderweg keine Gnade: Gleich geht es durch Schlamm und mooriges Sumpfgras. Die Wurzeln auf dem Weg sind feucht, glitschig und gefährlich, insbesondere, weil seine Koordinationsfähigkeit immer noch merklich eingeschränkt ist. Wenn wir hier umknicken, findet uns keiner, bevor wir den Unterkühlungstod gestorben sind.

Oh, dauert es lange, bis uns warm wird! Obwohl wir mittlerweile wieder laufen, bleiben unsere Hände so klamm und kalt, als wären sie gar nicht mit unserem Blutkreislauf verbunden. Wir sind kaum in der Lage, die Schuhe zu schnüren. Die gehen leider immer wieder auf, weil der angeblich immerfeste Ian-Knoten scheinbar nur mit trockenen Schnürsenkeln funktioniert.

Er isst ein paar Beeren vom Wegrand. Ausgezehrt knurrt unser Magen darauf herum. Jetzt hat er wieder Durst und trinkt die Wasserblase leer. Die fauligen Stellen im Schlauch sind ihm dabei im Moment egal. Viele Schlucke waren es nicht mehr.

Vor uns liegt der erste Berg dieser Etappe, er heißt Tithöjden. Aus welchen zwei Worten dieser Name zusammengesetzt ist, würde mich wirklich interessieren. „Heißt ‚Tit‘ das, was ich denke?“, frage ich.

„Glaube ich nicht“, glaubt er nicht.

„Wieso?“

„Es heißt doch ‚Bara Bröst‘ und nicht ‚Titta Tits‘ oder so.“

„Waswaswaswaswas?“

„‚Bara Bröst‘, also ‚bare Brust‘. War vor einiger Zeit in der Presse. Ein neo-feministisches, schwedisches Aktionsbündnis, dessen Ziel es ist, dass Frauen sich genau wie Männer mit freiem Oberkörper zeigen dürfen. Zum Beispiel in Schwimmbädern. Man verlange ja von Frauen, dass sie mit entblößten Männerkörpern in der Öffentlichkeit umgehen können. Aber umgekehrt wird von den Männern nicht verlangt, dass sie mit entblößten Frauenkörpern umgehen müssen.“

„Wie kann man das nicht *sofort* verlangen?!“, frage ich entrüstet. Diese Vorstellung hilft mir glatt auf diesen Tithöjden-Hügel hinauf.

„Und warum heißt das hier nun Tithöjden?“, keuche ich oben. Hier ist es vollkommen unspektakulär, die Aussicht ist zweitrangig und die Sonne hinter den Wolken; einen Sonnenaufgang sieht man nicht.

Er meint, er wisse es nicht. Er sei sich nur ziemlich sicher, dass dieser Punkt nicht nach der weiblichen Anatomie benannt sei, weil es angeblich viele schwedische Worte dafür gebe, ihm ‚Tit‘ aber noch nicht untergekommen sei.“

„Egal, sag sie mir alle!“, keuche ich wieder.

Das findet er zum Lachen. „Slanggurkor, zum Beispiel“, sagt er. „Das heißt so viel wie Salatgurken.“

„Uh.“ Ich stutze. „Dann gibt es nur zwei Möglichkeiten. Entweder ich sollte schleunigst mal schwedische Salatgurken probieren oder Möglichkeit zwei, und über die möchte ich nicht weiter nachdenken.“

Viel Zeit zum Nachdenken gibt es auf der anschließenden Passage auch nicht. Der Weg ist schmal, steinig und sehr schlammig. Wir treten mit dem rechten Fuß in eine Pfütze, die viel tiefer als erwartet ist; sofort schwappt das Wasser durch das Obermaterial in den Schuh.

Bei jedem Schritt platschend erreichen wir den Stora Märrtjärn. Das hieße ‚großer Stutensee‘, und ich finde es fast schade, dass es nicht ‚großer Salatgurkensee‘ heißt. Hier ändert sich die Wegbeschaffenheit. Leider nicht zum Besseren.

Vor uns liegt eine Region, in der nicht ganz klar ist, wo der See aufhört und das Land anfängt. Den Markierungen an den Bäumen nach zu urteilen, führt uns der Weg mitten hindurch, ein Pfad ist vor uns allerdings kaum sichtbar. Dafür jede Menge Sumpf voller Pfützen, Moos und Ufergräsern. Planken sind an dieser Stelle übrigens nicht verlegt.

Er schaut auf der Karte nach, ob wir hier wirklich durch müssen. Die Karte ist in einem desolaten Zustand, feucht-verklebt und eingerissen an den Knickstellen, aber auch sie ist der Meinung, dass unser ‚Weg‘ hier durch führt. Ihm fallen zum ersten Mal grün schraffierte Flächen auf der Karte auf. Diese stellen, wie ein Blick in die Legende zeigt, Sumpfgebiete dar. Denen haben wir bislang gar keine Beachtung geschenkt und sie damit auch nicht in unsere Routenentscheidungen einbezogen. Nun wird ihm leider zu spät bewusst, dass entlang der für heute gewählten Strecke erschreckend großflächige Bereiche grün schraffiert sind.

„Wird schon nicht so schlimm sein“, hofft er, läuft los und merkt nach wenigen Schritten, dass er sich geirrt hat.

In der Produktinformation zu unseren Laufschuhen heißt es, dieser ‚State-of-the-Art-Runningschuh' wäre ausgerüstet mit allen neuen ‚I.G.S.-Technologien' inklusive differenzierter SOLYTE-Mittelsohlen-Konstruktion, asymmetrischer Schnürung und weiterentwickeltem, hochgradig abriebfestem und leichtgewichtigem Gummimaterial im Fersenbereich, auch AHAR+ genannt. Was immer dieser surreale Silbensalat bedeutet, ‚I.G.S.' steht jedenfalls nicht für ‚Ist Geeignet für Sumpf', eher schon für ‚Ich Gehe Schwimmen'.

Während im Kampf der Feuchtbiotope die Mittelsohle SOLYTE (ist das die neue Marketingrechtschreibung für ‚so leid'?) gegen den Sumpf des Stora Märrtjärn eine vernichtende Niederlage erleidet, entpuppt sich AHAR+ als der Esoterik entnommen, genauer gesagt der Wünschelrutentechnologie, denn AHAR+ findet präzise die tiefsten und nassesten Wasseradern. Alternativ steht es für den unwillkommenen AHAR-Effekt, wenn sich das vermeintlich trittsichere Moos als Tarnung für ein wadentiefes Wasserloch herausstellt. Unsere Schnürung setzt mittlerweile tatsächlich Maßstäbe in Sachen Asymmetrie, und zu welchen intergalaktischen Wunderdingen die Mittelsohlen-Konstruktion in der Lage ist, steht hier wie anderswo in den Sternen.

„Diese Lachen sind nicht zum Lachen, oder?", macht er den schwachen Versuch eines Kalauers.

Ich schweige verbissen.

„Dann kann die ganze Nummer hier genauso gut auch Spaß machen", meint er. „Wenn schon, denn schon." Mit diesen Worten springt er mitten in einen besonders saftig aussehenden Moosteppich. Es spritzt nach allen Seiten, und er findet es lustig.

Mehrmals wiederholt er dieses kindische Getue.

Natürlich rächt sich das, sobald wir das Moor hinter uns gelassen haben. Beide Schuhe sind nass und schwer, schlimmer jedoch ist, dass ihr Halt im wahrsten Sinne schwammig geworden ist. Die Sohlen rutschen auf jeder Wurzel ab, im Schuh wabert der Fuß hin und her wie in Brotteig, und die durchweichten Schnürsenkel lockern sich mit jedem Schritt. Innerhalb weniger Minuten knickt er zwei Mal um, glücklicherweise passiert dabei nichts Schlimmes.

Die einzigen Ersatzschuhe, die wir dabei haben, sind die Vibram Five Fingers. Die haben zwar eine gute Traktion, aber ihre dünne Sohle bietet nur wenig Schutz und ist nichts für die spitzen Äste und Steine auf diesem Weg. Kurz, wir müssen auf diesen Ablegern des Märrtjärn-Sumpfes weiterlaufen, so gut es geht. Und es geht nicht besonders gut. Eigentlich geht es von Schritt zu Schritt schlechter.

Zeit, zum Doc zu gehen, ich brauche Trost.

„Marvin“, begrüßt er mich. „Hast du den Anfang gemacht?“

„Ähh, sozusagen.“

„Und, wie läuft es?“

„Sehr witzig, Doc. Eigentlich bin ich gar nicht deswegen hier, sondern weil es noch etwas Dringenderes gibt.“

„Was könnte es Dringenderes geben?“, fragt er mit gerunzelten Brauen.

„Was könnte es Dringenderes geben? Das ist doch wohl klar: Wir müssen ihn zur Vernunft bringen. Er muss aufhören mit diesem Quatsch. Und auf mich hört er ja nicht! Er braucht ein paar klare Worte von einer echten Autorität!“

„Ja. Und wollen wir nun über die Expositionstherapie reden?“ Der Doc senkt den Kopf und schaut mich über seine gefalteten Hände hinweg an.

„Nein! Wenn wir jetzt nicht einschreiten, dann war’s das auch mit der Therapie, denn dann werden wir hier schlicht im Wald verrecken.“

„Und was willst du tun?“

„Das will ich ja gerade von dir wissen. Wer ist denn hier die Koryphäe auf dem Gebiet vernünftigen Handelns?“

Der Doc errötet ein wenig. Habe ich ihm jetzt zu sehr geschmeichelt? „Ich will sehen, was ich tun kann“, sagt er schließlich. „Und jetzt musst du gehen, ich habe noch etwas vor.“

„Aber beeile dich bitte damit!“, dränge ich.

„Natürlich“, meint er. Aber es klingt eher nach Floskel als nach Bestätigung. Nachdenklich verlasse ich ihn. Wieder war der Besuch schneller zu Ende, als ich dachte. Nur diesmal hat er mich eher irritiert.

An der Lauffront sehen die Dinge auch nicht besser aus. Inmitten all der Feuchtigkeit sind unsere Hände immer noch nicht warm geworden. Also steckt Herrchen sie beim Laufen vorne in die Hose. Das sieht zwar prekär aus, fördert aber die Durchblutung. In den Händen.

„Na, zufrieden mit dem Besuch beim Doc?“, fragt er.

„Wir sind beide jedenfalls gar nicht zufrieden mit dir.“

„Geduldet euch.“

Nach einiger Zeit haben wir uns tatsächlich etwas warm gelaufen, es scheint, als hätte der Körper eine Stelle gefunden, wo er noch ein paar Nährstoffe absaugen kann. Hoffentlich befindet sich dort nichts Wichtiges.

Wir erreichen eine Schotterpiste, die wir überqueren müssen. Unsere nassen Schuhe imitieren hier das Geräusch, das ein Taucher macht, wenn er aus dem Wasser steigt und noch die Flossen trägt. Viel schneller als ein Taucher zu Fuß sind wir auch nicht. Und hätten unsere Beine ein Finimeter, so wie Druckluftflaschen, würde es anzeigen, dass ihre Reserven komplett ausgelutscht sind.

Nur kurz währt der Kontakt mit den Zeichen der Zivilisation, dann verschluckt uns wieder der Wald. Menschen oder gar Autos haben wir nicht gesehen.

Stattdessen sehen wir links von uns einen See, an dessen Ufer wir bald entlanglaufen. Zum Glück ist hier kein Sumpf, aber der Wanderweg führt zum Teil so nah am Wasser vorbei, dass ein Ausrutscher ein unfreiwilliges Bad zur Folge hätte.

Es ist noch immer so früh am Morgen, dass sich die Nebelschwaden auf dem Stora Mörttjärn (zu Deutsch: ‚großer Rotaugensee‘) noch nicht aufgelöst haben. Aus ihnen steigen felsige, kiefernbestandene Inseln empor.

„Auch wenn die Landschaft hier vielleicht nie zur absoluten Größe weltbekannter Nationalparks aufsteigt“, sagt er, „so ist sie doch… lieblich. Und zugänglich. Erlebbar. Einladend. Eine heile Welt, wo es schön ist, und wo Menschen schöne Dinge tun.“

Klarer Fall: Er leidet nun auch noch am Bullerbü-Syndrom. „Ich finde es hier in erster Linie stressig, und schöne Dinge tun wir hier überhaupt nicht“, sage ich aus vollem Herzen.

„Dann lass' deinen Stress doch einfach los, wenn er dich daran hindert, diesen Morgen so zu erleben, wie er ist.“

„Darf ich dich dabei auch loslassen?“

Er antwortet nicht. Wir erreichen wieder einen Windschutz. Seine offene Seite weist auf einen steilen Inselfelsen im Mörttjärn hinaus. Eigentlich wäre dies eine geeignete Stelle für Windschutz-Heranschummler, denn die Straße ist nicht weit entfernt. Aber denen war die Nacht hier draußen wohl zu kalt. Hier ist niemand, nur Nebelschwaden. Auch Fußspuren im Matsch sehen wir kaum. Die Einsamkeit ist fast so klamm wie dieser Morgen.

Er macht Fotos.

Ich möchte mich einfach nur noch in den Windschutz legen und auf die Sanitäter warten. Wir können unmöglich weiterlaufen, unser Körper gibt das nicht mehr her. Und als nächstes wartet auch noch der höchste Berg des Glaskogen-Reservats. Da will ich nicht hin, da kann ich nicht hin. Mir reicht's!

„Komm, es geht weiter", sagt er und tut abartig munter.

„Och nein!", rufe ich. „Angel doch. Geh aufs Plumpsklo. Mach sonst irgendwas, aber hör' auf zu laufen! Du kannst gar nicht weiter, wir sind am Ende!"

Aber es bringt nichts. Und was auch immer der Doc gerade macht, wenn er überhaupt etwas macht, es bringt auch nichts. Wir laufen weiter.

Der einzige Trost ist, dass der Fahrtwind unsere blutig geschrammten Schienbeine kühlt. Und das ist ein schwacher Trost.

Die deutsche Ausgabe der Broschüre ‚19 Wanderungen und eine Autorundfahrt', die man hier zusammen mit der Glaskogen-Landkarte erhält, lobt die höchste Erhebung des Glaskogens, Råtakahöjden, mit den Worten: ‚Dort hat man einen *schwindelnden* Blick nach Norden'.

Den müssen wir uns hart erarbeiten. Der Weg hinauf ist quasi das schlammige Bett eines kleinen Baches, der unsere Bergflanke hinuntermurmelt. Immer wieder rutschen wir auf unseren nassen Sohlen aus.

„Warum?", keuche ich. „Warum hat dich damals nur dieses Krabbenbrötchen auf diese abscheuliche Idee gebracht, dort zu laufen, wo andere sich im Leben nicht hinverirren? Seitdem geht es nur noch bergab!"

„Hier nicht", witzelt er.

„Warum nur?", wiederhole ich.

„Eigentlich ganz einfach", sagt er.

„Ja – und?!"

„Es war der Umweg, den die Krabben genommen haben. Aus der Nordsee nach Tunesien zum Schälen wieder zu uns auf das Brötchen. Ich habe mich einfach gefragt, wie viel besser die Krabben schmecken würden, wenn sie auf direktem Weg kämen. Ohne industrielle Bearbeitung und den ganzen Quatsch."

„Was?! Und deswegen sind wir durch den Grand Canyon gelaufen? Mann, dann fahr doch endlich mal nach St. Peter Ording und kauf dir eine Tüte Krabben zum Selberpulen. Dann bleibt uns so etwas wie das hier erspart!“

„Und da habe ich mir einfach gedacht“, fährt er ungerührt fort, „warum nicht häufiger den direkten, unmittelbaren, authentischen Weg gehen und Bequemlichkeit durch das Abenteuer ersetzen, aus der Not eine Tugend machen.“

„Tugend?!“

„Lebenseinstellungen von positivem Wert. Sie führen uns zu dem, was gut und richtig ist.“

„Und warum sind wir dann hier?“

Ein Wegweiser klärt uns darüber auf, dass wir Råtakahöjden erreicht haben. Sonst hätten wir diesen ‚schwindelnden‘ Höhepunkt wahrscheinlich gar nicht bemerkt. Es ist vollkommen unspektakulär hier: Der bewölkte Himmel verdeckt die aufgehende Sonne, und wenn es einmal eine Aussicht gegeben hat, so wird sie jetzt von Bäumen verstellt.

Sein Gefasel jedenfalls ist weitaus schwindelerregender als dieser Aussichtspunkt. Wie ist er nur auf die eitle Idee gekommen, dass wir mit dieser Aktion auf der Fährte des Guten und Richtigen sein könnten? Alles, was uns dieser Aufstieg gebracht hat, ist noch mehr Anstrengung an einem Morgen voll unmenschlicher Anstrengungen. Es lohnt sich nicht, hier zu sein, und der Abstieg ist gefährlich, jederzeit können wir abstürzen.

Weil es auf dem Råtakagipfel nichts Besseres zu tun gibt, rennen wir auf der anderen Bergseite wieder hinunter. Auch dort ist der Weg steinig und glitschig, aber wir schaffen es ohne Unfälle bis ins Tal, wo wieder einmal eine Schotterstraße zu überqueren ist. Sie verbindet Råtaka, ein Dorf im Nirgendwo, mit dem Nirgendwo.

Jenseits der Schotterstraße fängt der Wanderweg sofort wieder da an, wo er aufgehört hatte: in Sumpf und Matsch.

Mein Problem ist: Das ist unsäglich anstrengend und überhaupt nicht schön.

Sein Problem ist: Er löst Probleme wie zwei Brunfthirsche. Gegeneinander. Er und das Problem. Hinterher ist einer kaputt. Meistens er. Dickköpfig und trotz weltkugelgroßer Erschöpfung, die auf uns lastet, kämpft er sich voran. Die Zeit verschwimmt. Der Wanderweg ist hier nicht wirklich schön; ihm geht es nur um das Durchkommen, und das ist gerade schwierig. Unsere Durchschnittsgeschwindigkeit ist nicht viel höher als bei einem Fußmarsch durch flaches Gelände auf dem Behindertenpfad.

„Du solltest mit dem Laufen aufhören", sage ich.

Er antwortet nicht.

„Top Fünf der Signale, die dir dein Körper sendet, damit du mit dem Laufen aufhörst", zitiere ich. „Top Fünf: Du atmest wie im Geburtsvorbereitungskurs."

Er keucht weiter.

„Top Vier: Dein Hungergefühl nimmt bizarre Ausmaße an, du denkst, deine Körpermitte sei ein klaffendes Loch, durch das der Wind weht."

Es knurrt kurz, wobei unklar ist, ob er es war oder der Magen.

„Top Drei: Deine Muskeln haben die Spannkraft von stundenlang gekautem Kaugummi."

Zähen Schrittes ackert er weiter.

„Top Zwei: Du hörst auf zu schwitzen. Das wäre zu anstrengend."

Erkalteter Schweiß tropft von seiner Nasenspitze in den kalten Sumpf.

„Top Eins: Dein innerer Schweinehund bastelt sich aus notdürftigen Behelfsmitteln wie halbkompostierten Blähungen einen Schleudersitz."

„Tu' das nicht", meint er nur. „Was wäre das Leben ohne dich?"

Er arbeitet sich bergauf. Das Heidegestrüpp wird dichter, so dass man den Weg bald kaum noch erkennen kann. Jeder Schritt flagelliert die Schienbeine. Schließlich verweben sich vor uns Heidebüsche, Farne, Fichten und einige vertrocknete Latschenkiefern zu einem undurchdringlichen Dickicht. Dumm nur, dass die Wegmarkierungen augenscheinlich mitten hinein führen. Ein Pfad ist dort nicht zu erkennen, es ist, als hörte der Weg hier einfach auf.

Ich feixe: „Siehst du, wo die Tugend dich hingeführt hat?"

Er antwortet lapidar: „Ich schätze mal, sie wird uns hier hindurchführen."

„Weißt du was?", seufze ich. „Du hast überhaupt keine Ahnung, was Tugenden sind."

„Man sagt, als Kardinaltugenden gelten Weisheit, Gerechtigkeit, Tapferkeit und Mäßigung."

„Schon klar. Und was hat das mit deinem Charakterprofil zu tun? Anders gesagt, wenn das die Kardinaltugenden sind, bist du bestenfalls Aushilfsmessdiener."

Er biegt ein paar Kiefernzweige zur Seite und versucht abzuschätzen, wo der Weg weiterführt. „Es gibt auch Rittertugenden: Aufrichtigkeit, Bescheidenheit und Verlässlichkeit."

„Jedenfalls gab es sie so lange, bis die Kanone erfunden wurde", ergänze ich. „Da halfen dann Aufrichtigkeit, Bescheidenheit und Verlässlichkeit auch nicht mehr richtig weiter."

Irgendwo sieht er die nächste Markierung durch die Zweige schimmern. „Wie wäre es mit den klassischen bürgerlichen Tugenden Sparsamkeit, Fleiß, Reinlichkeit und Pünktlichkeit?", fragt er.

„Würg", sage ich.

„In der Tat. Oder den christlichen Tugenden, denen aus der Bergpredigt."

„Bitte nicht schon wieder Berg."

Er zwängt sich auf direkter Linie zur nächsten Markierung durch das Unterholz. „Marvin, ich bin nicht sicher, was meine Tugenden sind. Ich bin mir nicht mal sicher, was sie sein sollten. Aber ich weiß, dass wir hier durch müssen."

Wir haben die Andeutung eines Wanderweges gefunden. Er läuft wieder, und ich habe das Gefühl, dass wir eine Blutspur an den Heidebüschen hinterlassen.

Ist hier jemals vor uns jemand gelaufen? Das ist bestimmt die verlassenste Stelle im ganzen Glaskogen.

„Und, bist du jetzt glücklich?", frage ich.

„Das ist hier nicht wie beim Lotto, wo Glück durch Zufall passiert. Oder eben meistens nicht. Ich arbeite noch daran." Und während er noch angestrengt daran arbeitet, Glück zu haben, rutscht er mit dem rechten Fuß aus, und der Knöchel knickt um. Eine kurze Schrecksekunde später ist er der Meinung, dass wohl nichts Schlimmes passiert sei. War das jetzt Glück?

Sieht nicht so aus, denke ich, als wir durch eine sumpfige Stelle staksen. Hier liegen wieder zwei oder drei dünne Birkenstämme nebeneinander über den Pfützen, aber sie federn so weit nach unten durch, dass unsere Füße halb im Morast versinken.

Früher als erwartet erreichen wir die nächste Schotterstraße. Laut Karte müssten wir sie überqueren. Doch wider Erwarten führt der Wanderweg auf der anderen Seite kurz parallel zur Straße und überquert sie dann erneut – zurück in die Richtung, aus der wir gekommen sind. Das passt nun laut Karte gar nicht zum Wegverlauf.

Er holt den Kompass heraus und peilt die Straße entlang. Weil ihre Richtung in etwa dem Verlauf der Straße nach Finntorp entspricht, die wir laut Karte hier irgendwann erreichen sollen, entschließt er sich nach einiger Überlegung, den Markierungen weiter zu folgen. Dabei hegt er die schwache Hoffnung, dass wir die Straße demnächst noch einmal, wie auf der Karte vorgesehen, überqueren werden. Stattdessen erreichen wir einen See, der sich per Schild als ‚Lindtjärn' ausweist.

„Oh je, da sind wir erst?", stöhnt er. Der Lindtjärn ist auf der Karte verzeichnet. Die Straße ist es nicht. Augenscheinlich ist nicht einmal die Karte davor gefeit, manchmal falsch zu liegen. Und noch augenscheinlicher haben wir in der letzten Stunde extrem wenig Strecke bewältigen können. Das ist zermürbend.

Der Weg bleibt weiterhin extrem sumpfig. Unsere Schuhe haben keine Chance zu trocknen. Und der Blick auf die Karte eben hat gezeigt, dass uns demnächst wieder eine große, grün schraffierte Fläche erwartet.

Bald können wir uns von deren sumpfiger Beschaffenheit selbst überzeugen. Der Wanderweg führt am Rande des Moores entlang. Trotzdem sind unsere Füße bald wieder klatschnass. Der Wald hat hier zum Moor hin eine Art Abbruchkante, auf der der Weg zu neuen Höhepunkten der Unwegsamkeit aufläuft. Schließlich endet er in einem Gestrüpp, das hier weit ins Moor hineinragt.

„Das ist jetzt wohl ein Scherz, oder?", ächzt Herrchen. „Erst ist hier seit hundert Metern gar kein richtiger Weg mehr, sondern nur noch Entlanghangeln möglich an den letzten Ausläufern des festen Bodens unter den Füßen, und nun das hier? Und wo sind die Markierungen?"

Er geht zurück. Das Moor ist jetzt rechts von uns. Links geht es einen langgestreckten Wall hinauf, der mit Kiefern und tiefgrünem Moos bewachsen ist. Dort oben entdecken wir nach etwa hundert Metern zwei orangefarbene Ringe an den Bäumen.

„Wie soll man die denn erkennen können“, mosert er, „wenn man sich hier unten darauf konzentriert, nicht in den Sumpf zu fallen?“

„Und wenn gar kein Pfad dort hinauf führt“, ergänze ich. Dort oben sind zwar die Markierungen, aber kein erkennbarer Weg.

„Egal, wird schon stimmen“, meint er und läuft bergauf zu den Markierungen. Sie führen zunächst parallel zur Abbruchkante in der Mitte des Hanges entlang. Dann führen sie wieder hinunter Richtung Moor, erreichen es jedoch nicht ganz, bevor sie, immer noch querfeldein, nach halbrechts abbiegen und ein schmales, moosgrünes Tal durchqueren. Dies durchlaufen sie kurz, aber gut sichtbar, bevor sie rechts wieder einen Abhang hinauf weisen. Wir laufen hinterher, erreichen eine Markierung, sehen von dort aus die nächste, erreichen sie, sehen von dort aus zwei Ringe um zwei kleinere, dünne Kiefern am unteren Ausläufer des Abhanges zum Moor, erreichen auch sie und stoppen.

Die Markierungen hören auf.

Bisher war es fast immer so, dass es kaum einen Abschnitt auf den Wanderwegen des Glaskogens gab, auf dem man keine Wegmarkierung sehen konnte. Bis eben.

Nun schauen wir uns ratlos um. Rechts erhebt sich ein großflächiger Hügel. Geradeaus verwehrt ein dunkler Fichtenwald in moorigem Gelände die Hoffnung auf eine einfache Passage. Und links gluckst hungrig ein gefährlich sumpfiger Sumpf.

Nirgendwo ist ein Weg. Oder anders gesagt, von hier aus wäre der Weg das Nirgendwo.

Er beginnt mit der Suche nach der nächsten Markierung. Dabei entfernt er sich nur so weit von den zwei markierten Kiefern, dass er sie gerade noch sehen kann. Denn in diesem unwegsamen Gelände würde er sich im Zweifel schnell verirren. Als erstes schaut er rechts den Hügel hinauf. Keine Markierung. Zurück. Dann wagt er sich in Richtung des Fichtenwaldes. Keine Markierung. Zurück. Schließlich wagt er sich sogar ein wenig in den Sumpf. Keine Markierung. Dafür wieder Wasser im Schuh. Zurück.

Ratlosigkeit.

Er wiederholt die gleiche Suche noch einmal, diesmal geht er jedoch in jede Richtung etwas weiter. Mit keinem Ergebnis, das irgendwie ermutigender wäre.

Also läuft er die Markierungen zurück, um zu schauen, ob wir vielleicht eine Abzweigung übersehen hätten. Abhang hinunter, durch das moosgrüne Tal, Abhang hinauf, Abhang entlang. Keine Abzweigungen zu erkennen. Also wieder umkehren und zurück. Wie vorher führen die Markierungen deutlich bis zu den zwei Kiefern, nirgendwohin sonst, und reißen dort ab.

Wir sind verloren im Nichts.

„Wir müssen etwas tun“, sagt er und schaut auf die Karte.

„Oh nein“, sage ich. „Jetzt müssen wir in unserem Zustand auch noch Entscheidungen treffen.“ Er ist merkwürdig ruhig, und ich frage: „Was machst du da?“

„Hoffentlich das Gute und Richtige.“

„Wie machst du das?“

„Indem ich mich so gut es geht auf Vernunft, Urteilsvermögen und verfügbare Informationen verlasse, in mich gehe und dabei versuche, Affekte wie Angst und Begierden auszublenden.“

„Hilfe!“, brülle ich, „wir werden hier verrecken!“

„Ganz ruhig, wir kennen das doch alles schon“, spielt er auf die Gordon River Headlands bei Forks an. „Also, ich schätze, dass wir irgendwo südöstlich dieses Berges hier sind, Suledshöjden. Der Hügel rechts von uns ist wohl das hier.“ Er deutet auf einen Punkt auf der Karte. „Wenn wir jetzt nach

Norden mit einem leicht westlichen Einschlag querfeldein gehen, werden wir um das Moor herum auf die Straße nach Finntorp kommen. Sie wird unsere Auffanglinie."

„Du willst wieder querfeldein laufen?", zittere ich. „Wo alles Mögliche passieren kann und uns keiner findet?"

„Ja."

„Das wird unangenehm."

„Das Angenehme ist nicht immer das Gute." Mit diesen Worten läuft er los. Den Kompass in der rechten Hand. Peilung 350 Grad.

Ich fasse nicht, was wir hier völlig erschöpft und halb verhungert tun. Und es gibt kein Zurück, denn nach wenigen Metern schon hat uns der Wald verschluckt, so dass wir unsere Schritte kaum würden zurückverfolgen können.

Doc, wo bist du, denke ich. Hilf mir doch.

„So schlimm ist es gar nicht", findet Herrchen. „Der Untergrund ist ja besser als auf manchen Abschnitten des Wanderweges." Über niedrige Heidebüsche und hohes Gras können wir sogar laufen. Es geht ein paar Mal bergauf und bergab. Und es ist verhältnismäßig einfach, die Peilung zu halten. Wir quetschen uns durch ein Fichtenwäldchen. Von einer Anhöhe aus sehen wir schließlich eine Straße und laufen auf sie zu. Bald haben wir sie erreicht. Die schwierigste Passage war die Stelle direkt am Straßenrand, wo ein Haufen Zweige im Straßengraben lag. Nach vielleicht zweihundert Metern erreichen wir das Dörfchen Sulerud. Und hier kommen wir auch wieder auf den Wanderweg. Er ist so gut markiert, als wäre nichts gewesen.

Und als wäre nichts gewesen, läuft er rechts in den Wanderweg ein. Hier ist der Untergrund ausnahmsweise mal relativ trocken.

Erschöpft schöpft er mit seiner Plastikflasche Wasser aus einem kleinen Flüsschen und lässt Micropur wirken. Währenddessen läuft er wieder. Der Weg führt in Wellen durch das Gelände am Sulerudsjön vorbei.

Einige Minuten später gönnen wir uns einen chlorigen Drink auf das Wiedererreichen des Pfades.

„War jetzt gar nicht so schlimm, das Querbeetlaufen, oder?", fragt er. „So langsam beherrschen wir das."

Ich schweige eisern.

Er schaut sich um. „Hier ist es plötzlich wesentlich schöner als auf der Strecke um Råtaka", meint er. „Und wir haben sogar einen sichtbaren Pfad."

Das mag ein Lichtblick sein, der aber nicht darüber hinwegtäuschen kann, dass er am Ende ist. Habe ich eigentlich schon seinen Laufplan für heute erwähnt? Nein, habe ich nicht, wohl weil wir bisher zu sehr mit der Gegenwart beschäftigt waren, um uns über Planung Gedanken zu machen. Sein Plan ist es, gegen Mittag Lenungshammar zu erreichen, dort zu pausieren und zu essen und dann weiter westlich eine Übernachtungshütte anzusteuern. Lenungshammar scheint unerreichbarer denn je. Es ist völlig aussichtslos, dass wir es heute noch bis dorthin schaffen. Wir haben gerade mal etwas über die Hälfte des Weges geschafft und sind körperlich bankrott.

„Komm", sagt er. „Jetzt laufen wir erst mal bis zum Windschutz am Öjesjön See. Das sind von hier aus vielleicht noch zwei Kilometer. Dann sehen wir weiter."

„Oje. Schön", hauche ich.

Die Strecke bis zum Windschutz ist in zweifacher Hinsicht bemerkenswert. Zum einen führt der Weg durch ein ansehnliches Stück Wald mit lichtem Kiefernbestand und hübschen Ausblicken auf den Öjesjön; abgesehen von den üblichen Stolperfallen wie Steinen und Wurzeln ist er auch durchaus laufbar. Zum anderen schafft Herrchen es, in seinen Beinen eine Art Laufreflex zu nutzen, bei dem jeder Schritt automatisch den nächsten auslöst, ohne lange darüber nachdenken oder sich motivieren zu müssen. Kurz überlege ich, wie diese Art zu laufen wohl auf einen außenstehenden Betrachter wirken muss, aber diese berechtigte Sorge ist rein akademisch: Wie bisher begegnet uns auch auf diesem Abschnitt niemand.

Wahrscheinlich ist die Übernachtungsstelle Öjesjön die schönste, die wir bisher im Glaskogen gesehen haben. Der Windschutz krönt eine zum See hin abfallende Felsplatte, die sich noch weit in das klare Wasser hinein zieht. Auf dieser Felszunge nehmen wir Platz und blicken uns um. Das Wasser ist warm. Die Sonne scheint. Der Himmel ist blau.

Er ist völlig alle. Wäre er ein Akku, würde er nicht einmal mehr auf einem Scheiterhaufen Feuer fangen. Wäre er der Protagonist eines Computerspiels, hätte er nur noch ein Leben bei minimaler Gesundheit. Wie lange sind wir jetzt unterwegs? Es ist 9.30 Uhr. Wir sind gegen 5.30 Uhr losgelaufen. Sind das drei Stunden oder vier? Er kann schon nicht mehr kopfrechnen. Sein Stoffwechsel auf Entzug durchforstet ihn hektisch nach etwas Verwertbarem und schreckt mittlerweile auch nicht vor Beschaffungskriminalität zurück.

„Hier ist es schön", sagt er und bildet sich ein, die Wärme des Felsens und die Reflexionen des Wassers aufzusaugen.

Ich keuche zurück: „Was tun wir hier bloß? Das ist doch alles ein einziger, gigantischer, fürchterlicher Irrtum."

„Die Einsicht kommt nicht, wenn man noch nicht bereit dafür ist. ‚Der Irrtum ist viel leichter zu erkennen, als die Wahrheit zu finden; jener liegt auf der Oberfläche, damit lässt sich wohl fertig werden; diese ruht in der Tiefe, danach zu forschen, ist nicht jedermanns Sache.' Ein Zitat aus den *Maximen und Reflexionen* Goethes", zitiert er.

„Ich stimme dem zu. Das ist nicht meine Sache."

„Auf geht's!", kommandiert er. „Tauchen wir wieder ab in den Wald."

Als wir aufstehen, fühlen sich unsere Beine an, als gehörten sie nicht zu uns. „Oh, ist das hart!“, stöhne ich.

„Ich hätte noch ein Zitat für dich“, keucht er.

„Bitte nicht.“

„Bequemlichkeit ist ein Schleier, den man lüften muss, um das Erlebnis zu finden.“

„Von wem ist denn dieses grenzdebile Bonmot, oder besser Malmot?“

„Habe ich mir gerade ausgedacht.“ Wie es scheint, ist auch sein Geisteszustand mittlerweile schwer angeschlagen.

„Manche Leute werden melancholisch, wenn es mit ihnen zu Ende geht“, krächze ich. „Du dagegen wirst irgendwie albern.“

Wir folgen dem Wegweiser nach Granmon. Der Pfad entlang des Seeufers ist glücklicherweise relativ flach, wenn es auch genug überwuchernde Heide und sumpfige Stellen gibt. An der Nordspitze des Sees erreichen wir wieder eine geschotterte Wendeschleife. Von hier führt laut Karte ein Stichweg zu einer der Schotterpisten durch den Glaskogen. Und über diese Straße können wir an dem Ort namens Granmon vorbei nach Lenungshammar laufen.

Unser Stoffwechsel erzeugt momentan bei Maximalpuls die Energie einer Erdkröte im Winterschlaf. Laufen fällt unsäglich schwer. Er biegt auf die Piste ein.

„Bleib stehen!“, heule ich.

Er läuft.

„Wir setzen uns einfach an den Straßenrand, warten auf ein Auto und fahren per Anhalter weiter“, flehe ich.

Er läuft. „Noch bis zur Straße nach Granmon“, meint er.

Doc, denke ich. Ich brauche den Doc.

Ich schaffe es kaum bis ins Oberstübchen hinauf. „Hi“, hechele ich.

„Marvin“, sagt er in neutralem Grauton. „Wie geht es dir?“

Ich stottere wie der Morseapparat eines Dampfers in Seenot. Fasele etwas von Lebensbedrohung, von Hilflosigkeit, von Ausgeliefertsein, von Ausweglosigkeit, von Gewalt. „Was passiert hier gerade?!“, rufe ich.

Der Doc spricht matt und ein wenig zu leise. „Was hier gerade passiert? Das kann ich dir sagen: Er hat es sich in den Kopf gesetzt, bis Lenungshammar zu laufen. Weil er glaubt, das sei gut und richtig.“

„Aber…“, stottere ich dazwischen und gerate ins Stocken.

„Davon mal abgesehen“, fährt der Doc etwas resigniert fort. „Der Rest ist ein Kampf des Willens. Und diese unterhaltsame Erfahrung durchleiden wir gerade.“

„Aber das ist doch vollkommener Wahnsinn! Wie findest du denn das?“

„Reden wir hier von mir oder von dir?“

„Jetzt reden wir ausnahmsweise mal von dir.“

Der Doc blickt für einen Moment mittig nach rechts. Er murmelt etwas, das merkwürdig wie ‚Steinzeitdiät‘ klingt und schüttelt den Kopf. Dann sieht er mich an: „Ich glaube, im Moment können wir nichts tun.“

„Doch! Natürlich. Wir können immer etwas tun. Du sagst ihm, was er denken und tun soll, ich funke ein wenig dazwischen, und das Resultat ist das immer wieder amüsante Spannungsfeld zwischen Idealen und Schuldgefühlen! Wir waren schon einmal besser in diesem Spiel.“

„Du meinst“, sagt der Doc langsam, „dass, wenn er denkt oder entscheidet, geschieht dies meist unter meinem Einfluss, mit meinen Wertvorstellungen? Die er dann als seine eigenen empfindet und sozusagen seine persönliche Identität aus ihnen bezieht? Damit er sich durch rationales Denken kaum von ihnen emanzipieren kann und gar nicht erst auf die Idee kommt, das zu wollen?“

„Ich hätte es vielleicht nicht so geschwollen ausgedrückt, aber ich verstehe wahrscheinlich, was du meinst. Also, sag' ihm schon, was er denken soll, und mach' Schluss mit diesem Wahnsinn."

„Deine Annahme ist, dass wir uns hier auf der Ebene des rationalen Denkens befinden."

„Oh", antworte ich ernüchtert. „Natürlich. Wie dumm von mir, ihm solche intellektuellen Fähigkeiten zu unterstellen."

„Der Punkt ist, er emanzipiert sich gerade auf eine vollkommen irrationale Weise, über diesen primitiven Test seiner Persönlichkeit."

„Primitiv und psychotisch wie eine indianische Visionssuche."

„Es ist ein barbarischer, unzivilisierter, triebgesteuerter Prozess."

„Du sagst es." Jetzt fühle ich mich etwas besser, da ich sozusagen die offizielle Bestätigung dafür habe, dass Herrchen barbarisch, unzivilisiert und triebgesteuert ist. Wie kann man nur!

„Danke, Doc", verabschiede ich mich. „Das werfe ich ihm jetzt an den Kopf."

„Wenn es dir dann besser geht."

Wütend verlasse ich den Doc und schnauze Herrchen an: „Der Doc sagt, du bist barbarisch, unzivilisiert und triebgesteuert!"

„Wenn es ihm dann besser geht."

Links von uns sehen wir einen kleinen See. Gleich haben wir die Straße nach Granmon erreicht. So richtig geholfen hat das Anschnauzen nicht. Wir laufen immer noch.

„Beim Doc habe ich etwas gelernt", sage ich. „Was du vorhin gesagt hast, das Angenehme sei nicht immer das Gute, das ist Blödsinn. Es kann nichts Gutes geben, was unangenehm ist. Also ist das, was wir hier tun, abgrundtief schlecht."

„Du meinst also, wenn man immer dem Angenehmen folgt unter der Annahme, es sei das Beste, landet man in angenehmer Weise immer beim Guten?"

„Endlich, endlich hast du es kapiert! Hör' also sofort auf zu laufen!"

„Demnach könne es so etwas wie Willensschwäche gar nicht geben."

„Das ist mir total wurst, ob es Willen, Schwäche oder den Mann im Mond gibt, ich will mich jetzt hinsetzen!"

„Das Problem ist nur, dass der Weg zum Guten nicht immer über das Angenehme führt", referiert er. Und das im Laufen. „Manchmal gibt es den kleinen Unterschied zwischen angenehm und gut. Wenn wir allen Emotionen oder Begierden folgen, verfolgen wir vielleicht das Angenehme, aber das ist nicht immer das Gute. Also müssen wir lernen, uns von ihnen freizumachen. Das tun wir gerade."

„Das klingt jetzt etwas beunruhigend", finde ich.

Wir haben die Straße nach Granmon und Lenungshammar erreicht. Von hier aus sind es etwa zwei Kilometer nach Granmon. Bis Lenungshammar ist es weiter. Wie weit, weiß er nicht genau.

„Schon die alten Griechen erkannten, dass wir nicht immer gut handeln, wenn wir dem Angenehmen folgen", keucht er. „Beruhigt dich das?"

„Mich würde es beruhigen, wenn wir sofort stehen blieben und den ausgestreckten Daumen hoch hielten."

Er läuft weiter. „Sie meinten, wir geben häufig Näherliegendem den Vorzug, weil es gegenüber dem Entfernten realisierbarer erscheint. Wir laufen jetzt bis Granmon."

Ich recke Zeige-, Mittel- und Ringkralle meiner rechten Pfote hoch und sage: „Hier, lies doch mal zwischen den Zeilen! Ich habe dich durchschaut. In Granmon heißt es dann: ‚Und jetzt laufen wir noch bis zur nächsten Kurve' oder so ähnlich."

„Das Schwerste ist“, keucht er, „zu erkennen, wem man eigentlich folgt: Emotionen, Bequemlichkeit, Idealen oder dem Guten. Wenn man das geschafft hat, ist man einen Schritt weiter.“

Der Sauerstoff wird knapp, und er schnappt nach Luft, als befänden wir uns in großer Höhe.

Er läuft.

Langsam, quälend langsam nähern wir uns Granmon. Hier erwartet uns ein Schock: Auf dem Wegweiser nach Lenungshammar steht: 8 km. Das ist viel weiter als erwartet.

Unter normalen Umständen wäre die Distanz lachhaft, etwas mehr als eine Alsterrunde, eine Sache von kaum mehr als einer halben Stunde, wenn wir uns beeilen.

Aber wir sind weit entfernt von normalen Umständen.

Das beweist schon seine Reaktion auf den Wegweiser: „Ist das Gute identifiziert, bleibt nur noch das Handeln. Und der Wille dazu.“

„Ich will nicht mehr!“ Mir selbst graut vor meinem kreischenden Tonfall.

In einer geistigen Verfassung, die ihm nicht einmal mehr einfaches Kopfrechnen ermöglicht, kontert er: „Das ist unerheblich. Nur unerwartete äußere Umstände sollten uns abhalten.“

„Ich nehme mal an, der Kollaps durch völlige Überforderung zählt nicht dazu?“

„Die Frage lautet: Würden wir es hinterher bereuen, etwas getan – oder nicht getan – zu haben? Ich stelle mir diese Frage bei fast jedem Schritt und bin noch felsenfest davon überzeugt, dass wir es bereuen würden, auf den letzten Kilometern zum Anhalter zu werden.“

„Daran werden wir zugrunde gehen“, hauche ich.

Er läuft.

„Im Gegenteil. Wir testen unseren Willen gegen einen Widerstand: Das ist jetzt vielleicht ermüdend, auf Dauer aber stärkt es uns. Der Wille ist wie ein Muskel, man kann ihn trainieren."

„Wenn dein Wille ein Muskel ist, dann ist er mittlerweile schon völlig verkrampft. Warum, warum nur willst du unbedingt etwas so Dämliches wie das hier? Ich verstehe das einfach nicht."

Er läuft.

„Bald, bald verstehst du es", meint er.

Ein Auto kommt uns entgegen. Und fährt an uns vorbei.

Die Straße führt in Wellen auf und ab. Selbst leichte Steigungen sind ein unglaublicher Test. Gestern sang er gegen Ende der Etappe *Thank You For The Music* von ABBA. Wenn er jetzt noch singen könnte, müsste es *Waterloo* sein.

Heute gibt es keinen zweiten Wind wie in Thy.

Er läuft trotzdem.

Für ihn gibt es jetzt nur noch zwei Aggregatzustände: Laufen und Gehen. Gleichbedeutend mit Leben und Tod. Das Laufen würde im Gehen enden wie das Leben im Tod. Und er hängt am Leben. Noch einen Schritt. Noch einen Atemzug. Noch einen Flügelschlag. Er saugt das Leben aus, bis es halb tot ist. Er ringt ihm alles ab, mit jedem Laufschritt, er hängt an ihm, klammert sich daran, und wenn es nur noch ein Skelett ist, er saugt es aus bis ins Mark und nagt noch am Knochen, er kann nicht von ihm lassen. Jeder Schritt sagt ihm, dass er lebt, und jeder Schritt bringt ihn näher an das Ende. Wohin soll das führen?

Als wir unseren Wagen auf dem Parkplatz an der Straße sehen können, klatscht er die Hände vor der Brust zusammen und entlässt einen Stoßseufzer. „Danke." Wen er damit meint, ist nicht ganz klar.

Wenige Momente später ist er ins Paradies vorgestoßen, ohne den Umweg über den Tod genommen zu haben. In diesem Fall liegt das Paradies im Kofferraum unseres Autos. Wo er zusammengekauert sitzt und isst. Ein Häuflein Elend. Am Ende. Und glücklich.

Wir haben mit unsicheren Fingern aus der Außentasche des Rucksacks den Autoschlüssel hervorgekramt. Den Kofferraum aufgeschlossen, die verschlammten Schuhe ausgezogen und uns hineingehievt. In unserer Verpflegungstasche ist eine große Flasche Mineralwasser, noch kühl. Wasser, frisches Wasser!

„Marvin!“, seufzt er. „Komm, du sollst nicht leben wie ein Hund.“ Aus der Verpflegungstasche kramt er eine 200-Gramm-Tafel weiße Schokolade. Schokolade! Wie sie knackt beim Hineinbeißen, wie süß sie schmilzt! Er ist Süßigkeiten gar nicht mehr gewohnt, warum auch immer tut sie sogar etwas am Gaumen weh. Aber das ist ihm egal, der Appetit ist ungeheuer, er gibt ihm ohne Hemmungen nach und isst die halbe Tafel auf. Als nächstes vertilgt er zwei vorgestern noch frische Aufbackbrezeln und schneidet sich dazu dicke Scheiben von einem pfundgroßen Stück Käse aus Dänemark ab. Dann sind zwei Stullen mit Käse und Leberpastete dran. Auf dickgeschnittenem, dänischem Vollkorn-Schwarzbrot von der perfekten Bissfestigkeit einer dicken Tafel Trauben-Nuss-Schokolade.

Sonne und Essen wärmen uns mit vereinten Kräften. Er legt die Füße hoch und lacht wie ein Kind. Wie lange wir hier sitzen, weiß er nicht.

Wir haben unglaubliche fünfdreiviertel Stunden gebraucht vom Holmtjärn bis hierher. Für etwa dreißig Kilometer. Im Training an der Alster laufen wir diese Strecke zweieinhalb Mal so schnell. Allein für die acht Kilometer von Granmon bis Lenungshammar waren wir knapp eine Stunde unterwegs. Aber das ist jetzt völlig unwesentlich.

Er hat eine vollkommen blödsinnige Tat vollbracht, ohne Sinn, Verstand und Zeugen. Von mir und dem Doc mal abgesehen. Woher bloß dies abartige Gefallen daran?

Er schickt eine SMS an Kirsten, dass er es überlebt hat.

Im Kofferraum liegend streift er sich die feuchte Laufbekleidung ab und schlüpft in trockene Unterwäsche und eine lange Hose.

Korrekt. Er hat noch nicht geduscht.

Irgendwann krabbelt er auf den Fahrersitz und fährt zur Sanitärhütte am Campingplatz. Hier gibt es Toiletten, Waschbecken, Duschen und eine Sauna. Er geht auf die Toilette und putzt sich die Zähne. Dann benutzt er ein Deo. Korrekt. Er hat immer noch nicht geduscht. Jetzt riecht er wie ein WC-Stein. Nach Benutzung.

Das ist ihm jedoch völlig egal. Er tritt hinaus in die Sonne und atmet dort ein wenig vor sich hin. „Los, frag schon, Marvin", drängt er.

„Was?"

„Na, ob ich glücklich bin."

„Spinnst du? Doch nicht jetzt, wo du glücklich bist!" Er schwebt ja geradezu dahin. Als hätte ihn Mutter Erde soeben neu geboren, staunt er alles mit kindlichem Urvertrauen an.

Er treibt in diesem Gefühl dahin.

In den insgesamt drei Stunden Pause in Lenungshammar hat er nicht viel mehr gemacht als gegessen, sich umgezogen, die Sanitärhütte besucht, seinen Rucksack neu gepackt und seine Lebenseinstellung hinterfragt. „Wenn wir uns wirklich nur das gäben, was wir so dringend benötigen wie eben das Essen, sonst nichts – wäre unser Leben nicht eine Abfolge solcher Momente wie diesem?", fragt er.

„Sag nichts mehr, du stehst noch unter dem massiven Einfluss körpereigener Drogen. Alles, was du jetzt sagst, kann und wird gegen dich verwendet werden."

„Wieso sollte man ein solch phantastisches Gefühl gegen jemanden verwenden?"

Er hat die verfaulte Trinkblase aus dem Rucksack gerissen und die Überlebensfolie gleich hinterher geschmissen. Nun geht er zu der grünen Pumpe auf dem Campingplatz und füllt zwei PET-Halbliterflaschen mit köstlich klarem Wasser. Die steckt er dann in die seitlichen Außentaschen des Rucksacks. Und diesmal nimmt er sich sogar etwas zu essen mit.

Nur drei Kilometer sind es bis zu der Übernachtungshütte am Ende der Södra Sundsudden. Das ist eine lange, schmale Halbinsel südlich von Norra Sundsudden. Beide Halbinseln bilden das Tor zum Övre Gla, dem zweiten großen See des Glaskogens. Zwei Kilometer des Weges verlaufen auf einer Schotterstraße, der verbleibende Kilometer ist ein flacher, wenn auch wurzeliger Pfad.

Er läuft. Gehen wäre langweilig. Außerdem verdreht ihm ein Hirngespinst den Kopf, dass seine Kraft unerschöpflich wäre. Davon aufs Peinlichste angestachelt, zitiert er Thoreau aus dem Gedächtnis, also nicht gerade wortgetreu: „Jeder Mensch ist der Erbauer eines Tempels: seines eigenen Körpers. Gebaut für einen Gott, dem er dient, in ganz individueller Art und Weise. Um diese Tatsache kommt niemand herum, auch nicht, wenn man statt seines Körpers Marmor meißelt. Wir sind alle Bildhauer und Maler, und unser Material ist unser eigenes Fleisch, unser Blut und unsere Knochen."

„Was für eine grandiose Selbstüberschätzung", maule ich.

„Das ist nicht einschätzend gemeint. Mir fiel nur gerade auf, dass Thoreau damit schlichtweg Recht hat."

Der Pfad führt an der westlichen Seite der Halbinsel Södra Sundsudden entlang. Vom Wasser her stürmen Böen heran, die auf der Seeoberfläche meeresartige Wellen auftürmen. Es war die richtige Entscheidung, findet er, heute Nacht eine der Hütten aufzusuchen und nicht wieder im Freien zu schlafen.

Hoffentlich ist die Hütte nicht schon besetzt.

Rot leuchtet sie an der Spitze der Södra Sundsudden, der Wind kann ihrer Idylle nichts anhaben. Von ihrem Standort aus genießt man einen 270-Grad-Rundumblick auf den Övre Gla hinaus. Als wäre sie ein tibetischer Sakralbau gehen wir links um sie herum.

Zur Spitze der Halbinsel und dem aufgewühlten See dahinter gibt es ein Fenster. Er linst hinein. Sieht er dort unsere Reflexion? Nein, das Gesicht, das dort hinausschaut, gehört jemand anderen.

Er ist, wie sich schnell herausstellt, ein Deutscher und allein in der Hütte. Schnell sind wir beim Du. Er stellt sich uns als ‚M' vor. Das heißt, er stellt sich nicht als ‚M' vor, aber ich nenne ihn einmal so.

M hat sich auf dem unteren linken der vier Etagenbetten eingerichtet. Er sitzt aber gerade an dem kleinen, viersitzigen Holztisch, der am einzigen Fenster der Hütte steht, und genießt den Ausblick auf den See. Hier tobt kein Wind. Hier knistert das Feuer, das M in dem kniehohen, schwarzen, fensterlosen Ofen entfacht hat.

Ich kann nicht anders und schäme mich ein wenig dafür: Ich finde es hier herrlich gemütlich. Insbesondere nach gestern Nacht.

„Ich auch", gibt Herrchen zu.

Ein ganz kleines bisschen knarren die graugetünchten Holzdielen des Hüttenfußbodens, als wir in unseren Five Fingers darüber laufen. Die schlammigen Schuhe haben wir draußen ausgezogen und auf die Treppe zur Eingangstür gelegt. Er setzt sich auf einen wackeligen Holzstuhl, erzählt, und hört sich an, was M zu sagen hat.

Bald ist beiden klar, dass sie hier die Nacht zusammen verbringen werden.

Es ist vielleicht 14 oder 15 Uhr. Ist auch nicht so wichtig. Zeit haben wir reichlich.

Eine Wärme, wie sie nur ein Kaminofen erzeugen kann, füllt den Raum.

Herrchen streckt die Beine aus und greift zu den Resten der Tafel weißer Schokolade. „Schokolade?", bietet er M an.

M lehnt ab. Er stellt einen Miniaturgaskocher auf den Tisch und bietet uns im Gegenzug einen Cappuccino an. Der sei zwar aus Instantpulver, schmecke aber süß und stark. Zwei Tüten hätte er noch, die würde er mit uns teilen.

„Danke", sagt Herrchen und meint genau das.

Der Gaskocher, ohne Kartusche so winzig, dass man ihn fast verschlucken könnte, wispert kurz, und bald können wir den ersten Schluck Cappuccino kosten. Der schmeckt heiß, cremig und süß. Wir trinken ihn aus einer Aluminiumtasse und rühren ihn mit einem ‚Spork' aus federleichtem Titan. Beides hat M uns geliehen. Ein ‚Spork' kombiniert Löffel und Gabel in einem Gerät, hat Zinken an der Spitze und sieht aus, als könne man damit notfalls auch Hämorrhoiden veröden. Ich hoffe, dass M dieser Gedanke nicht auch schon gekommen ist.

Herrchen hat übrigens auch so einen Spork, nur nicht hier dabei. Überhaupt teilen er und M, wie sich schnell herausstellt, die gleiche Leidenschaft für Leichtgewichtsausrüstung. Beide haben sogar das Buch *Trekking Ultraleicht* von Stefan Dapprich gelesen, angesichts seiner Auflage ein beträchtlicher Zufall. M hat daraus ein Rezept für Pemmikan getestet und bietet uns davon an.

Zum Glück haben wir unseren Versuch des ‚HoneyMunch' aus der gleichen Quelle nicht dabei, denke ich. Der Autor meint dazu: ‚Wer Snickers mag, wird HoneyMunch lieben.' Gegen Snickers habe ich nun wirklich nichts, aber HoneyMunch… Man drückt dazu 100 Gramm flüssigen Honig aus einer Spritzflasche in 100 Gramm Mehl, schüttet 50 Gramm Cornflakes darüber, schmiert 75 Gramm Erdnussbutter darauf und rührt. Klingt so, als wäre einem alles Schlechte an einem amerikanischen Frühstück ins Mehl gefallen und schmeckt noch viel schlimmer. Aussehen tut es, als hätte man eine Waldohreule mit Labskaus gestopft, den die Arme dann als halbverdautes Gewölle wieder ausgewürgt hat. Kurz, damit hätte er bei M wohl nicht so punkten können wie M bei ihm mit dem Pemmikan.

Beide sitzen mittlerweile auf den knarrenden, wackeligen Holzstühlen am Tisch und plaudern. Ab und zu schauen sie aus dem Fenster hinaus. Regelmäßig pirschen sich dort Kanuten an die Durchfahrt zum Övre Gla, alle kehren jedoch wieder um, Wind und Wellengang sind einfach zu stark. Keiner legt jedoch bei der Hütte an.

Instant-Cappuccino und Schokolade verwandeln sich im Körper in Wärme. Wohlige Wärme.

Schließlich geht Herrchen abwaschen. Dazu bedient er sich einer grünen Schwengelpumpe, die vor der Hütte steht. Auch M tritt vor die Tür.

Als wir in die warme Hütte zurückkehren, sind wir einen Moment lang allein. Also bezieht Herrchen Quartier auf der Koje rechts oben. Wer weiß, wer hier alles schon gelegen hat; er nimmt vorsichtshalber seine Isomatte als Unterlage. Darauf streckt er sich einen Moment lang aus. Legt sich auf den Rücken, streckt die Beine durch und räkelt sich, satt, zufrieden und warm.

Er schaut zur Decke hoch und sagt: „Das hier sind nicht fünf Sterne, das sind fünf Millionen Sterne. Oder wie viele dort über uns auch immer scheinen."

„Du siehst also ein, was ein wenig mehr an Komfort für ein Wohlgefühl erzeugen kann. Gut so", antworte ich.

„Du hast Recht. Gestern Nacht hatten wir überzogen, sozusagen zu viel Ballast abgeworfen. Oder zumindest die falsche Ausrüstung dabei gehabt. Oder es falsch angefangen. Egal, die Frage ist, wie viel Komfort brauchen wir? Würde hier eine Heimkinoanlage, ein Clubchair, ein Jacuzzi mit Shiatsu-Rückenmassagedüsen und so weiter mehr Wohlgefühl erzeugen oder im Gegenteil unser Erlebnis hier beeinträchtigen?“

„Nur weil wir hier in einer Holzhütte sind, musst du jetzt nicht ständig auf Thoreau machen.“

„Nein, ich meine das ganz ernst. Es würde mich interessieren, was du dazu sagst.“

„Ehrlich?“

„Nein. War nur höflich gemeint.“

„Hier und jetzt bin ich okay“, sage ich. „Aber warte mal ab, bis wir das Plumpsklo gesehen haben.“

„Ich meine in Bezug auf das Maß an Komfort, das wir benötigen.“

„Etwas Bequemes zum Herumliegen und etwas Leckeres zu Naschen reichen mir vollkommen aus. Der Rest ist eher eine gesunde geistige Einstellung, basierend auf Müßiggang, Trägheit, Lust, Intoleranz, Egoismus und so weiter.“

„Würdest du sagen, dass man mit zunehmendem Komfort auch bequemer, laxer oder gar egoistischer wird?“, fragt er.

„Man kann seine Fähigkeiten immer vervollkommnen.“

„Das könnte zum Beispiel erklären, warum Wanderer, die sich ja meist nicht gerade im Luxus begegnen, anders miteinander umgehen als Hotelreisende am Pool, am Buffet oder in der Senator-Lounge.“

„Kann durchaus sein“, sage ich. „Aber was ist daran so schlimm?“

„Na, irgendwann wirst du dann wie einer dieser Kreuzfahrtpassagiere, die 30.000 Euro für zwei Wochen Luxuskabine zahlen und den Luxus gar nicht mehr wahrnehmen, sondern sich nur noch aufregen, wenn der persönliche Butler die Fliege zum Smoking nicht wie letztes Jahr in die Schublade legt, sondern um den Kleiderbügel hängt.“

„Das ist ja auch in-to-le-ra-bles Fehlverhalten dieses Butlers."

„Heute haben wir ganz unmittelbare Bedürfnisse befriedigt. Und es war toll."

M stößt wieder zu uns und legt etwas Feuerholz nach. Bald sitzen die beiden wieder am Tisch, und M erzählt von den Survival-Kursen, die er gemacht hat. Dabei fieselt er ein wenig Birkenrinde vom Feuerholz ab, um später ein Feuerherz für das Lagerfeuer zu bauen. Er lässt sich Zeit. Beide haben für alles sehr, sehr viel Zeit. M wählt seine Worte mit Bedacht, als baue er aus ihnen eine mörtellose Mauer aus Natursteinen: Alles muss richtig aufeinander aufbauen und zueinander passen. Die wichtigste Erfahrung auf den Wildnis-Seminaren sei nicht der Bau einer Laubhütte gewesen, sagt M, auch nicht, wie man Feuer mit einem Stock, einem Bogen, einem Stück Rinde und Zunder mache, sondern eine simple Übung. Sich unter einen Baum zu setzen und zu warten, bis der Blick sich öffne. Dazu legt M die flachen Hände wie Scheuklappen an die Schläfen. Irgendwann passiere es. Einfach so. „Klapp." M lässt die Scheuklappen fallen. „Und das Blickfeld ist weit."

Herrchen erzählt von seinen Laufabenteuern.

M meint, er habe das Wandern hier auch probiert, die Wege seien ihm auf Dauer aber zu anstrengend gewesen. Stattdessen sei er lieber komfortabel mit dem Boot zu dieser Hütte gerudert, um es sich für ein paar Tage gemütlich zu machen.

Ich möchte ihn gerne fragen, ob er mich nicht adoptieren könne.

Viel Luxus brauche er nicht, meint M und sammelt seine Birkenrinde in einem kleinen Plastikbeutel.

„Ich auch nicht", meint Herrchen. „Eigentlich bestimmt sich doch Reichtum durch all die Dinge, die man nicht braucht. Das ist ja auch das Reizvolle an der leichten Ausrüstung."

M pflichtet ihm bei und meint, so sei das Leben zwang- und sorglos und voller Freiräume.

Erstaunlich, dass beide so sehr einer Meinung sind. Noch erstaunlicher ist allerdings, dass sie offensichtlich auf völlig verschiedenen Wegen zu ihrer Überzeugung gelangt sind. Herrchen rennt durch die Gegend wie ein vollgekokstes Erdhörnchen, und M macht es sich am Ofen gemütlich.

Herrchen geht angeln. Dazu steigt er mit seinem verbliebenen Killer-Köder in Shorts und Five Fingers in den See. Laut Produktinformation sind die Innensohlen der Vibrams antibakteriell beschichtet, um unangenehmen Gerüchen vorzubeugen. Laut Erfahrung führt das dazu, dass die armen Bakterien früher verenden und länger stinken. Die Geruchsintensität nimmt proportional zur Tragedauer und Umgebungstemperatur zu. Wir sind schon recht lange in der warmen Hütte gewesen. Es gibt also zwei Möglichkeiten, was passiert, wenn wir mit den Zehenschuhen ins Wasser steigen: Entweder die Hechte können rechtzeitig zum gegenüberliegenden Seeufer fliehen, oder sie treiben nach höchstens zehn Sekunden mit dem Bauch nach oben an der Wasseroberfläche.

Da Letzteres nicht passiert, gehe ich mal davon aus, dass es heute wieder keinen Hecht geben wird und behalte Recht.

Tragisch ist das jedoch nicht. M kocht uns eine warme Tütensuppe auf seinem Gaskocher, und wir haben auch noch eine Stulle aus dem Auto dabei.

Als die Suppe fertig ist, schaut eine Familie in die Hütte herein. Unnötig zu erwähnen, dass auch sie Deutsche sind. Vater, Mutter und zwei Töchter im Teenageralter setzen sich zu uns und erzählen, was sie heute noch alles vorhaben. Wo sie hin wollen. Wo sie gewesen sind.

Sie fragen uns, ob wir hier übernachten würden. M und er nicken. Kurz danach bricht die Familie wieder auf.

„Wir wirkten auf sie wohl kurios, oder?“, meint M und dürfte Recht haben.

Sie widmen sich wieder der Suppe. Dazu reden sie über das Buch *The Tracker* von Tom Brown, was Herrchen etwas schwer fällt, weil er es nicht gelesen hat.

Er versucht mit Henry David Thoreaus *Walden* zu kontern, wozu M wiederum weniger sagen kann, weil er es nicht gelesen hat. Trotzdem quasseln sie lange herum.

Draußen geht die Sonne unter. M macht ein prasselndes Pagodenfeuer, auch Herrchens bevorzugte Form des Lagerfeuers. Davor sitzen sie und reden vor sich hin. Der Wind hat nachgelassen; die Seeoberfläche liegt mittlerweile ruhig da.

M meint, das hier sei sein bisher schönster Urlaub.

Irgendwann gehen sie schlafen. Herrchen liegt auf seiner Matte und genießt eine tiefe Ruhe.

„Heute haben wir völlig neue Ebenen und Dimensionen erreicht, Marvin“, sagt er beim Einschlafen. „Und wir haben uns ein bisschen das Recht erworben, alles Einfache genießen zu dürfen. Morgen bekommen wir dafür die Quittung. Ich weiß es.“

Ich verdrehe die Augen. „Na dann gute Nacht.“

10. Glaskogen III: Paradiesischer als Peitschenhiebe

Gegen 6 Uhr mittelschwedischer Sommerzeit haben wir ausgeschlafen. M schlurft gerade durch die Hüttentür nach draußen. „Mmmh", schnurre ich. „Wie sagtest du gestern noch so schön: Wir dürfen jetzt das Einfache genießen? Lass' uns also heute hier liegen bleiben und das Einfache intensiv genießen."

„Das ist ganz schön, aber nicht alles." Er erhebt sich und springt aus der Koje. „Ein Schritt fehlt noch. Und der ist heute dran."

„Uh, was denn jetzt noch?", maule ich.

„Du wirst es sehen."

Umziehen muss er sich kaum, er hat bereits in Laufhose und Laufshirt geschlafen. Als er darin vor die Tür tritt, ist ihm kalt. Die Sonne geht gerade über dem Övre Gla auf; über dem spiegelglatten See schweben schwerelose Schleier aus Nebeldaunen und scheinen zu flüstern: ‚Still, wir schlafen noch.' Und sie schlafen so friedlich wie eine zweijährige Tochter. Plätschernd stört ein Strahl die Morgenidylle. Wasser aus der Schwengelpumpe, gefördert zum Zähneputzen.

Er holt die Kamera und schießt einige Fotos. M kommt zurück und bietet uns ein Frühstück an: selbst gemischtes Müsli mit Milchpulver und Schwengelpumpenwasser. Wir nehmen dankbar an und essen dazu den letzten verbliebenen Riegel weißer Schokolade. So gestärkt machen wir uns lauffertig. Weil es noch so kalt ist, ziehen wir die lange Hose und den Pulli über. Unsere Laufschuhe sind am Ofen vollständig getrocknet. Was für ein ungewohnt angenehmes Gefühl, denkt er. Noch ein paar Dehnübungen, und wir verabschieden uns von M.

Heute Morgen kommen wir sehr leicht in den Laufrhythmus und erreichen schon bald Lenungshammar.

Unser Auto steht noch dort, wo wir es gestern geparkt haben. Wir greifen uns einige Hygieneartikel heraus und verrichten in der Sanitärhütte die üblichen Verrichtungen. Nur auf das Deo verzichtet er diesmal.

Um den Campingplatz von Lenungshammar herrscht bereits ein wenig morgendliche Betriebsamkeit. Lautstark bollert ein Güllewagen neben der Zeltwiese, vermutlich pumpt er hier täglich die Gülle aus den Spültoiletten hinaus und in das Spielplatz-Plumpsklo, das wir bei unserer Ankunft kennen lernen durften, hinein. Bei dem Lärm, den er verursacht, fällt es nicht weiter auf, dass wir an der Schwengelpumpe auf dem Campingplatz herumrütteln und insgesamt zweieinhalb Liter dieses kühlen, klaren Glaskogengrundwassers abfüllen. Außerdem trinkt er sich noch einmal richtig satt, bevor es gleich losgeht.

„Von der Güllepumpe mal abgesehen wirkt hier draußen alles so klar und sonnig und freundlich“, meint er. „Und die Menschen sprudeln über vor Erlebnissen, die in ihnen stecken. Wenn man sich begegnet, ist es ein wenig so, als spiegele man sich in den anderen.“

„Klingt wie eine extrem konstruierte Erklärung dafür, dass die Leute die Augenbrauen runzeln, wenn sie dich sehen.“

Er isst noch zwei Brezeln und etwas Käse, nur um sicher zu sein, heute keinen Hunger leiden zu müssen. Dann plant er die Tour: Diesmal will er einige Kilometer die Straße nach Lenungen bis hinunter zum See Lelången laufen, dort auf den Wanderweg einbiegen und eine große Runde zur Übernachtungshütte am Nedre Tvängen, über Djupedalen, Mosserud und Lenungen nach Lenungshammar zurück drehen. Vielleicht 25 Kilometer, so genau rechnet er das nicht aus.

Heute werden wir nur eine Minimalausrüstung dabeihaben. Sein Rucksack ist merklich leichter als am ersten Tag. Er befürchtet, das Wasser in den zwei Halbliterflaschen könne beim Laufen unangenehm schwappen (in der Trinkblase tut es das nicht, weil dort keine Luft eingeschlossen ist), doch diese Sorge ist völlig unbegründet, wie sich bald herausstellt.

Ich frage ihn ein letztes Mal, ob wir nicht doch lieber hier bleiben wollen.

Er antwortet, dass das das Dusseligste wäre, was wir machen könnten.

Die Sonne scheint, und es wird zunehmend wärmer. Er zieht die Laufhose aus und gibt den kurzen Tights darunter den Vorzug. Den Pulli behält er fürs Erste an.

Einen tiefen Atemzug lang konzentriert er sich. Die Sonne scheint. Der Himmel ist blau. Die Luft ist klar. Er hat gut gefrühstückt und sich an klarem Brunnenwasser satt getrunken. Er ist gut trainiert, der Körper voller Energie. Vor ihm liegt kein übermäßig anspruchsvolles Ziel, aber eine gute Portion Lauf. Das sind die Fakten. Daraus interpretiert er „die Chance, heute einfach anstrengungsfrei das zu tun, was dem freien Flug am nächsten kommt: laufen. Nur ein wenig Wille liegt zwischen uns und der Überwindung der Schwerkraft. Dem körperlichen und geistigen Idealzustand der gelassenen Aktivität, des hingebungsvollen Handelns."

„Laber, laber", grummele ich und versuche, mich meinerseits zu konzentrieren, um die folgenden 25 Kilometer halbwegs unbeschadet zu überstehen, aber es drängen sich immer wieder Gedanken dazwischen, die sich hauptsächlich um Sonnenliegen, Süßigkeiten und Schwedinnen drehen. Insbesondere um Schwedinnen, die im Bikini auf Sonnenliegen liegen und an süßen Zuckerstangen…

Er unterbricht mich und schwadroniert weiter: „Gestern waren wir glücklich nach dem Laufen. Heute werden wir beim Laufen glücklich sein. Und in Harmonie mit uns, der Natur und der Bewegung."

„Das will ich sehen", sage ich unvorsichtig, denn eigentlich will ich sie gar nicht sehen, diese Quadratur des Kreises: Qual zu genießen. Jedenfalls nicht, wenn sie funktionieren sollte.

„Dann mal los." Mr. Harmonie läuft dann mal los.

Als Ouvertüre geht es drei Kilometer die Straße nach Lenungen hinauf, das Dorf, das uns vor drei Tagen mit einem weiten Blick über den Stora Gla begrüßt hat. Kurvig und voller Kuppen windet sich dic Schotterstraße auf und ab. Ihre Wellen sind steiler als Zehnmeterbrecher vor der Küste von Vancouver Island im Herbststurm. Im Gegensatz zu gestern bereiten ihm diese Anstiege heute aber keinerlei Mühe.

Ich weiß nicht, was los ist, aber Zirbeldrüsi lächelt mir den ganzen Morgen schon so einladend zu.

„Untersteh' dich, Marvin", schilt er. „Eine Melatoninausschüttung ist das Letzte, was wir jetzt brauchen."

Melatonin ist das Schlafhormon, das die gute Zirbeltorte vorrangig produziert. Sie macht also auf müde, wenn man sie stimuliert.

„Und wer fragt danach, was ich brauche?", maule ich.

Er jedenfalls nicht. Er erfreut sich gerade am dörfischen Erscheinungsbild Lenungens, ein Stilleben aus roten Holzhäusern und grünen Feldern und Wiesen. Er trabt hindurch. Ich fände es hier ansatzweise interessant, wenn wenigstens in einem der Häuser das jährliche Gruppensaunen der schwedischen Frauenbeachvolleyballliga stattfinden würde. Aber die Wahrscheinlichkeit dafür ist so gering wie diejenige, dass wir hier umkehren und sofort nach Hause fahren.

Auf der Schotterstraße schlägt er als Tempo ein munteres Allegro an, er kommt gut vorwärts. Trotzdem freut er sich bereits auf den Wanderweg. Der führt heute auch wieder an vielen grün schraffierten Flächen vorbei, die größte davon heißt Stora Fågelmossen (was gemäß seiner Schwedischkenntnisse entweder ‚Großes Vogelmoor' bedeutet oder ‚Sumpf Mit Wenig Haargel'), aber das kann ihn noch nicht beeindrucken.

Ab und zu fahren Autos an uns vorbei. Ohne Ausnahme sind es Gastspieler aus Deutschland. Gibt es in Schweden eigentlich auch Schweden?

Links naht das Gewässer Brittjärn, übersetzt wohl ‚Britentümpel'. Woher er diesen Namen hat, ist nicht ersichtlich. Britisches sehen wir nicht. Genauso gut könnte dieser See ‚Hechtsee' heißen.

Die orangefarbenen Ringe an der Nordspitze des Sees Lelången verkünden das Ende unserer Laufouvertüre auf ausgebauten Straßen. Hier kreuzen wir den Wanderweg, und es geht ohne Entr'acte ans Eingemachte. Der Anblick der Wegmarkierungen löst verschiedene Reaktionen bei mir aus, von denen die harmlosesten noch ein metallischer Geschmack im Mund, Herzrasen und Krätzeflecken sind.

Es droht die Laufstrecke bis zur Übernachtungshütte am Mjögtvängen. Letzteres ist der Name eines Sees, zusammengesetzt aus ‚Mjög' und ‚Tvängen', zwei Worten, die sehr schwedisch klingen aber in Herrchens Wortschatzkistchen nicht enthalten sind. Vielleicht wird Ikea einmal ein Wohnaccessoire dieses Namens herausbringen, hoffentlich ist es ein Schnorchel für die Außenluftzufuhr auf schwedischen Plumpsklos.

Herrchen von Karajan dagegen freut sich auf den ersten Akt durch den Wald und dirigiert das Sinfonieorchester seines Körpers nach Süden auf den Wanderweg. Die Lunge bläst den Heldentenor, die Beine pauken einen steten Doppelschlag, und ich liege als zweite Geige unbeachtet auf dem Boden des Orchestergrabens und gebe höchstens ein Geräusch von mir, wenn ich mit Füßen getreten werde. Momentan also mehr als zweimal pro Sekunde.

„Das ist ja nun wirklich ausnahmslos hübsch hier", meint Herrchen.

Ich habe dem Anblick von einsamen Seeufern noch nie besonders viel abgewinnen können; Meeresstrände, vorzugsweise im Einzugsgebiet von Bettenhochburgen voller komasaufender Teenager, erlauben mir wesentlich attraktivere Perspektiven. Ihn jedoch erfreut die Passage am Lelången-See entlang. Zwischen gertenschlanken Kiefern hindurch schimmert blau sein Wasser, eine makellose Reflexion der Pastelltöne des Sommerhimmels. Eine felsige Insel ragt steil daraus hervor.

„Und hier ist weniger los als an den Ufern des Stora Gla", stellt er fest. Keine Kanuten, keine Wanderer in Sicht, obwohl am gegenüberliegenden Ufer ein Übernachtungsplatz zu sein scheint. „Außerdem ist der Weg bisher wirklich laufbar, von dem ein oder anderen Matschloch einmal abgesehen." An das Schrammen des Heidekrauts gegen die Schienbeine hat er sich offensichtlich gewöhnt. „Manchmal federt der Untergrund regelrecht. Oder sind wir es, die heute mehr Spannkraft haben?"

„Also ich kann bestätigen, dass ich schon seit dem Aufstehen eine gewisse Spannkraft spüre, allerdings nicht gerade in den Beinen."

Er ignoriert mich und sabbelt etwas davon, dass das Prinzip der Landschaftsläufe eigentlich stets das Gleiche sei, nämlich, die Natur intensiver zu erleben, aber dass sich die Spielarten immer überraschend unterschieden. „Manche Läufe sind grandios, erhaben, tosend, funkelnd, aufregend oder elementar. Und hier ist alles in erster Linie ungezwungen und dabei noch hübsch. Eine wirklich reizvolle Kombination."

„Finde ich auch, obwohl ich das nicht in erster Linie auf Landschaften beziehen würde."

Zum Klang seiner bescheuerten Harmonien geht es mit Tanzschritten eine Anhöhe an der Westseite des Lelången hinauf. Dort zieht er den Pullover aus und stopft ihn in den Rucksack. Obenrum soll von hier an ein Tanktop reichen. Rechts fällt der Fels steil zum Seeufer hin ab. Hier wäre Ausrutschen lebensgefährlich.

„Was für ein sensationeller Anblick!“, ruft er. Wir stehen im Schatten, aber die Seeoberfläche glitzert im Sonnenlicht. Kleine Felder von weißen Seerosen erinnern ein wenig an Monet.

Keine Menschenseele ist zu sehen.

Von hier oben wirken die endlosen Nadelwälder am gegenüberliegenden Seeufer wie ein grüner Plüschteppich zwischen dem Blau des Wassers und dem Blau des Himmels. ‚Flieg' hinüber!‘, scheinen sie zu rufen. ‚Bau' dir ein Nest und kuschele dich hinein!‘

Auf dieser Seite des Sees sieht die Realität leider weniger beschaulich aus. Denn Herrchen hat den Laufschritt wieder aufgenommen.

Der Wald hier ist hell, uns scheint viel Sonne auf die Haut. Wir durchqueren eine Lichtung, „die vor Farben leuchtet wie ein tropisches Riff“, meint Herrchen. „Nur dass hier kein Wasser strömt, sondern der Geruch von Harz, Heideblüten und koniferengefilterter Luft. Lippfischrosa der Heideblüten, Anemonengrün des Mooses und Korallenrot der Preiselbeeren leuchten in der Sonne. Polster von Strauchflechten dekorieren graue Felsen mit einem Patchwork von Pastelltönen.“

Ich meine dazu: „So muss es klingen, wenn ein Clownfisch drauflos blubbert.“

Der Wanderweg touchiert die Wendeschleife einer weiteren Schotterpiste. Hier steht ein verlassener Wohnwagen. Vielleicht ein ehemaliger Windschutz-Heranschummler, der zuwenig Hanutas dabei hatte und unterwegs verhungert ist.

Gleich darauf geht es wieder in den Wald hinein, wir laufen durch „wunderbar verwunschene Stellen“, wie Herrchen findet.

In einer Fichtenschonung tritt er auf einen Baumstumpf. Der sah auf den ersten Blick intakt aus, war aber komplett vermodert und bricht widerstandlos auseinander. Herrchens Lauforchester spielt einen Moment lang Zwölftonmusik, dann hat er sich wieder gefangen.

Er meint, dieses Missgeschick mit der Elastizität eines Panthers abgefangen zu haben.

Langsam nervt er.

Wir kommen schnell voran, gleiten geradezu dahin. Sind wir Minuten unterwegs oder eine Stunde? Er weiß es nicht, sein Zeitgefühl ist momentan nicht in der Lage, verlässliche Angaben zu machen.

Zu gebannt lauscht er der Musik, die sein Vorwärtskommen erzeugt: „Wir sind wie ein Instrument, Marvin, das wir selbst spielen, ein Resonanzkörper, in Schwingung versetzt von Atemluft und Herzschlägen. Schritte sprudeln aus uns heraus wie ein Freudengesang, Koloraturen einer inneren Stimme. Ist das nicht Musik in deinen Ohren?“

Jetzt nervt er wirklich. Musik in meinen Ohren wäre es, wenn DJ Marvin ihm ein spontanes Requiem auf der Stalinorgel rappen könnte.

Schneller, als man ‚wohltuendes Kugelhagelinferno‘ sagen kann, sind wir wieder an einem See. Es kann nur der Mjögtvängen sein. „Erstaunlich. Hier sind wir schon?“, meint er. „Schick hier!“

Sonne durchflutet die Ufer des Mjögtvängen. Eingebettet in runde Kissen aus Felskuppen, Fichtengrün und Flechten liegt der See, schläft, ruht, lädt ein. Wie eine nichtsahnende Zirbeldrüse, hä, hä, hä.

Am Ufer hat jemand eine Feuerstelle eingerichtet, die aber keiner Übernachtungsstelle angeschlossen ist. In den Ästen einer kleinen Latschenkiefer hängt ein Schnuller.

„Schau mal, Marvin, ein Männerspielzeug für dich!", witzelt er.

Ich stelle mir vor, wie ich diesen Schnuller nehme, auf die Spitze eines Wolframcarbid-Wuchtgeschosses stecke und beides mit einer Panzerabwehrkanone aus extrem kurzer Distanz auf ihn abfeuere.

Jetzt ist es nicht mehr weit bis zur Übernachtungshütte am Mjögtvängen. Wir erreichen sie nach nur 1:20 Stunden. „Das müssen um die 13 Kilometer bisher gewesen sein", meint er. „Damit sind wir wesentlich schneller unterwegs als gestern. Und das bei bedeutend geringerer Anstrengung. Toll, was?"

Die Stuga ist ein niedliches Refugium mit nur zwei Schlafplätzen, romantisch auf einer Landenge am Wasser gelegen und daher besonders reizvoll für Pärchen. Das hat sich wohl auch das Pärchen gedacht, das sich hier aufhält, aber von Herrchen bisher noch nicht bemerkt wurde.

Herrchen linst durch die offene Tür.

„Huch!", keucht sie. Nicht die Tür, sondern eine etwa 22-jährige Frau, offensichtlich Deutsche.

Herrchen macht auf Checkerlächeln und sagt: „Hi!"

„Hi", sagt sie vom unteren der beiden Betten aus. Gegenüber steht ein kleiner Tisch am Hüttenfenster, an der Wand langweilt sich ein momentan unbenutzter Ofen. Ansonsten befindet sich nichts in diesem Schlupfloch, von der Frau und ihrem Begleiter einmal abgesehen.

„Hübsch hier", meint Herrchen.

„Jo", meint der Begleiter.

„Finde ich auch", hechele ich.

„Marvin“, warnt Herrchen und fragt die beiden, wie lange sie schon hier wären.

„Das mit dem Etagenbett ist natürlich ein kleiner Nachteil“, sage ich.

„Marvin“, mahnt Herrchen.

Zwei Tage, meint der Begleiter. Und zwei Nächte.

„Aber der Tisch unter dem Fenster hat die geeignete Höhe“, stelle ich fest.

„Marvin!“

„Äh, was?“

„Weg von der Zirbeldrüse!“

Während dieser zwei Tage hätten sie – bis jetzt – noch niemanden getroffen, meint die Frau.

„Och, Menno“, maule ich „Dann eben den Bries!“

Herrchen bekräftigt mit Checkerlächeln, dass das ja phantastisch wäre. Mir zischt er zu: „Bries? Was ist das denn?“

„Oh ja“, sagt die Frau.

„Man nennt ihn auch Thymusdrüse“, erkläre ich.

„Haben wir die noch? Ich dachte, die bilde sich seit der Pubertät zurück und würde durch funktionsloses Fettgewebe ersetzt.“

Der Begleiter erzählt, dass die beiden mit dem Kanu über den Mjögtvängen hergefahren seien. Und diese phantastische Hütte gefunden hätten. Da wären sie einfach ein wenig geblieben.

„Funktionslos?“, frage ich. „Das würde ich so nicht sagen…“

„Untersteh’ dich!“, faucht Herrchen.

Und herumgewandert, ergänzt die Frau. Unter anderem.

Herrchen wünscht ihnen noch viel Spaß.

Gleichfalls, meinen die beiden.

Wir laufen weiter, über eine kleine Holzbrücke wieder in den Wald hinein.

„Nicht schlecht, die zwei“, meint er.

Dem kann ich nur beipflichten.

Er läuft. Wir passieren eine Stelle namens ‚Tvängsmon'. Jedenfalls steht das auf einem Schild am Wegrand. Wir finden nicht heraus, was es mit Tvängsmon auf sich hat. Er hält hier nur kurz an, um sein Tanktop auszuziehen und in den Rucksack zu stopfen. Dann gibt er wieder Gas, nunmehr mit freiem Oberkörper.

Zum ersten Mal heute passieren wir einige moorige Stellen, aber die sind kaum von Belang und halten ihn nicht nennenswert auf.

Wir überqueren eine Schotterstraße. Dahinter geht es steil hinauf. Der Wanderweg scheint hier weniger benutzt als auf unserer bisherigen Strecke. Wahrscheinlich, weil er parallel zu einer wesentlich komfortableren Schotterstraße verläuft, die wir natürlich nicht nehmen.

Wir passieren einen riesigen Ameisenhügel voller riesiger Ameisen.

Auf einem sonnendurchfluteten Grat kuscheln sich Flechtenteppiche wie Lammfelle aneinander. Heraus ragen einzelne Preiselbeerbüsche und strecken die grünen Finger nach der Sonne aus.

Wir schauen ins Djupedalen hinab (auf Deutsch so viel wie ‚tiefes Tal'), eine schmale Schlucht, durch deren Grund unser Weg weiterführt.

Der Abstieg ist steil. Ausgerechnet hier sind die Markierungen wieder einmal spärlich. Herrchen fragt sich für einige Momente, ob diese rutschige Passage wirklich der richtige Weg in die Tiefe ist. Sie ist es.

Hier unten ist es schattiger und feuchter als oben auf dem Kamm. Der Untergrund ist zum Teil etwas schlüpfrig, Markierungen gibt es nur wenige.

„Wann sind wir endlich da?", maule ich.

„Was meinst du mit ‚da'?", fragt er.

„Na, am Ziel."

„Spielen, Knutschen, Laufen – wer braucht schon ein Ziel?", sagt er. „Das Ziel ist doch höchstens ein Werkzeug. Gerade jetzt zählt nur der Weg, das Tun. Das Erleben. Und da sind wir ‚endlich da'."

„Was haben Spielen und Knutschen mit Laufen zu tun?", frage ich.

„Ungezwungene Aktivität. Hingebungsvolles Handeln", bietet er an.

Er meint es offensichtlich ernst mit seiner intrinsischen Motivation, von der ich keine Ahnung habe, woher sie kommt. Ich erwidere: „Ach knutsch' doch meine Hinterhand."

Ungerührt trabt er durch das Djupedalen, bis uns eine Abzweigung Richtung Mosserud führt. An dieser Passage liegt Fågelmossen, ein ausgedehntes Moorgebiet. Das kann ja heiter werden.

Aber der Weg ist erstaunlich komfortabel und auch landschaftlich ansprechend. Durch lichten, sonnigen Wald aus Kiefern mit einem regelmäßigen, fast aufgeräumten Unterwuchs aus Heide und Heidelbeeren verläuft er etwas oberhalb des links gelegenen Sumpfes über festen, elastischen Untergrund. Das Moor wirkt von hier wie eine Sommerwiese, von Birken umsäumt.

Herrchen ist exaltiert. „Heute passt aber auch einfach alles", freut er sich. Er ist exaltiert, dass „wir die physischen Voraussetzungen haben, hier laufen zu können. Und die psychischen Voraussetzungen, in diesem Gefühl schwelgen zu können. Und dass das etwas ist, was wir uns nicht im klassischen Sinne erarbeiten mussten. Wir haben das weniger geformt als vielmehr etwas befreit, was schon immer da und nur überlagert war."

Er federt dahin. Exaltiert. Sagt: „Toll, wenn wir nichts weiter anhaben als unsere Shorts." Pause. „Mal abgesehen von den Schuhen."

Erneute, bedrohliche Pause.

„Oh nein", rufe ich, „denke bitte nicht weiter! Hör jetzt auf!!"

Er denkt weiter. Und handelt. Ich glaube es nicht. Er bleibt stehen und tut es tatsächlich. „Nur ganz kurz", beschwichtigt er, „höchstens bis Mosserud."

„Und wenn uns jemand sieht?", wimmere ich.

„Dann binden wir uns schnell was um."

„Und was? Einen Blaubeerbusch? Das sieht bestimmt unglaublich dämlich aus."

„Egal jetzt. Sieh es als Ausdruck von Spiel, von Kunst. Michelangelo hat gesagt, er würde seine Figuren aus einem Marmorblock befreien. Doch die Schönheit des Tages aus seinen 24 Stunden befreien, das ist die höchste der Künste. Und in dieser Kunst üben wir uns heute."

„Das hast du schon wieder bei Thoreau geklaut."

„Der war eben ein cleveres Kerlchen. Außerdem ist sein Copyright abgelaufen."

Er läuft weiter. Und trägt weiterhin nur Laufshorts und Unterhose. Jetzt allerdings in der rechten Hand.

Das kann nicht sein. Bang schaue ich nach, ob seine harmonische Hingabe vielleicht schon so weit geht, dass seine Querflöte Fagott spielt. Das ist zum Glück nicht der Fall. Trotzdem überrollt mich eine Lawine von Angstphantasien: zum Beispiel die, dass einige Schritte voraus eine unschuldige Elchkuh uns das Hinterteil zuwendet. Und wir rennen keuchend und mit wehender Banane darauf zu. Mit einem Blaubeerbusch getarnt. Treffen auf ein Dokumentarfilmteam. Titel des Filmprojekts: *Der Schwede und der Elch an sich*. Der Kameramann hält voll drauf. Oder: Uns kommt eine Gruppe Wanderer entgegen. Ein Geländemarsch der militanten Bara-Bröst-Opposition. Und wir hocken nackt und verbindlich lächelnd am Wegrand. Mit einem kniehohen Blaubeerbusch als Tarnung. Wenn wir wenigstens eine Rolle Klopapier dabei hätten… Oder: Ein wütender schwedischer Holzfäller ballert mit einer Schrotflinte blindlings durch den Wald, weil er gerade seine Frau in flagranti erwischt hat und nun den Kerl sucht, der eben nackt aus seinem Kleiderschrank gesprungen ist. Und wir rufen ihm beruhigend zu: ‚Nichts Schlimmes passiert! Das ist nur unser Hobby! Das darf hier jeder Tourist für dreißig Kronen pro Person! Gib' uns noch eine Stunde, dann sind wir schon fertig!' Oder:… Hach, ich dreh' durch! Ich muss zum Doc.

Ich renne nach oben und falle gleich mit der Tür ins Haus: „Doc, Jahrzehnte von Arbeit sind im Dutt! Wir haben versagt, Doc. Er hat sich gerade volley auf Steinzeitniveau zurückgeschossen!"

„Steinzeit?!" Der Doc zuckt zusammen als träfe ihn ein jäher Schmerz. Dazu blickt er unwillkürlich mittig nach rechts. Dann sagt er schnell: „Ich habe damit kein Problem, dass er seinen eigenen Weg geht, wirklich nicht."

„Bitte was?" Ich bin etwas verdutzt. „Ich verstehe dich nicht. Hol' mich mal bitte mal da ab, wo ich stehe."

„Bin ich Proktologe, oder was?"

„Hey. Das war verletzend."

„Entschuldigung. War nicht so gemeint." Er seufzt und schüttelt langsam den Kopf. „Er nimmt sich gerade ganz schön was heraus, oder?"

„Das kann man wohl sagen."

„Er hat uns als Kontrollinstanzen ausgebootet."

„Und schau dir an, was dabei herausgekommen ist."

Der Doc nickt gewichtig. „Er meint zu mir, das sei eine Art ethische Steinzeitdiät."

„Das klingt total wie er", nicke ich gewichtig und habe keine Ahnung, was der Doc meint.

„Er meint, meine Funktion wäre es, sein Verhalten mit meinen Idealbildern in Deckung zu bringen. Und die bilden die

Normen und Wertvorstellungen der Gesellschaft ab. So weit so gut." Der Doc schaut wieder mittig nach rechts und fährt fort: „Er meint, diese Normen änderten sich ständig, damit wäre ich in weiten Teilen nichts weiter als eine Modeerscheinung."

„Heftig", nicke ich gewichtig und habe keine Ahnung, wo das jetzt hinführen soll.

„Genau wie beim Thema Ernährung, wo jede Woche eine neue Wunderdiät angepriesen wird."

„Schlimm so was", pflichte ich dem Doc bei.

„Dabei bräuchte man diesen Quatsch gar nicht, sagt er, wenn man nur ein paar Grundregeln befolgen würde. Wenig Zucker, gesunde Fette etc."

„Himmel, hat er das mit dir auch durchgekaut? Schrecklich, oder?" Ich hätte nicht gedacht, dass der Doc und ich solche Leidensgenossen sind.

Der Doc zuckt mit den Schultern und sagt: „Mit dem Gewissen sei es doch im Grunde ähnlich, meint er. Es gebe ein paar Grundregeln, die schon seit Jahrtausenden bestünden, die uns die Natur täglich vorlebe: Sei achtsam mit deinem Umfeld, deinem Körper, deinem Geist, der Natur. Sorge für die Herde, in der du liebst und lebst. Renne, wenn Beute winkt, aber nicht allem Flüchtigen hinterher. Das andere Gewissenszeug ist ohnehin nur Schwankungen unterworfen, die eher verwirren als nützen, irreführender Ballast."

„So wie Rittertugenden angesichts der Kanonenkugeln?", werfe ich ein. Das irritiert den Doc etwas.

Er runzelt die Stirn und fährt fort: „Darüber hinaus, meint er, ergebe sich der Rest einfach. Man habe herrlich viel Platz und Freiraum."

Ich rufe: „Aber dann ist er ja nichts weiter als ein Halbaffe mit der spirituellen Tiefe eines Kartoffelkäfers!"

Der Doc antwortet: „Das musst du gerade sagen."

„Das war bewundernd gemeint."

„Ach so."

„Aber das erklärt noch nicht, warum er hier läuft."

„Nein, das ist etwas… anderes", meint der Doc.

„Du wolltest eben nicht ‚etwas anderes' sagen, sondern etwas anderes."

„Stimmt", gibt er zu. „Ich wollte ‚etwas Tieferes' sagen. Aber das hängt wohl vom Standpunkt ab. Für dich wäre es wohl eher etwas Höheres."

„Danke, Doc. Du baust mich wirklich auf."

„Einigen wir uns auf etwas, das nicht Gewissen und nicht Trieb ist."

„Was ist es dann?"

„Hey ihr zwei Quasseltüten", mischt Herrchen sich da ein. „Kommt mal raus aus eurem Oberstübchen, her zu mir und fühlt, seht, riecht und erlebt!"

„Nö, nachher werden wir noch mit dir gesehen", rufe ich. „Das ist uns zu peinlich. Wir bleiben lieber hier."

„Da verpasst ihr aber was."

„Siehst du?", sagt der Doc. „Im Moment lässt er sich nicht von etwas Äußerem leiten. Sondern folgt stur seinen – zugegeben merkwürdigen – Ideen. Für ihn ist das eine Art von Kunst."

„Das ist nicht eine Art von Kunst, sondern eine Abart von Peinlichkeit", sage ich.

„Ich gebe dir Recht", sagt er, „es klingt peinlich, es sieht peinlich aus, es ist peinlich. Aber für ihn fühlt es sich gerade nicht so an. Er denkt, er sei im Einklang mit einer inneren Stimme."

„Aber ich bin seine innere Stimme", rufe ich.

„Nein, da gibt es noch eine andere."

„Wen, etwa dich?"

„Nein. Einfach nur ihn. Das nackte Ich, sozusagen."

„Das ist er?!“

„Jo.“

„Oh Gott.“ Ich bin entsetzt.

„Und außerdem entdecke ich da auch eine Spur von dir in seinem aktuellen Gehabe.“

„Das kann ich mir nun kaum vorstellen.“

„Er hat dich nicht ausgebootet, Marvin, nur auf seine Art sublimiert.“

„Was hat er?“

„Man könnte sagen, er hat dich gezähmt. Aber das heißt nicht, dass du nicht noch ein wesentlicher Antrieb in seinem Leben bist. Nur eben kanalisiert. Er ist das Leitruder, aber du bist Antrieb. Überleg’ doch mal, fällt dir nichts auf: Wenn er ‚wir‘ sagt, meint er euch beide, aber nicht mich. Ich bin gerade bei der Richtungsfindung nicht beteiligt.“

„Willst du mir damit sagen, du lässt mich allein mit meinen Problemen und ihm?“

Plötzlich hat der Doc seine Contenance wiedergefunden. Er lächelt weise. „Aber weißt du was: Eigentlich spielt er nur ein wenig herum. Hier, wo er wenig Schaden anrichten kann. Und das ist es auch schon. Er wird wieder zur Besinnung kommen. Denn ohne mich, ohne Ideale, funktioniert auf Dauer nichts. Je mehr Ideale eine Gesellschaft hat, je mehr Helden, je mehr Vorbilder, desto besser. Wenn hier jeder das machen könnte, was er wollte, hätten wir bald das tollste Chaos.“

Ich nicke weise: „Du meinst, so eine Art Schulreform, wo jeder nur noch Porno-Abi machen will mit Französisch mündlicher Prüfung und Latte Leistungskurs?“

Einen Takt lang macht der Doc Redepause. „Hast du heute eigentlich noch ein anderes Problem, über das du reden möchtest?“

„Nein, eigentlich sind es die gleichen wie immer.“

„Verstehe. Was ich sagen will, ist: Er wird wiederkommen. Ich werde es einmal so ausdrücken: Würde er an der Börse gehandelt, wäre er eine Spekulationsblase. Es kann so nicht weitergehen. Irgendwann kommt der Crash. Und dann sind wir wieder da."

„Meinst du?", frage ich hoffnungsvoll.

„Ganz bestimmt", sagt der Doc und schaut nach oben links.

„Tschüss, bis dann", sage ich.

„Bis dann."

Mein Besuch beim Doc ist beendet. Geht es mir jetzt besser? Nicht wirklich.

Wie Gott ihn schuf, zu einer Zeit, seit der Gewährleistungsansprüche leider verjährt sind, rennt Herrchen weiter am Ostrand des Fågelmossen nach Norden.

„Können wir noch einmal dein aktuelles Verständnis von Outdoormode thematisieren?", frage ich ihn.

„Aber bitte nicht dramatisieren."

„Wo ist jetzt noch einmal der Sinn des Ganzen?"

„Wenn man tut, was man tut, nur um zu erleben, dass man es tut, dann durchströmt einen das Leben."

Tue was du tust, um zu erleben, dass du es tust? Was für ein dämlicher Grundsatz. Jedenfalls solange ich, Marvin, dabei außen vor bleibe, so wie jetzt gerade.

Kurz bevor wir Mosserud, eine grasige Anhöhe mit ein paar Siedlungsruinen, erreichen, zieht er sich wieder an. Die Tights kommen ihm plötzlich sehr… tight vor. Unbequem geradezu.

Ohne verfallenen Fundamenten und windigen Schildern allzu viel Aufmerksamkeit zu schenken, durchläuft er Mosserud und nimmt die Abzweigung nach Lenungen. Hier in der Nähe soll es laut Karte eine Trinkwasserquelle geben. Nach wenigen Augenblicken schon laufen wir auf sie zu.

„Wow, das war toll eben!“, schwärmt er. „Ist dir etwas aufgefallen? Wir waren ganz und gar im Augenblick. Der Geist ist kaum abgeschweift.“

„Meiner schon. Obwohl ich das eher Verdrängen als Abschweifen nennen würde.“

Die Quelle hat eine großflächige Abdeckung aus Terrassenbohlen, darauf steht ein Gerüst, an dem eine Dose zum Schöpfen hängt. Selbst die ist aus Deutschland. Apfelmus. Metro-Hausmarke. In der Mitte hat die Abdeckung eine Holzklappe, unter der sich die Quelle befindet.

„Manchmal phantasiert man beim Laufen. Eben nicht. Genauso wenig, wie man beim Musizieren phantasiert.“ Er hebt den Holzdeckel an. „Genauso wenig, wie ich mir vorstelle, das klare Brunnenwasser hier drunter wäre Wein. Es ist kaltes, klares, köstliches Brunnenwasser.“

Er blickt hinunter in das Loch. Eine fette Kröte grinst zurück. Blätter und Tannennadeln dümpeln auf der dunklen Wasseroberfläche.

„Nun ja…“, meint er etwas gequält, „in Ausnahmefallen könntest du natürlich Recht haben. Manchmal hat Verdrängung durchaus ihre Berechtigung.“ Mit einem leisen ‚Klack‘ fällt die Holzklappe wieder zu.

Von hier aus sind es nur noch gute zwei Kilometer bis nach Lenungen. Und dann noch einmal drei Kilometer zurück nach Lenungshammar. Der Weg ist breit und komfortabel, teilweise zweispurig. Höhenunterschiede sind vollkommen vernachlässigbar.

Er läuft und genießt es. Sonne, Bäume, Gras, Heide, Schritte, Untergrund verschwimmen ohne Struktur. Seine Empfindungen sind wie Erinnerungen, die im Gedächtnis nicht als Absätze und Sätze in Textform gespeichert werden, sondern in verknüpften Bildern und Gefühlen, die erst in Sprache übersetzt werden müssen. Sie nehmen nicht den Umweg der Sprache. Deswegen ist es schwer auszudrücken, was er fühlt oder denkt. Jedenfalls genießt er es.

Nach drei Stunden sehen wir wieder unser Auto. Er ist restlos vollgepumpt mit Endorphinen. Wieder sagt er: „Danke“, und diesmal ist klar, was er meint: das Leben im Allgemeinen und den Glaskogen im Speziellen.

„Das, Marvin, war einer der schönsten Abschnitte, die wir jemals gelaufen sind.“

Ich schmolle.

Er zapft frisches Wasser aus der Pumpe am Campingplatz in Lenungshammar. „Erstaunlich“, findet er, „was man aus drei Urlaubstagen machen kann. Fast scheint es, als hätten diese drei Tage eine Logik im Sinne eines geplanten Handlungsablaufs gehabt, oder? Einführung, Problemstellung, retardierendes Moment, Happy End und so weiter. Aber es war keine geplante Logik. Die einzige Logik dabei war, dass wir uns selbst gefolgt sind.“

Ich sage: „Mir bist du nicht gefolgt. Und dem Doc auch nicht.“

„Ab und zu sind wir der Karte gefolgt. Aber die hat uns nicht gesagt, wohin wir sollen, sondern nur, wohin wir gehen könnten. Das allerdings sehr detailliert und meistens verlässlich.“

„Wenn du sie immer richtig hättest lesen können.“

„Der Rest war einfach nur eine Reise. Eine tolle Reise. Wenn wir die Karte des Lebens an diesem Gefühl ausrichten, werden wir uns nicht verirren.“

Er steht an das Auto gelehnt, trinkt ein paar Schlucke Brunnenwasser und schaut in den Glaskogen hinaus. Lässt sein Lot in die Tiefen seines Empfindens hinab, so weit es geht, aber er kommt nicht auf den Grund. Es reicht nicht aus, um die Tiefe dieses Gefühls zu ermessen.

„Du bist glücklich, oder?“, maule ich.

„Jo.“

„Gut für dich.“

„Es gibt einige Dinge auf der Welt, die besser sind, als man es sich jemals vorstellen konnte.“

„Ach, womit habe ich das nur verdient?“, frage ich säuerlich.

„Dieses Gefühl kann man sich nicht verdienen. Es ist uns gegeben. Man muss es nur befreien.“

„Oh, womit habe ich das nur verdient!“

„Marvin, vielleicht warst du ja doch beteiligt. Vielleicht warst du sogar der Antrieb von allem.“

Ich nicke: „Der Doc meinte so was.“ Pause. „Und jetzt?“

„Jetzt gehen wir uns waschen, umziehen und fahren nach Hause.“

„Und dann?“

„Hm“, macht er. „Ich würde sagen, das Laufen als Spielart körperlicher Aktivität haben wir ausgekostet, das können wir jetzt. Was nehmen wir uns als nächstes vor?“

„Da wüsste ich schon was“, hechele ich hoffnungsvoll und wedele mit dem Schwanz.

Er grinst. „Sollten wir da einer Meinung sein?“

„Au ja.“

„Also, los geht’s – bald durchqueren wir Grönland auf dem Mountainbike!“

„Ahhhh!“

S
Sportwelt
Verlag
NUR NOCH
20 km
42 km...
UND WO IST
DAS PROBLEM?
Lothar Koopmann
MISSION
MARATHON
WIE ICH KEIN SUPERLÄUFER WURDE

Hinweis des Verlags

Durch einen bedauerlichen Fehler sind Anmerkungen des zuständigen Redakteurs und unseres Verkaufsleiters zum Manuskript als Fußnoten in das Buch übernommen worden, als es in die Endphase der Produktion ging.

Den Verursacher suchen wir noch und hoffen, dass er außerhalb des Verlages zu finden ist. Wenn nicht, sollte der Schuldige nicht mehr lange zu uns gehören.

Es wurde überlegt, die Fußnoten zu schwärzen, auszuschneiden, zu überkleben oder die Auslieferung zu stoppen – alle Maßnahmen wären aber zu teuer gewesen und hätten den Verlag an den Rand des Ruins gebracht.

Wir haben uns daher entschlossen, auch wegen der nicht unerheblichen Vorbestellungen des Buchhandels in Höhe von fast 111 Exemplaren, den Erfahrungsbericht unseres Autors so wie er war in den Markt zu geben.

Letztlich ist es dem mündigen Leser überlassen, die Anmerkungen zu lesen oder nicht; für das Verständnis des Textes sind sie unnötig, wenn nicht gar überflüssig.

In der Hoffnung auf Verständnis wünschen wir eine vergnügliche Lektüre und verweisen gerne auf weitere Bücher des Verlags, die wir am Ende unverbindlich anbieten – alle diese Titel sind vollständig anmerkungsfrei und eignen sich zum Lesen in allen Lebenslagen, auch im Bett.

Vorlauf

MICHAEL: Rechts.

AXEL: Wie, rechts?

MICHAEL: Vorbei.

AXEL: Wie, vorbei?

MICHAEL: Wir hätten rechts gemusst.

AXEL: Wo?

MICHAEL: An dem Weg gerade.

AXEL: Warum?

MICHAEL: Weil wir da rechts gemusst hätten.

ICH: (*Man müsste ...*)

AXEL: Hättste das nich eher sagen können? So schnell kann ich nich reagieren, mitten im Lauf.

MICHAEL: Mein Gott, wenn ich das zu früh sage, hast du das doch bis zur Ecke wieder vergessen.

AXEL: Das Problem ist, dass du nich weit genug gucken kannst, um uns das früh genug zu sagen.

ICH: (*Man müsste ...*)

MICHAEL: Laufen wir eben einen kleinen Umweg, ist ja nicht schlimm, die paar Kilometer. Gleich kommen wir an dem Golfklub vorbei, dann rechts, an der Pferdekoppel nach links, dann sind wir wieder auf dem alten Weg.

ICH: (*Wenn jetzt die Christa mit ihrer Streckenalzheimer mal nicht alles durcheinander bringt.*)

CHRISTA: Was ich sagen wollte, …

ICH: (*Zu spät*)

CHRISTA: …, hier sind wir doch noch nie gelaufen, oder?

MICHAEL: Doch, vor zwei Wochen bei dem Wolkenbruch in dem Zwanziger, nur anders rum.

CHRISTA: Sag ich doch, so rum noch nie.

ICH: (*Man müsste …*)

AXEL: Lothar, kannste nich auch mal was sagen? Wenn es nich um Mathe oder Zahlen geht, krisse kein Wort raus, du alten Stiesel.

ICH: Lass mal, ich denke grad nach.

AXEL: Ach nee, und worüber, wenn ich fragen darf?

ICH: Man müsste das alles mal aufschreiben.

MICHAEL: Was aufschreiben, was meinst du?

ICH: Den ganzen Stuss, den ihr hier redet, und dass die Christa keine Strecken behalten kann, und dass die Angelika nicht an ihre Qualitäten glaubt, wo sie doch so gut im Laufen ist, und wie das so war, mit den Marathons mit euch und wie das alles angefangen hat und so.

MICHAEL: Das willst du aufschreiben? Wofür?

ICH: Damit man das nachlesen kann.

ANGELIKA: Was nachlesen?

ICH: Wie ich kein Superläufer wurde.

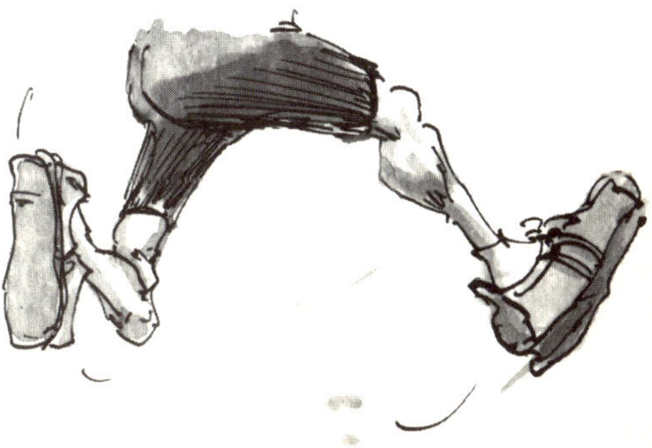

Der Dicke

Die traurigen und die ernsten Autoren:
Wer zu Papier bringt, was er leidet, wird ein trauriger Autor,
aber ein ernster, wenn er uns sagt, was er litt
und weshalb er jetzt in der Freude ausruht.

Friedrich Nietzsche*

In jungen Jahren war ich dick. Irgendwie quadratisch dick. Oder eher rundlich dick. Praktisch innerlich und äußerlich ohne Ecken und Kanten. „Voll fett", hätte Anna gesagt. Und Katrin hätte genickt: „Genau!" Dabei war ich immer zufrieden mit meinen langsamen Bewegungsabläufen. Und der Versorgung durch meine Mutter. Ein paar Brötchen zum Frühstück mit Cornflakes als Nachtisch, kräftige Stullen für die Pause, ein gutes Mittagessen nach der Schule, nachmittags manchmal ein wenig Kuchen, vielleicht mit Sahne, und ein leckeres Abendessen mit Vorsuppe zu den Schnittchen reichten mir vollkommen aus. Eltern und Lehrer lobten meine Genügsamkeit in allen Dingen, ich war kein Streber, sondern immer mit meinem Notendurchschnitt zufrieden, solange er knapp besser als zwei war und ich mich dafür nicht anstrengen musste.

Ich hätte nie vermutet, dass ich jemals intensiv Sport treiben würde. Obwohl ich alle Veranlagungen zum Sportler, vielleicht sogar zum Superläufer, hätte haben müssen. Mein Vater war Industriearbeiter, ständig gefordert von Früh-, Mittag- und Nachtschicht, zäh wie Leder, hart wie Kruppstahl, flink wie ein junger Windhund. Und zu Hause immer

---

* Anmerkung der Redaktion: Nietzsche, Nietzsche, war das nicht der Mann mit der Peitsche?
Anmerkung des Verkaufsleiters: Nein, ich glaube, das war Zorro oder Buffalo Bill.

müde, wegen der Regeneration. Obwohl er das Wort nicht kannte, nutzte er alle Möglichkeiten aus, seinem Körper die Ruhe zu verschaffen, die er brauchte. Beim Schlafen vor der Nachtschicht am Nachmittag, am Morgen vor der Mittagschicht, pünktlich vor der Frühschicht ganz früh abends.

Die Mutter Hausfrau, ständig auf Trab wegen der Versorgung des Kindes und des Faceliftings einer zu kleinen und zu engen Etagenwohnung, trotzdem immer ausgeruht und motiviert, das tägliche Fernsehprogramm nicht nur auswendig zu lernen, sondern das Erlernte auch in die Tat umzusetzen und auf seinen Wahrheitsgehalt zu prüfen. Ideale Voraussetzungen also für perfekte Läufer-Gene. Wegen der Ruhe nach der Belastung und der Belastung nach der Ruhe. Und umgekehrt.

Zu einem Höhepunkt in meiner ersten Karriere als Sportler kam es eines Frühlingsabends, als meine Mutter zu meinem sofadösenden Vater sagte: „Karl, der Kleine ist zu dick." „Mmh …", kam die Antwort. Vater schlief also einmal nicht. Noch nicht. „Wir müssen etwas tun!" „Mmh …" „Ka-arl, hast Du eine Idee?" „Laufen lassen."

Hätte meine Mutter meinen Vater ein wenig besser gekannt, was nach zwölf Ehejahren und der gemeinsamen Erziehung eines mittlerweile elfjährigen Buben zu erwarten gewesen wäre, hätte sie die Bedeutung der Halbschlaf-Bemerkung erkannt: Laufen lassen – laissez faire, abwarten, wird schon werden.

So verstand meine Mutter ihren Mann aber mehr als wörtlich und ersann ausnahmsweise selbstständig eine Lösung für das Problem: Laufen lassen – Sport treiben.

Meinem Vater als Fußballfan im Ruhrgebiet war das nur recht. Angeregt von seinen eindringlichen Sportweisheiten („Im Spiel ist vor dem Ende vom Spiel" und „Abseits ist, wenn der Ball unterwegs ist") entwickelte ich nach der

Anmeldung im örtlichen Fußballverein meine sportlichen Fähigkeiten. Umringt von zwanzig gleichaltrigen Stoppelhopsern verteidigte ich mit aller verfügbaren Körperfülle das runde Leder unter meinem speckigen Bauch, wenn die Masse den Ball jagte und mich als Fels in der Brandung einfach umwarf, wenn ich einmal zufällig in der Nähe des Geschehens stand. Ansonsten beschränkte ich mich darauf, die Hetze „Zwanzig jagen einen Ball" aus größerer Entfernung zu beobachten und bei bedrohlicher Annäherung des Spielgeräts an meine Wenigkeit die Schnürbänder meines Fußballstiefels einer eingehenden Betrachtung zu unterziehen.

Nach nur vier Wochen war meine Karriere als zukünftiger Sportstar beendet. Zuvor hätte ich um ein Haar noch an einem Spiel teilgenommen, als ich nämlich als sechster Einwechselspieler auf der Reservebank saß und trotz unserer deutlichen 7:0-Führung nicht eingewechselt wurde. Meine Mutter las auf der eilig von der Nachbarin ausgeliehenen Körperwaage eine Gewichtsreduzierung bei mir von unglaublichen 150 Gramm ab – von Vater hochgerechnet und interpoliert innerhalb der groben 500-Gramm-Einteilung – und stellte das Experiment daraufhin ein.

Vater und ich verschwiegen ihr in männlicher Übereinstimmung, dass unser Heimweg vom gemeinsamen Trainingsgang immer an der örtlichen Genussmeile vorbeigeführt hatte, deren verlockendem Angebot von frisch gezapftem Urpils (für den einen) und handgemachten Frikadellen (für den anderen) keiner von uns hatte widerstehen wollen.

Der Schnitt war so tief und bedeutsam, dass aktiver Sport für viele Jahre mein Leben verlassen sollte, zumal die in den Sechzigern des vergangenen Jahrhunderts rasant zunehmenden Möglichkeiten des televisionären Fußballgenusses für mehr als ausreichenden Ersatz sorgten.*

---

* Anmerkung der Redaktion: Wann geht es endlich mit dem Laufen los?

Mission Marathon – Wie ich kein Superläufer wurde

von Lothar Koopmann, Illustrationen Thomas Plaßmann

Lothar Koopmann, einst korpulentes Kind einer rheinischen Arbeiterfamilie, wird in späten Jahren sportlich: Mit seiner angetrauten Ehefrau Christa schließt sich der gelegentliche Jogger einem Lauftreff an und schnauft erhitzt auf immer längeren Strecken durch Feld, Wald und Flur. Seine vergnüglichen Erinnerungen erzählen mit einem geistreichen Augenzwinkern von der Lust am Laufen und der Last des Trainings.

256 Seiten, 8,95 EUR, ISBN 978-3-941297-04-3

Boston Run – Der Marathon-Thriller

von Frank Lauenroth

Der Boston Marathon ist erst Brian Hardings zweiter Start über die 42-Kilometer-Distanz, doch er soll heute gewinnen. Ein neues Dopingmittel baut sich während des Laufs ab und wird im Ziel nicht mehr nachweisbar sein.

Doch die Formel der Substanz ist immens wertvoll, und so heftet sich der Geheimdienst NSA an Brians Fersen. Einsatzleiterin Rachel Parker weiß, dass sie an Brians Blut gelangen muss, bevor er auf die Zielgerade einbiegt. Die Jagd ist eröffnet.

224 Seiten, 8,95 EUR, ISBN 978-3-941297-05-0

Der Lauf meines Lebens – Im Kampf gegen den Krebs zur Ironwoman

von Ruth Heidrich

Als bei Ruth Heidrich im Alter von 47 Jahren Brustkrebs diagnostiziert wird, verzichtet sie ab sofort auf tierische Nahrungsmittel und sucht sich ein ungeahntes sportliches Ziel – einen Ironman-Triathlon: 3,8 Kilometer Schwimmen, 180 Kilometer Radfahren und 42,2 Kilometer Laufen. Begleiten Sie die sympathische Hawaiianerin auf ihrem Weg voller Höhen und Tiefen.

208 Seiten, 19,90 EUR, ISBN 978-3-9811428-7-7

www.sportwelt-verlag.de

Lauftraining für Triathleten und Marathonläufer

von Ken Mierke

Um dauerhaft verletzungsfrei und schnell zu laufen, sind ein gesunder Laufstil, eine energiesparende Technik und ein gutes Wettkampfgewicht unerlässlich. Je austrainierter ein Körper bereits ist, desto größere Leistungssprünge lassen sich durch eine verbesserte Effizienz erzielen, als mit irgendeiner Änderung des Trainingsplans.

370 Seiten, 24,95 EUR, ISBN 978-3-9811428-2-2

Schwimmtraining für Triathleten und Langstreckenschwimmer

von Steve Tarpinian

Schneller schwimmen leicht gemacht! Steve Tarpinian zeigt, wie Sie Ihren Krafteinsatz reduzieren und dank verbesserter Technik viel leichter und schneller durchs Wasser gleiten. Nehmen Sie sich ein Beispiel an den Fischen, und kämpfen Sie nicht mit aller Kraft gegen die Dichte des Wassers an, sondern gleiten Sie stromlinienförmig hindurch.

216 Seiten, 22,95 EUR, ISBN 978-3-9811428-1-5

Mentales Training für Triathleten und alle Ausdauersportler

von Jim Taylor und Terri Schneider

Von zwei Sportlern mit den gleichen körperlichen Voraussetzungen und der gleichen Ausrüstung wird bei einem Kopf-an-Kopf-Rennen stets derjenige gewinnen, der mental besser vorbereitet ist. Und genau wie beim körperlichen Training erfordert es viel Zeit und eine gezielte Vorbereitung, seine mentale Leistungsfähigkeit zu entwickeln.

352 Seiten, 22,95 EUR, ISBN 978-3-9811428-0-8

www.sportwelt-verlag.de

Trainingspläne für Triathleten und andere Ausdauersportler

von Gale Bernhardt

Egal, ob Sie ein Läufer oder Radfahrer sind und einmal einen Duathlon bestreiten, als Triathlet erstmals das Abenteuer der Langdistanz angehen oder sich in nur wenigen Wochen für einen kürzeren Wettkampf fit machen möchten – Sie finden in jedem Fall den geeigneten Trainingsplan.

380 Seiten, 26,95 EUR, ISBN 978-3-9811428-4-6

Krafttraining für Triathleten

von Robert G. Price

Ein kräftiger Rumpf stabilisiert den Körper und garantiert, dass all Ihre Energie in die Fortbewegung fließt. Kräftige Sehnen und Bänder sind die Voraussetzung für eine verletzungsfreie Saison. Und kräftige Arme und Beine? Nun, die sorgen dafür, dass Sie Ihrer Konkurrenz im Zielsprint mehr als nur eine Nasenlänge voraus sind.

202 Seiten, 22,95 EUR, ISBN 978-3-9811428-9-1

Gracie Goats großes Radrennen

von Erin Mirabella, Zeichnungen Lisa Horstman

Gracie Goat ist verzweifelt: Sie hat ihren Freunden versprochen, bei einem Radrennen mitzumachen – kann aber noch gar nicht Rad fahren! Diese liebevoll illustrierte Kindergeschichte erzählt, wie Gracie ihre Angst vor dem Unbekannten überwindet und vermittelt Kindern ab 5 Jahren Spaß an Teamgeist, Experimentieren und natürlich Radfahren.

32 Seiten, 12,90 EUR, ISBN 978-3-9811428-6-0

www.sportwelt-verlag.de